입 닥치기의
힘

옮긴이 서은경

이화여자대학교 영어영문학과를 졸업했으며 뉴욕주립대학교 버펄로 캠퍼스에서 ELI 과정을 마쳤다. 졸업 후 금융회사에서 국제정산, 정보기획, 신사업 개발업무를 담당했다. 바른번역의 글밥아카데미 출판번역 과정을 수료하고 번역가로 활동 중이다. 원문 의도를 최대한 살려 정확하고 깔끔하게 번역하는 전문 출판번역가가 되려고 노력하고 있다. 옮긴 책으로는 《정말 잘 지내고 있나요?》 《세컨드 브레인》 《아이의 진짜 마음도 모르고 혼내고 말았다》 《미소를 잃어버린 소녀》 《캔터빌의 유령》이 있다.

입 닥치기의 힘

초판 1쇄 발행 2023년 9월 25일
초판 2쇄 발행 2023년 10월 20일

지은이 댄 라이언스 / **옮긴이** 서은경

펴낸이 조기흠
책임편집 박소현 / **기획편집** 이수동, 최진, 김혜성
마케팅 정재훈, 박태규, 김선영, 홍태형, 임은희, 김예인 / **제작** 박성우, 김정우
교정교열 이효원 / **디자인** studio forb

펴낸곳 한빛비즈(주) / **주소** 서울시 서대문구 연희로2길 62 4층
전화 02-325-5506 / **팩스** 02-326-1566
등록 2008년 1월 14일 제 25100-2017-000062호

ISBN 979-11-5784-702-0 03190

이 책에 대한 의견이나 오탈자 및 잘못된 내용에 대한 수정 정보는 한빛비즈의 홈페이지나
이메일(hanbitbiz@hanbit.co.kr)로 알려주십시오. 잘못된 책은 구입하신 서점에서 교환해드립니다.
책값은 뒤표지에 표시되어 있습니다.

⌂ hanbitbiz.com 🅵 facebook.com/hanbitbiz Ⓝ post.naver.com/hanbit_biz
▶ youtube.com/한빛비즈 Ⓞ instagram.com/hanbitbiz

지금 하지 않으면 할 수 없는 일이 있습니다.
책으로 펴내고 싶은 아이디어나 원고를 메일(hanbitbiz@hanbit.co.kr)로 보내주세요.
한빛비즈는 여러분의 소중한 경험과 지식을 기다리고 있습니다.

입 닥치기의 힘

힘

시끄러운
세상에서
조용히
승리하는 법

댄 라이언스 지음
서은경 옮김

STFU!

[STFU!]

HB 한빛비즈
Hanbit Biz, Inc.

지구의 모든 사람들이 지구에서 일어나는 모든 일에 대해 그들이 가진 모든 의견을 동시에 표현할 필요가 있을까? 꼭 그렇게 해야 할까? 질문을 조금 바꿔 다시 묻겠다. 모두 입 좀 다물 수 있을까? 누구든지 한 시간만이라도…… 입 닥치고 가만히 있으면 안 될까? 그건 가능할까?

— 보 번햄Bo Burnham, 〈보 번햄: 못 나가서 만든 쇼〉

차례

들어가며: 우리는 말이 너무 많다 9

수다 중독 진단하기 23

추천의 글 26

◀┃ **1장 당신이 지나치게 말이 많은 이유** 31

◀┃ **2장 이 세상도 입 닥치게 해야 한다** 59

◀┃ **3장 소셜 미디어를 잠시 멈추자** 89

◀┃ **4장 말을 끊는 남자, 자기 말만 하는 남자** 117

◀┃ **5장 입 닥치기의 탁월한 효과** 143

◀ㅣ　6장　**직장에서 입 닥치기**　175

◀ㅣ　7장　**집에서 입 닥치기**　211

◀ㅣ　8장　**사랑하는 사람에게 입 닥치기**　249

◀ㅣ　9장　**침묵은 힘이 세다**　277

◀ㅣ　10장　**이젠 듣자, 들어야 산다**　317

나가며: 이제 당신은 완벽하다　354

감사의 글　358

주　360

우리는 말이 너무 많다

친구로서 하는 말이니 오해하지 않길 바란다. 제발 그 입 좀 닥쳐주면 좋겠다.

날 위해서가 아니다. 당신을 위해서다.

입 닥치는 법을 배우면 삶이 바뀐다. 더 똑똑해지고, 인기가 많아지고, 더 창의적이고, 더 강해질 것이다. 심지어 더 오래 사는 데 도움이 될 수도 있다. 말을 적게 하면 직장에서 승진하고, 협상에서 승리할 가능성이 더 크다. 어떤 의도를 가지고 말한다면, 다시 말해 아무 말이나 불쑥 내뱉지 않고 신중히 말한다면 인간관계가 개선되고 더 좋은 부모가 될 수 있다. 나아가 정신적 행복과 신체적 행복까지 마음껏 누릴 수 있다.

몇 년 전 애리조나대학교 연구원들은 쓸데없는 말을 하

지 않고 실질적 대화를 많이 하는 사람들은 그렇지 않은 사람들보다 더 행복하게 산다는 사실을 밝혀냈다. 그리고 좋은 대화를 나누는 일은 '만족스러운 삶을 위한 핵심 요소'라는 의견을 제시했다.

그러니 입을 닥치자. 입 닥치지 않는다면 당신은 분명 신세를 망칠 것이다.

진심이다. 나는 상습적으로 지나치게 말을 많이 하는 사람이었다. 그래서 엄청난 손해를 봤다. 무려 수백만 달러나 벌 기회를 날린 적도 있다. 말을 너무 많이 하는 데다 함부로 지껄이는 걸 참지 못하는 게 문제였다. 나는 내 의견을 마음속에만 담아둘 수 없었다. 말하는 중에도 지금 하는 말 때문에 나중에 후회하고 괴로워하리란 걸 알았다. 하지만 이미 내뱉은 말은 다시 주워 담을 수 없었다.

다행히 나는 직장 생활 대부분을 기자로 일했다. 〈포브스〉와 〈뉴스위크〉에서 기술 부문을 취재했다. 말 많은 사람은 언론계에서 살아남을 수 있다. 사실 사람들이 듣고 싶어 하지 않는 말을 꺼낼 만큼 불쾌한 사람이 아니면 이 일을 할 수 없다고 봐야 한다. 잡지사에서 일하며 코미디 작품을 썼다. 나처럼 입 다물고 가만히 있지 못하는 사람들에게 잘 어울리는 분야였다. 애플 CEO인 스티브 잡스Steve Jobs인 척하고 블로그에 글을 쓰기도 했는데, 재미있었지만 때로는 천박하게 흘러가기도 했다. 블로그에 올린 글 덕분에 책 출판 계약을 했고, TV 프로그램 제작 계약으로 이어져 HBO 코미디 드라마 〈실리콘 밸리〉 작가가 되었다. 게다가 그 모든 일 덕분에 각종 강연의 연사로 초청받았다. 거침없이 입담을 자랑할수록 일이 더 잘 풀렸다.

물론 그동안 저지른 업보 때문에 마침내 대가를 치르고 말았다. 떼돈을 벌 수 있으리라는 생각에 기업공개IPO를 목표로 하던 소프트웨어 스타트업의 마케팅 업무를 담당했을 때였다. 그 스타트업은 연봉이 매우 높았고 복지혜택도 놀랄 만큼 좋았으며 매력적인 조건의 스톡옵션을 제시했다. 한 가지 까다로운 문제가 있다면 스톡옵션을 모두 행사하려면 그 회사에서 4년간 근무해야 했다. 언론사가 아닌 일반 회사는 내 날카로운 발언을 못 들은 척 넘어가지 않을 것이다.

"하고 싶은 말이 많아도 꾹 참아야 할 거야. 그것도 아주 많이." 기자 친구가 경고했다.

"알아. 그래도 난 할 수 있어."

"그럼, 행운을 빌어. 하지만 넌 1년도 버티지 못할 것 같아." 친구가 말했다.

친구들과 옛 동료들 일부를 비롯해 업종 전환에 성공한 언론인이 많다. 그들도 했는데 나라고 못할 이유가 있을까?

나 자신을 스타트업 생존기를 다룬 리얼리티 TV쇼 참가자라고 상상했다. 살아남기 위해 벌레까지 우적우적 씹어 먹을 필요는 없지만 회사가 내게 독을 탄 주스를 건네더라도 벌컥벌컥 들이켜고 맛있는 척해야 했다.

잘만 버틴다면 한몫 잡을 수 있겠다는 생각에 얌전히 지내야겠다고 생각했다. 하지만 난 충동적으로 CEO에 대해 투덜대는 내용의 글을 페이스북에 올렸고, 결국 입사 20개월 만에 회사에서 쫓겨났다. 6년 후 어느 날, 빈둥거리다 호기심에 그 회사 주가를 확인하고 계산해봤다. 만약 그 회사에 4년 눌러앉아 스톡옵션을 행사했더라면 내 주식 가치는 지금쯤 800만 달러에 달했으리란 걸 알고 경악했다.

가장 큰 금전적 손해를 봤던 재앙 같은 사건이었지만 내가 유일하게 자초한 불행은 아니었으며 최악의 불행은 더더욱 아니었다. 한때 나 자신을 통제하지 못하고 함부로 입을 나불대는 바람에 아내와 별거를 했고 하마터면 이혼까지 할 뻔했다. 아내와 아이들과 떨어져 혼자 살면서 알코올 중독자 모임 회원들이 '철저하고 용감하며 도덕적 인물이 되기 위한 점검'이라 부르는 작업을 진행했다. 그 결과 표현 방식에 상관없이 일단 말이 너무 많아서 인생이 고달프다는 사실을 드디어 인정했다. 이를 통해 다음 두 가지 질문의 답을 찾는 작업에 돌입했다. 어떤 사람들은 왜 강박적으로 쓸데없는 말을 쏟아낼까? 어떻게 하면 고칠 수 있을까?

이 작업을 하면서 나는 또 다른 사실을 알아냈다. 지나치게 말이 많은 사람뿐만 아니라 우리 모두 말을 적게 하고, 다른 사람의 말을 많이 듣고, 분명한 의도를 가지고 사람들과 소통하면 이득을 얻는다는 사실이다. 이는 행복에 이르는 길이자 당신의 삶을 훨씬 더 좋게 만드는 방법이다. 먼저 나부터 크나큰 불행을 피하는 법을 배우고 싶다는 희망을 품고 시작했다. 나는 모든 사람의 삶을 더 좋게 만들 수 있는 아이디어를 찾았고 이를 실천하는 습관을 개발했다. 문제는 내게만 있지 않다. 당신에게만 있지도 않다. 이 세상 전체가 입 닥쳐야 한다.

우리는 말이 너무 많다

세상은 수다쟁이들로 가득 차 있다. 어딜 가든 항상 그들을 마주친다. 그들은 매주 월요일만 되면 사무실에서 지난 주말에 있었던 시시콜콜한 일들을 늘어놓는 눈치 없는 녀석들이다. 저녁 파티에서 만난 사람들의 말은 듣지도 않고 자기 할 말만 하는 몰상식한 얼간이이기도 하다. 사람들은 이 얼간이의 와인 잔에 몰래 독을 넣고 싶다는 공상에 빠진다.

그들은 초대하지도 않았는데 불쑥 찾아와 전에 한 이야기를 한 시간씩 읊어대는 이웃이며, 회의에서 동료들의 말을 끊고 뭐든지 아는 척하는 오만한 녀석이다. 아무 생각 없이 인종차별 농담을 하는 바람에 경력을 망쳐버린 코미디언이며, 어리석게 날린 트윗으로 유가증권 사기 혐의를 받아 기소된 CEO이기도 하다.

솔직히 말하자면 이런 사람들은 바로 우리의 모습이기도 하다. 다만 우리 잘못은 아니다. 우리는 말을 많이 하도록 부추길뿐더러 말을 많이 하라고 요구하는 세상에 살고 있다. 이런 세상에서 성공이란 사람들의 관심을 얼마나 많이 끌 수 있는지에 따라 측정된다. 예를 들면 트위터 팔로워가 100만 명이거나 인스타그램 인플루언서이며, 제작한 동영상이 사람들의 입소문을 타서 테드TED 강연을 하는 식이다. 팟캐스트, 소셜 미디어, 채팅 앱, 케이블 TV가 넘친다.

팟캐스트에 업로드된 콘텐츠는 200만 개 이상이고 4,800만 개의 에피소드가 제작되었지만 그중 절반은 다운로드 횟수가 26번 미만에 불과하다는 사실을 아는가? 매년 테드엑스TEDx 행사가 3,000번 이상 열리고 그 행사마다 말콤 글래드웰Malcolm Gladwell 같은 유명한 강연가가 되길 꿈꾸는 사람들이 최대 20명까지 나와 떠든다는 사실을 아는가? 미국인들은 1년 동안 회의에 10억 번 이상 참석하지만 그중 생산적인 결과를 내놓는 회의는 11퍼센트에 불과하며 절반은 완전히 시간 낭비에 불과하다는 사실을 아는가? 우리는 트위터를 하기 위해 트위터를 하고, 수다를 떨기 위해 수다를 떨 뿐이다.

하지만 가장 영향력 있고 성공한 사람들은 정반대로 행동한다. 일부러 사람들의 관심을 끌려 하지 않고 오히려 관심받지 않으려 애쓴다. 말할 기회가 있으면 상당히 신경 써서 말한다. 애플의 CEO인 팀 쿡Tim Cook은 대화를 하다 말이 어색하게 끊겨도 그대로 둔다. 트위터를 공동 창업하고 CEO로 일한 잭 도시는 트위터를 가끔 사용한다. 끊임없이 사람들을 즐겁게 하고 자신을 홍보하는 버진그룹의 창업자이자 회장인 리처드 브랜슨조차 회의에서 입이 무거운 사람을 크게 칭찬한다. 알베르트 아인슈타인Albert Einstein은 전화 통화를 싫어해서 가능한 한 피했다.[1] 2020년에 사망한 대법관 루스 베이더 긴즈버그Ruth Bader Ginsburg는 말할 때 굉장히 신중하게 단어를 선택했다. 그녀가 고통스러울 만큼 오랫동안 말을 멈추는 바람에 대법원 사무관들은 '2초 법칙'이라는 버릇이 생겼다. 그들은 말을 끝내고 '1초……2초'를 마음속으로 세고 나서야 다시 말을 시작했다. 긴즈버그 대법관은 사람들을 무시하는 게 아니라 어떻게 대답해야 할지 아주…… 깊이…… 생각하고 있었다. 그녀의 가장 유명한 조언 중 하나를 소개하겠다. 결혼과 직장 생활을 할 때 "가끔은 잘 안 들리는 척을 하면 도움이 된다".

말을 줄이고 더 많이 얻어내자. 이 책은 우리가 세상을 유리하게 살아가는 방법을 다룬다. 우린 대법관에 임명되거나 억만장자가 되지는 못하겠지만 일상생활에서 벌어지는 여러 싸움에서 이길 수 있다. 자동차나 집을 새로 살 예정인가? 직장에서 승진하고 싶은가? 친구들을 얻고 사람들에게 영향을 끼치고 싶은가? 그전에 먼저 입 닥치는 법부터 배워야 한다.

인류 역사를 통틀어 오늘날처럼 시끄러운 시대는 없었다. 그리고 점점 더 시끄러워지고 있다. 우리는 계속되는 과도한 자극에 익숙하지 않다. 이러한 자극은 뇌를 힘들게 해서 뇌 손상을 일으키며 심장에도 무리를 준다. 시끄러운 소리가 계속되면 스트레스 호르몬인 코르티솔 호르몬이 분비되어 자극을 받고, 화가 치밀어 오르며, 흥분해서 약간 정신 나간 상태에 이르고 만다. 회복하려면 폭풍처럼 휘몰아치는 소음에서 일단 탈출해야 한다. 입 닥치는 법을 배우면 우리 자신의 삶뿐만 아니라 배우자와 자녀, 친구와 동료 등 주변 사람들의 삶을 더 나아지게 할 수 있다. 아주 거창한 의미에서 보면 우리 모두가 볼륨을 조금만 줄인다면 온 세계를 더 나은 곳으로 만들 수 있다.

그런데 이상하게도 그렇게 하기는 쉽지 않다.

입 닥치는 다섯 가지 방법

입 닥치기는 세상에서 가장 쉬운 일이어야 한다. 그저 아무 것도 안 하면 된다. 그렇지 않은가? 하지만 아무 말도 하지 않으려면 집중력이 상당히 많이 필요하다. 말하기보다 더 어렵다. 외국에서 살아본 적 있는가? 현지 언어를 조금 할 수 있어도 자연스럽게 구사할 수 없다면 대화할 때마다, 아주 간단한 대화를 할 때도 당신의 뇌는 현지 언어를 모국어로 번역한 뒤 다시 현지 언어로 번역하며 끊임없이 과로에 시달린다. 하루가 끝날 때쯤이면 지칠 대로 지치고 말 것이다. 말하는 방식에 집중하기 시작하면 처음에는 그런 느낌이다. 온몸의 기운이 다 빠져버리는 듯하다. 나처럼 말 많은 사람은 고통스럽다고 느낄 수 있다.

이제 이를 해결할 방법을 알려주겠다. 천천히 시작하면 된다. 하루아침에 큰 변화를 기대하지 말고 작은 변화를 많이 만들어야 한다. 나는 명상이나 요가를 하듯이 매일 입 닥치는 법을 연습한다. 명상할 때 호흡을 의식하듯이 나는 내가 말하는 방식을 의식하도록 일부러 애쓴다. 목소리를 낮추고 천천히 말하며 오랫동안 멈추고 나서 다음…… 말을…… 시작한다.

나는 나 자신을 실험 대상자로 삼아 시행착오를 겪으며 해결 방안을 찾아다녔다. 자료를 찾아보고 전문가들을 인터뷰해 다섯 가지 방법을 개발했다. 나는 이 방법을 운동처럼 여긴다. 여기서 핵심은 한꺼번에 모두 다 하거나 그중 한 가지 방법을 온종일 하지 않는다는 것이다. 우리 모두 헬스장에서 16시간씩 운동하지는 않는다. 이 방법들은 연습과도 같다. 우선 다섯 가지 방법 중 한 가지를 골라 30분 동안 줌Zoom으로 영상 통화할 때 실천해보자. 배우자와 함께 차를 타고 갈 때도 좋다. 10대 자녀와 아침 식사를 하면서 해봐도 된다.

마음에 드는 방법이 있을 것이다. 어떤 방법은 쓸모 있을 것이고 어떤 방법은 그리 도움이 되지 않을 것이다. 그래도 괜찮다. 당신에게 맞는 방식을 선택하자.

내가 만든 입 닥치는 다섯 가지 방법은 다음과 같다.

가능하면 아무 말도 하지 마라. 20세기 초 유머 작가 윌 로저스Will Rogers는 입 닥칠 좋은 기회를 절대 놓치지 말라고 했다. 당신은 그런 기회가 얼마나 많은지 알면 크게 충격받을 것이다. 우리가 하는 말을 돈이라 생각하고 현명하게 쓰자. 입이 가벼운 사람이 아닌 입이 무거운 사람이 되자.

말을 잠시 멈추고 기다리는 힘을 터득하라. 긴즈버그 대법관의 사무관들이 만들어낸 비법을 따라 해보자. 그들은 2초 동안 기다린 후 다음 말을 하도록 훈련했다. 한 번 숨을 쉬고 잠시 멈추자. 방금 한 말을 상대방이 잘 이해하도록 기다리자. 멈추고 기다리는 힘을 활용하는 법을 배우자.

소셜 미디어를 끊어라. 말을 지나치게 많이 하는 것이나 트윗을 너무 많이 남기는 것이나 둘 다 상당히 비슷하다. 소셜 미디어의 함정에 빠지지 않기란 거의 불가능하다. 페이스북과 트위터 같은 플랫폼들은 당신이 중독되도록 설계되었다. 단칼에 끊을 수 없다면 사용 시간만이라도 크게 줄이자.

침묵을 추구하라. 시끄러운 소리는 우리를 아프게 한다. 정말이다. 방대한 정보는 우리를 불안하게 만들고 자극을 지나치게 많이 준다. 그러면 건강에 문제가 생기고 수명이 줄어들 수 있다. 소음과 적당히 거리를 유지하고 전자 기기의 플러그를 뽑자. 휴대전화 없이 시간을 보내자. 말하거나 읽지도 말자. 뭘 보거나 듣지도 말자. 뇌를 쉬게 하면 창의력이 살아난다. 더 건강하고 생산적인 사람이 될 수 있다. 침묵하면 뇌세포가 발달하는 데 도움이 된다는 연구 결과도 있다.[2]

귀 기울여 듣는 법을 배워라. 사람들의 말을 잘 듣는 능력은 핵심 비즈니스 기술이다. 각 회사의 CEO들은 듣는 법에 대한 특별 교육까지 받는다. 다른 사람들의 말을 듣는 일은 힘들다. 수동적으로 듣는 게 아니라 잘 듣기 위해 적극적으로 노력해야 하기 때문이다. 적극적으로 듣는다는 말은 누군가의 말을 들리는 대로 듣는 게 아니다. 다른 모든 것을 차단하고 상대방이 하는 말에 온 힘을 다해 주의를 기울인다는 뜻이다. 자신이 하는 말을 상대방이 경청하고 인정한다는 느낌만큼 사람들을 행복하게 해주는 것은 없다.

입을 닥치면 인생이 바뀐다

위의 다섯 가지 방법을 항상 실천할 수는 없다. 하지만 제대로 해낸다면 마법 같은 결과를 얻을 것이다. 마음이 차분해지고, 불안감이 낮아지고, 자기통제력이 강해져 지나치게 수다 떠는 일이 줄어들 것이다. 그리고 긍정적인 피드백을 반복해서 받을 것이다. 말을 적게 할수록 쓸데없는 말을 더 적게 할 것이다.

좋은 점은 더 있다. 내가 주변 사람들에게 얼마나 영향을 미치는지 알 수 있다. 10대인 딸아이와 나는 저녁에 현관 앞에 앉아 오랫동안 즐겁게 웃으며 대화를 나눈다. 만약 고등학생 자녀가 있다면 이게 얼마나 기적 같은 일인지 알 것이다. 딸아이는 자신의 꿈과 커서 어떤 일을 하고 싶은지 내게 이야기한다. 무엇이 두렵고 무엇을 확신하지 못하는지도 솔직하게 말한다. 나는 딸의 고민을 듣고 해결사처럼 나서지 않는다. 대신 잘 듣는다. 아니나 다를까 딸은 혼자 힘으로 해결 방안을 찾아낸다. 그리고 곧 괜찮아질 것이며 지금 뭘 해야 하는지 알겠다고 말하며 마무리한다.

딸과 대화하면서 나는 아이가 피아노로 모차르트와 하이든의 곡을 자신 있게 연주해본 적이 한 번도 없으며, 곧 참가할 여름 캠프에서 하이든의 곡을 피아노 삼중주로 연주해야 하는데 긴장되어 미칠 것 같다는 사실을 알게 되었다. 딸은 제대로 할 수 없을 것 같아 두려워하면서도 미리 겁먹고 포기할 바엔 차라리 시도해보고 망치는 편을 택하겠다고 했다. 나는 또 아이가 프랑스어 수업 시간을 가끔 너무 무서워한다는 사실도 알게 되었다. 너무 어려운 과정을 신청해 A를 받을 수 없을 것 같아서였다. 하지만 수업 교재를 붙잡고 씨름하다 보면 더 많이 배울 것이다. 나는 아이가 대견할 뿐만 아니라 아이에게서 영감을 얻는다.

입 닥치는 법을 배운다는 것은 말을 적게 하는 게 아니라 더 많이 말하도록 부추기는 세상에 맞선다는 의미다. 이 책에서 그 방법을 설명하겠다. 가정과 직장 생활, 그리고 데이트를 할 때처럼 감정적인 여러 상황에서 어떻게 효과적으로 입을 닥칠 수 있는지 자세히 알려주겠다. 당신은 어떻게 하면 말을 더 적게 해도 영향력을 더 많이 발휘할 수 있는지, 다른 사람들의 말을 잘 들으면 삶이 어떻게 바뀌는지 알게 될 것이다.

따로 특허를 내지 않은 이 방법은 습관을 만드는 일이며 기적의 치료법은 아니다. 손가락 하나 까딱하지 않아도 몸무게가 10킬로그램이나 빠진다거나, 10년은 젊어 보이게 한다거나, 하루아침에 부자로 만들어주지는 않는다. 하지만 당신이 조금 더 행복하고 건강해지며 성공하도록 도와줄 것이다. 다만 흥분해서 말이 지나치게 많아질 때가 여전히 있을 것이다. 내게도 그런 일이 종종 일어난다. 그래도 괜찮다. 우리는 인간이므로 실수하기 마련이다. 하지만 내일이 되면 더 잘 해낼 것이다.

이 책을 끝까지 읽고 삶을 바꾸겠다는 마음가짐으로 목적을 달성하는 데 필요한 로드맵을 세우길 진심으로 바란다.

수다 중독 진단하기

말이 너무 많다는 문제를 해결하려 나섰을 무렵, 의사소통 부문 연구원들이 '수다 중독talkaholism'이라는 질환을 정의했다는 사실을 알아냈다. 수다 중독이란 극단적이고 강박적으로 말을 지나치게 많이 하는 현상으로, 중독 증상과 상당히 비슷하다. 연구원들은 이 질환으로 고생하는 사람들을 찾아내기 위해 다음과 같은 설문지를 만들어[1] 진단해보도록 했다. 먼저 16개 질문에 답하고 안내된 계산 방법에 따라 점수를 합산한다. 결과가 맞는지 확인하고 싶다면 당신을 잘 아는 사람에게 당신에 관해 같은 질문에 답해달라고 요청한 뒤 점수를 계산해 비교해보자. 단, 미리 경고하겠다. 이 작업을 하다 보면 상대방과 꽤 어색해질 수 있다.

진단 방법:

이 설문에는 행동에 관한 문장이 16개 있다. 해당하는 정도를 '매우 그렇다'는 5점, '그렇다'는 4점, '잘 모르겠다'는

3점, '그렇지 않다'는 2점, '매우 그렇지 않다'는 1점으로 하여 각 문장 앞에 표시한다. 맞고 틀린 답은 없다. 빨리 진행하되 처음 떠오른 점수를 적는다.

___ 1. 뭔가 말해야 하는데 입을 다물 때가 종종 있다.

___ 2. 필요보다 말을 더 많이 할 때가 가끔 있다.

___ 3. 말을 그만해야지 하면서도 말할 때가 종종 있다.

___ 4. 말해야 내게 도움이 되는데도 말을 하지 않을 때가 가끔 있다.

___ 5. 나는 '수다 중독자'다.

___ 6. 입 다물고 있어야 한다고 느낄 때가 가끔 있다.

___ 7. 나는 말이 많은 편이다.

___ 8. 말이 자꾸 나오는 걸 조절하기 힘들다.

___ 9. 나는 말수가 적다. 사람들과 소통할 때도 입을 거의 열지 않는다.

___ 10. 주위 사람들에게 말이 너무 많다는 얘기를 자주 듣는다.

___ 11. 하지 않으려 해도 말이 너무 많이 나온다.

___ 12. 나는 말이 적은 편이다.

___ 13. 나는 '수다 중독자'가 아니다.

___ 14. 입을 다물어야 도움이 되는데도 말을 할 때가 가끔 있다.

___ 15. 필요보다 말을 더 적게 할 때가 가끔 있다.

___ 16. 내가 하는 말을 조절할 수 있다.

점수 계산 방법:

다음 단계에 따라 점수를 계산하자.

1단계: 2, 3, 5, 7, 8, 10, 11, 14번 점수를 더하자.

2단계: 13, 16번 점수를 더하자.

3단계: 다음 공식에 따라 계산하자.

수다 중독자 점수 = 12 + (1단계 총점) − (2단계 총점)

- 1, 4, 6, 9, 12, 15번은 의미 없는 항목이므로 계산하지 않는다.
- 당신의 점수는 10점에서 50점 사이에 있어야 한다. 대부분의 사람들은 30점 미만이다.
- 30점과 39점 사이인 사람들은 수다 중독자 경계선상에 있다. 그들은 말해야 할 때와 하지 말아야 할 때를 대부분 통제할 수 있다. 하지만 말하지 않는 게 훨씬 도움이 되더라도 입 다물기 어려울 때가 가끔 있다.
- 40점 이상이라면 당신은 수다 중독자다.

이 진단 방법은 버지니아 리치먼드Virginia Richmond의 허락을 받고 이 책에 실었다.

이 책을 읽으면 상사가 고마워할 것입니다. 배우자도 고마워할 것입니다. 그리고 스스로에게도 감사할 것입니다! 좋은 커뮤니케이션은 말하는 사람이 아니라 듣는 사람에 의해 측정됩니다. 다른 사람의 귀에서 무슨 일이 일어나고 있는지 어떻게 알 수 있을까요?《입 닥치기의 힘》으로 시작하세요! 우리 대부분에게는 말처럼 쉬운 일이 아닙니다. 저자가 그 방법과 그것이 직장과 가정에서의 관계를 개선하는 이유를 설명합니다.

김 스콧, 〈뉴욕 타임스〉 베스트셀러 저자

시의적절하고 영리하며 중요한 내용입니다. 더 말할 필요가 있을까요? (아마도 아닐 겁니다.)

데이비드 리트, 버락 오바마 미국 전 대통령 연설문 작가

요즘 미디어와 우리의 마음을 오염시키는 큰소리치는 얼간이들을 돕고 싶으신가요? 직접 그런 사람이 되고 싶지 않으신가요? 이 책은 우리 모두가 배워야 할 것, 즉 경청하고, 멈추고, 말하는 방법을 가르쳐줍니다. 의도와 힘을 가지고 소통하는 방법. 이 책은 입을 다물고 마음을 열게 합니다. 계속할 수도 있지만 지금은 입을 다물겠습니다.

애런 제임스, 〈뉴욕 타임스〉 베스트셀러 《아첨꾼》 저자

세상의 수많은 정보와 말의 홍수 속에서 사는 현대인들에게 꼭 필요한 책이다. SNS, 유튜브, 각종 온라인 커뮤니티에서 한마디씩 말을 보태야 할 것 같은 요즘의 분위기 속에서 침묵의 미덕을 강조한 점이 색다르다. 우리는 말을 너무 많이 하기 때문에 실수를 하고 타인에게 상처를 준다. 말을 많이 함으로써 자신을 과하게 드러내면서 손해를 보는 경우도 많아졌다. 그러나 이 책은 단지 말을 줄이라고 말하는 책이 아니다. 타인의 말을 잘 듣는 경청의 힘을 동시에 이야기한다. 또한 허공에 날리는 의미 없는 말 대신에 의미 있고 가치 있는 말을 하고 살 것을 말하고 있다. 요즘 시대를 사는 현대인들 모두에게 이 책을 추천한다.

전미경, 정신과 전문의,
《당신은 생각보다 강하다》《퇴근길 인문학 수업》(공저) 저자

늘 스스로가 입으로 살아남았다는 말을 해왔다. 사는 동안 자신이 뱉은 말에 수없이 많이 걸려 넘어졌음에도 그렇게 우겼다. 어쩌면 그건 이 놈의 수다를 영영 멈추지 못할 거라는 확신에 따른 합리화가 아니었을까. 댄 라이언스는 그 합리화를 향해 점잖게 태클을 걸어 온다. 모두가 입을 닥칠 수 있고, 또 닥쳐야 한다고.

입과 손가락을 놀리며 얻는 관심이 때때로 돈이 되기도 하지만 아직 시대에게 덜 속았다면 기회는 있다. 이제 《입 닥치기의 힘》을 통해 멀게만 느껴지던 침묵을 마주하자. 분명 놀라운 힘을 확인하게 될 것이다.

오마르, 〈오마르의 삶〉 유튜버, 《어디까지나 제 생각입니다》 저자

이 책은 입을 다물면 제가 더 행복해지고 생산성이 높아질 뿐만 아니라 제 삶의 다른 모든 사람들도 행복해질 것이라고 확신시켜줍니다. 저자의 우스꽝스럽고, 재미있는 필력은 입을 다물고, 다른 사람에게 집중하고, '매뉴얼'을 억누르는 방법과 수다스러운 제 성향에 대한 해독제가 됩니다. 유일한 문제는 이 책을 읽고 나면 이 책이 얼마나 좋은지 계속 이야기할 수밖에 없다는 것입니다!

로버트 I. 서튼, 조직 심리학자, 스탠퍼드 대학교 교수

재미있고, 빛나고, 영감을 줍니다! 책이라기보다는 우리 모두가 한 번쯤은 들어봤으면 하는 공익 광고입니다.

사라 나이트, 〈뉴욕 타임스〉 베스트셀러 《진정 좀 해》 저자

1장

당신이 지나치게
말이 많은 이유

나는 수다 중독 진단 결과, 50점 만점을 받았다. 아내인 사샤도 나를 50점으로 평가했다. 아마 할 수만 있다면 점수를 더 주고 싶었을 것이다. 결과가 그렇게 나오리라 예상하긴 했다. 이 진단법을 개발한 연구원들에 따르면 이렇게 높은 점수는 우려할 만한 수준이라고 한다. 연구원들은 수다 중독은 알코올 중독과 비슷하며 수다 중독자의 언어 재능은 성공하는 데 도움이 되긴 하지만 쓸데없는 말을 늘어놓는 버릇을 억제하지 못하면 가정과 직장에서 온갖 어려움을 겪을 수 있다고 했다. 따라서 지나치게 말을 많이 하지 않도록 확인하고 또 확인해야 한다.

수다 중독자는 말을 줄이겠다고 마음먹어도 어느 날부터 말을 급격히 줄일 수 없다. 말이 저절로 끊이지 않고 나오므로 다른 사람들보다 말을 조금 더 하는 게 아니라 훨씬 많이 한다. 어떤 상황이나 장소에 있든 늘 말이 많다. 다른 사람들이 자신에 대해 말이 너무 많다고 생각한다는 걸 알더라도 마찬가지다. 그리고 충격적인 사실도 있다. 수다 중독자는 말하려는 내용이 상대에게 상처를 줄 수 있다는 걸 알아도 끊임없이 말한다. 수다 중독자는 말을 도저히 멈출 수 없다

"바로 내 얘기네. 맞지? 완전 내 얘기야." 난 사샤에게 말했다.

"두말하면 잔소리." 사샤가 대답했다.

우리는 부엌에 앉아 있었고 열다섯 살 된 쌍둥이 남매는 집에 없었다. 하나둘씩 예전 일이 기억이 나기 시작했다. 어느 파티에서 내가 저질스러운 농담을 툭 던지거나, 잔소리를 줄줄 쏟아내 아이들을 힘들게 하거나, 전에 천 번은 했을 긴 이야기를 또 들려줘서 아이들을 웃게 했던 순간들이. 우리 가족은 그렇게 내가 주책없이 하는 이야기에 '아빠 혼자 하는 대화Danalogue'라고 이름을 붙였고 모두 깔깔 웃으며 재미있는 척하곤 했다. "아빠가 말하는 걸 얼마나 좋아하는지 너희들도 잘 알잖니!"

하지만 진단 결과를 마주하자 웃을 수가 없었다. 창피하기도 하고 걱정되기도 했다.

어디서 어떻게 도움을 받아야 할지 몰랐지만 먼저 수다 중독 진단법을 개발한 연구원 두 명을 찾아보기로 했다. 그들에게 조언을 얻을 수 있을지도 몰랐다. 그들은 버지니아

리치먼드, 제임스 C. 맥크로스키James C. McCroskey라는 부부 연구원이었는데 웨스트버지니아대학교에서 학생들을 가르쳤다. 남편인 맥크로스키는 커뮤니케이션 분야에서 전설적 존재였으며 2012년 세상을 떠났다. 리치먼드는 은퇴해 웨스트 버지니아 찰스턴 근처 작은 마을에 살고 있었다.

두 사람은 한 가지 단순한 이유로 수다 중독자 연구에 관심을 가졌다.

"남편이 수다 중독자였으니까요." 리치먼드가 알려줬다.

두 사람은 조금 특이한 한 쌍이었다. 맥크로스키는 분위기를 띄우는 수다쟁이 익살꾼 같다면 리치먼드는 전에도 그랬고 지금도 심하게 수줍음을 탄다. 그들과 함께 연구한 연구원들의 말에 따르면 '의사소통이 걱정될' 정도다.

"어떤 사람들은 말을 무척 많이 하는데, 또 어떤 사람들은 말을 거의 하지 않는 이유를 알고 싶었어요. 말수가 적은 사람을 연구한 논문은 많았지만 그와 반대인 사람들, 그러니까 강박적으로 말을 쏟아내는 사람들에 관한 논문은 거의 없었죠."

어떤 연구자들은 말을 지나치게 많이 하는 사람은 이 세상에 없다고 주장한다. 우리가 느끼는 불편함은 그 사람이 우리가 듣고 싶지 않은 말을 하기 때문이라고 말한다. 하지만 이 부부 연구원들은 그건 말도 안 된다고 일축했다. 그리고 말을 지나치게 많이 하는 사람들은 당연히 있다고 주장했다.

"우린 그런 사람들을 알고 지냈어요." 리치먼드가 말을 이어 나갔다. 원래 말이 많을 뿐 아니라 뭔가 계속 말해야 한다는 강박 관념에 시달려 중독된 듯한 사람들도 있다고 했다. "그래서 우리는 '수다 중독자talkaholics'라는 용어를 만들었지요."

그들 부부는 수다 중독자를 찾아내기 위해 수다 중독 진단법을 만들었다. 수다 중독자를 찾아낸다면 그들을 도울 방법을 개발할 수 있을지도 몰랐다. "수다 중독자가 많을 거라고는 생각하지 않았어요." 리치먼드가 말했다. 하지만 웨스트버지니아대학교 학생 800명을 대상으로 수다 중독 진단을 했더니, 그중 5퍼센트가 수다 중독자라는 사실을 알아냈다. 이상하게도 그 수치는 보통 사람 중에서 알코올 중독자가 차지하는 비율과 거의 같았다.

나는 수다 중독 진단에서 50점 만점을 받았으며 자신을 통제하지 못하고 두서없이 말을 늘어놓는 이유를 알아내 어떻게 하면 고칠 수 있을지 알고 싶어 찾아왔다고 말했다. 하지만 리치먼드는 나쁜 소식만 줄줄이 들려주었다.

우선 그들은 수다 중독의 원인을 전혀 알아내지 못했다. 그보다 더 나쁜 소식이 있었다. 그들 부부는 의사소통이 잘 되지 않는 사람들이 자신의 문제를 인정하도록 돕는 방법은 찾아냈지만 수다 중독자들을 도와줄 방법은 없다고 믿었다. "우린 수다 중독자들이 입을 닫게 할 수 없다고 농담하곤 했지요." 리치먼드는 크게 소리 내 웃었다. "방법이 없어요. 수다 중독은 치료할 수 없어요."

하지만 리치먼드가 남편과 함께 연구를 했을 때는 30년 전이었다. 이후 다른 사람들이 그 주제를 계속 연구하고 있다. 이 분야를 가장 많이 아는 사람은 한때 그들 부부와 함께 일했고 지금은 마이애미대학교 교수인 마이클 비티라고 리치먼드가 내게 귀띔했다. 비티 또한 이들과 같은 이유로 수다 중독자들에게 관심을 가진 게 분명했다.

"비티는 내가 지금까지 아는 사람 중 가장 심한 수다 중독자예요. 내가 그렇게 말했다고 얘기해도 돼요. 기분 나빠하지 않을 거예요."

비티는 괴짜 같은 사람이다. 스마트폰을 사용하지 않고 집에 컴퓨터도 없다. 그에게 연락하려면 대학 이메일 계정으로 메일을 보낸 뒤, 그가 연구실에 들어가 메일을 확인할 때까지 기다려야 한다. 답변을 받기까지 꽤 시간이 걸린다. 나는 리치먼드를 만난 뒤 약간 실망했지만 비티가 도와주거나 조언을 해줄지도 모른다는 희망을 잃지 않았다. 그래서 그에게 이메일을 보내고 연락이 오길 기다렸다.

수다 중독자의 미친 삶

나는 오랫동안 내가 그저 남들과 어울리기 좋아하고 멋진 대화를 즐기는 외향적인 사람이라고 착각했다. 우버 운전기사든 스키장 리프트 옆자리 사람이든 상대를 가리지 않고 자연스럽게 말을 걸었다. "웨이터와 웨이트리스도 빼먹지 마." 아내가 옆에서 한마디 거든다. 마침내 내게 문제가 있다는 사실을 깨달았다. 말을 적게 하려고 노력해도 그렇게 할 수 없었기 때문이다.

사람들을 만나는 모임에 나가기가 두려워졌다. 이웃과의 바비큐 파티나 생일 파티에 가자니 괴로워 견딜 수 없었다. 지뢰밭을 살금살금 걸어 다니는 기분이었다. '너무 많이 말하지 마. 입 좀 닫으라고. 조용히 하라고!' 이렇게 머릿속으로 되뇌며 사람들과 어울리려 애썼다. 하지만 외출 준비를 할 때마저 마약에 취해 홀로 무대에 오른 연극배우처럼 혼잣말을 중얼거렸다.

나는 절망에 빠져 강제적인 방법을 써보기로 했다. 불안감을 가라앉히는 데 쓰는 아티반Ativan이라는 신경안정제를 파티에 가기 전에 먹었다. 약 덕분에 뭔가 흐릿한 안개에 둘러싸인 나른한 기분으로 파티에 가면 재빨리 구석진 곳을 찾아 혼자 멍때리며 TV를 보거나 트위터를 확인하다 집에 가곤 했다. 이웃들은 내가 무례하거나 이상한 사람이라고 수군댔고 한번은 아내에게 이렇게 말했다고 한다. "댄은 머리가 약간…… 이상해졌어요. 알고 있어요?" 나는 쓸데없이 입을 놀려 사람들을 짜증 나게 하지 않으려고 약을 먹고 일부러 정신을 흐리멍덩하게 만들어서 그들에게 호의를 베풀었다고 생각했는데 말이다.

그런데 놀라운 사실이 있다. 신경안정제를 먹어도 가끔 말을 너무 많이 할 때가 있었다. 어색하거나 멍청한 말을 꺼내기도 했다. 파티장을 떠나자마자 아내에게 묻곤 했다. "나 오늘 말 너무 많았어?" 아내는 대부분 그렇다고 답했다.

내 문제를 잘 알게 되니 나와 같은 문제를 가진 사람들이 눈에 띄기 시작했다. 옆집에 어떤 교육 컨설턴트가 살았다. 그녀는 성격이 활달하고 목소리가 컸으며 분위기를 한 번에 휘어잡았다(나는 그녀를 좋아했지만 다른 이웃들은 나와 생각이 달랐다). 자기가 제일 똑똑하다고 생각하는 경영 컨설턴트도 있었다. 그는 쩌렁쩌렁 울리는 자신의 목소리를 무척 자랑스러워했다. 바보 같은 사람들을 도저히 참을 수 없어 했던 과학자도 있었는데 그는 결국 그 대가를 치러야 했다. 지금은 은퇴해 혼자 외롭게 사는 투자 자문가도 있었다. 그는 저녁 식사 무렵에 슬그머니 나타나 부엌에 편하게 자리를 잡고 최근 주가지수 동향에 대해 혼자 떠들어댔다. 내게 전화해 한 시간 이상 수다를 떠는 예술가도 있었다. 그는 했던 얘기를 하고 또 했다(그 예술가를 아는 다른 친구가 말했다. "그 친구에게 말도 붙일 생각 마. 그냥 듣기만 해!"). 영어가 모국어가 아닌 장모님도 있었다. 장모님은 말할 때 문법을 지키지 않고 문장을 툭툭 끊어 말하는 데다 뭘 가리키는지 모호한 대명사를 남발하며 속사포처럼 말을 쏟아냈다. 장모님이 말을 그만하게 하려면 그야말로 소리를 꽥 질러야 했다.

우리처럼 말 많은 사람들은 서로에게 끌리는 듯하다. 우리를 참아줄 수 있는 사람들은 우리가 유일하기 때문일 것이다. 뱀파이어나 연쇄 살인범들이 서로를 알아보듯이 어떤 환경에 있든 우리는 우리 같은 사람을 재빨리 알아본다. 우리 같은 사람들은 둘만 모여도 금방 자리를 잡고 수다를 떨면서 몇 시간이고 시끄럽게 떠들어도 할 말이 끊이지 않을 것이다. 수다 욕구를 마음껏 채우고 상대방의 말을 중간에 끊기도 하며 우리를 이해하는 사람과 수다를 떠는 기쁨을 마음껏 누릴 것이다. 그렇게 해도 남들에게 비판받거나 처벌받지 않을 것이다. 그건 우리 같은 사람들의 안전한 공간이다. 진정한 행복을 느낄 수 있다.

하지만 말수가 적은 사람들을 보면 속이 답답해 미칠 것 같다. 우리가 그들을 짜증 나게 하는 만큼 그들도 우리를 짜증 나게 한다. 물어 오라며 테니스공을 던지지 않고 딴청만 피우면 강아지는 답답하다고 느낄 것이다. 수다 중독자들도 말을 잘 하지 않는 사람들을 만나면 그렇게 느낀다. "이봐, 당장 말하라고! 어서!"

튀어나오는 말을 조절할 수 없는 사람들에게는 한 가지 공통점이 있다. 얼마 안 있어 대부분 큰코다친다는 것이다. 피할 수 없다. 유명한 드라마에서 어떤 마피아 두목은 동업자에게 이 일에서 손 떼는 방법은 두 가지밖에 없다고 경고했다. 죽거나 감옥에 갇히거나. 지나치게 말이 많은 사람도 그와 비슷하게 말 때문에 언젠가 크게 망신을 당하리란 걸 알고 있다. 크게 성공하는 사람도 있지만 대부분 실수를 남발하며 큰 실패를 불러와 대참사로 이어진다.

오랜 친구 중 하나는 아이비리그 소속 대학교를 졸업한 매우 똑똑한 사람이지만 자기가 하는 말을 통제하지 못해서 직장에서 쫓겨났다. 그 친구는 참지 못하고 동료들에게 멍청하다고 했고, 동료들은 친구의 솔직한 태도를 별로 마음에 들어 하지 않았기 때문이다. "말이 그냥 막 나와." 친구가 솔직하게 말했다. "시간 낭비하는 회의에 참석하고 있으면 이런 생각이 들어. 이 바보 같은 회의 자리에 내가 왜 있지? 그럼 난 벌컥 화를 내면서 거기 모인 모두에게 당신들은 왜 그렇게 머저리 같은지 하나하나 설명해. 아무 말도 하지 않고 가만히 있어야 하는데 말이야. 언제든지 내가 틀릴 수도 있는데. 최악은 뭔지 알아? 난 그들이 어떻게 반응할지 알면서도 그렇게 말해. 그러고서는 바로 후회하지. 하지만 그쯤 되면 이미 늦었어."

지나친 수다쟁이들은 전 세계적으로 미움받는다. 우리 같은 사람들을 일컫는 말을 살펴보자. 우리는 떠버리, 말쟁이, 허풍선이라 불릴뿐더러 입만 나불대거나 입만 살았다고 비난받는다. 쓸데없이 마구 지껄이는 사람을 보면 '말을 마구 쏟아낸다verbal diarrhea' 또는 '헛소리만 한다talks a lot of shit'라고 표현한다. 영국과 아일랜드에서는 '헛소리만 하는 멍청이gobshite(gob은 '입', shite는 '대변'이라는 뜻이다), 또는 재수 없이 머리에 새똥을 맞았다는 표현처럼 '재수 없는 놈shitehawk'이라 부른다. 이탈리아에는 '아타카 언 보토네attacca un bottone'라는 말이 있는데, 단추를 옷에 꿰맬 수 있을 정도로 말을 너무 오랫동안 한다는 뜻이다. '미 하 아타카토 언 피포네mi ha attaccato un pippone'란 말도 있다. 누군가의 귀에 대고 역겨운 행동을 한다는 뜻으로 풀이된다. 이탈리아에서는 지나친 수다쟁이를 '트롬보네trombone'라고 부르기도 한다. 이를 이탈리아 억양으로 들으면 정말 멋지게 들린다. '콰콰라쿠아quaquaraquà'라고도 하는데, 그건 입만 살아 있는 골 빈 사람을 나타내는 시칠리아 지방 의성어이자 속어다.

브라질에서는 '팔라 마이스 크 오 오멩 두 하디오fala mais que o homem do rádio'라는 표현이 있는데 '그 남자는 라디오에 나오는 남자보다도 말이 많다'라는 뜻이다. 스페인에서는 '보카찬클라bocachancla', 즉 '이랬다저랬다 하는 입'이라는 말이 있다. 스페인 카탈루냐 지방에서는 '보카몰bocamoll', 그러니까 '헐거운 입'이라고 한다. 독일의 수다쟁이들은 '플라퍼모일러Plappermäuler'라고 하는데, '횡설수설하다plapper'와 '동물의 주둥이maul'를 거칠게 표현하는 단어가 결합한 말이다. 추잡한 말을 입에 달고 사는 러시아인들은 수다쟁이들을 '피즈다볼리pizdaboly'라고 부르는데, 이는 여성 생식기를 나타내는 극히 외설적 단어인 '피즈다pizda'와 퍼덕거린다는 뜻인 '볼bol'이 합쳐진 매우 지저분한 단어다. 맙소사.

일본 사람들은 침묵을 중요시하고 시끄러운 사람들을 참을 수 없어 한다. 그들에게는 이와 관련된 속담이 있다. '새가 노래하지 않았더라면 사냥꾼의 총에 맞지 않았을 것이다.' 인도에는 바투니 카추아batuni kachua라는 수다쟁이 거북이에 관한 옛이야기가 전해 내려온다. 이 거북이는 말이 너무 많아서 신세를 망쳤다. 심한 가뭄이 들어 연못물이 마르자, 거위 두 마리가 수다쟁이 거북이를 다른 호수로 데려다주기로 한다. 거위들은 나무 막대기 양쪽 끝을 나란히 물고, 거북이는 막대기 가운데를 입으로 꽉 물고 매달려 거위들과 함께 날아갔다. 당연히 거북이는 말하고 싶은 충동을 참지 못해 입을 열었고 곧장 땅에 떨어지고 말았다. 거북이는 커다란 바위에 부딪혀 그 자리에서 죽거나 마을 사람들에게 잡아먹힌다.

사람들은 지나친 수다쟁이들을 이런 식으로 생각한다. 그들은 우리가 죽는 모습을 상상한다.

지나친 수다쟁이들의 여섯 가지 유형

리치먼드와 이야기를 나눈 뒤 나는 강박적 수다에 관한 연구에 몰두했고, 지나친 수다에는 여러 가지 유형이 있다'는 사실을 알아냈다. 먼저 '말이 너무 많은 유형 hyperverbal speech'이 있다. 그들은 사람들의 대화에 자꾸 끼어들어 방해한다(뇌가 지나치게 활성화되어 쉴 새 없이 지껄인다). 다음으로는 '횡설수설하는 유형 disorganized speech'이 있다. 그들은 서로 관련 없는 주제의 이야기를 늘어놓는다. 그리고 '상황에 따라 수다 떠는 유형 situational overtalking'이 있다. 거의 모두 한 번쯤은 이런 적이 있을 것이다. 기억을 더듬어보면 창피해서 몸을 움찔하고 말을 아꼈어야 했던 순간을 분명 기억할 것이다. 어떤 이야기를 불쑥 꺼내서 누군가의 기분을 상하게 한 적이 있는가? 실없이 농담을 해서 다른 사람을 화나게 한 적이 있는가?

차를 사던 때를 떠올려보자. 영업사원의 말이 끝나고 어색한 침묵이 흐르자 그게 싫어서 생각나는 대로 아무 말이나 하지 않았는가? 틀림없이 그렇게 했을 것이다. 그 결과 쓰지 않아도 될 큰돈을 쓰고 말았다. 고객에게 구매를 권유하는 전화 통화를 하다 말을 너무 많이 하는 바람에 거래를 망치고 판매 수수료도 못 챙겼을 수도 있다. 회의 시간에 다른 사람의 말을 자꾸 방해하다 테이블 저쪽 끝에 앉은 상사가 당신을 나쁘게 보기 시작했을 수도 있다. 그는 당신에 대한 인식이 부정적으로 바뀌었다는 걸 인지하지 못했을 수도 있지만 어쨌든 8개월 뒤 그토록 바라던 승진은 다른 사람에게 돌아갈 수도 있다.

지나친 수다에 여러 유형이 있듯이 지나친 수다쟁이에게도 서로 다른 유형이 있다. 이를 여섯 가지 유형으로 분류해봤다.

자만심이 가득한 수다쟁이들 Ego Talkers은 목소리가 크고 뭐든지 다 아는 체하는 남자들이다(그렇다. 그런 사람들은 거의 남자다). 그들은 자신의 아이디어가 다른 모든 사람의 아이디어보다 낫다고 진짜 믿기 때문에 사람들의 말을 끊어버리고 대화를 주도한다. 그런데 자기가 무슨 말을 하는지 모른다. 내가 오랫동안 일했던 실리콘 밸리에는 소프트웨어 분야에서 떼돈을 벌었고 지금은 세상 만사에 대해 모르는 게 없다고 자랑하는 남자들이 득시글거린다(그런 사람들은 모두 남자다). 비트코인을 잘 안다는 남자들은 기후 변화, 심장 수술에 관해서도 전문가들보다 더 많이 안다며 자만심이 가득하다.

불안해하는 수다쟁이들 Nervous Talkers은 사회생활에 불안해한다. 불안한 마음을 진정시키기 위해 아무 말이나 지껄인다.

생각 많은 수다쟁이들 Ruminators은 머릿속 생각을 큰 목소리로 말한다. 사실상 혼잣말이다. 그리고 주위 모든 사람을 짜증 나게 한다.

불쑥 내뱉는 수다쟁이들 Blurters은 말이 정말 많고 빨리빨리 생각한다. 하지만 머릿속으로 거르지 않고 거침없이 내뱉는다.

횡설수설하는 수다쟁이들 Blabbers은 헛소리를 쏟아내고 했던 이야기를 몇 번이고 거듭한다. 주위에서 말려도 브레이크 없는 차가 언덕 아래로 돌진하듯 계속 말한다.

수다 중독자들 Talkaholics은 가장 심한 유형이다. 자신을 통제하지 못하고 자기 파괴적이다.

지난 10여 년 동안 연구원들은 사람들이 지나치게 수다를 떠는 원인을 파악해왔다. 여기에는 심리적 원인과 생물학적 원인이 있다. 어떤 수다쟁이들은 단지 외향적인 사람으로 타고난 성격이 그러하다. 사회생활에 대한 불안감 때문에 수다를 떠는 사람들도 있다(불쑥 내뱉는 수다쟁이, 횡설수설하는 수다쟁이, 불안해하는 수다쟁이 중에 그런 사람들이 많다). 하지만 수다 중독에 이를 만큼 무척 심하게 강박적으로 수다를 떤다면 자기애성 인격장애narcissistic personality disorder 처럼 더 깊은 심리적 문제가 있을 수 있다. 2형 양극성장애 bipolar II의 징후이자 더 가벼운 병적 형태인[2] 경조증hypomania 은 중단시킬 수 없을 정도로 빠르고 또 크게 말하는 병적수다pressured speech를 일으킬 수 있다. 주의력 결핍 및 과잉행동장애Attention Deficit Hyperactivity Disorder: ADHD를 앓고 있어도 지나치게 수다를 떨 수 있다.

수다 중독 진단에서 점수가 높게 나왔다면 전문가에게 진단받는 걸 고려해보자. 요즘에는 ADHD나 2형 양극성장애 같은 것은 약과 각종 요법으로 치료받을 수 있다. 약으로는 완전히 낫게 할 수 없지만 치료받는 동안 당신이 할 일을 할 수 있도록 뇌를 시끄럽게 하는 소음을 줄일 수 있다. 내 생각이긴 한데 지나친 수다쟁이들은 치료 요법을 무척 좋아한다.

연구 논문들을 쌓아놓고 끈질기게 찾아봐도 만족할 만한 답을 찾지 못했다. 그러던 어느 날 이메일을 확인하고 깜짝 놀랐다. 마이애미대학교의 마이클 비티가 나와 이야기하고 싶다고 답장을 보낸 것이다. 그리고 오랫동안 수많은 실험 끝에 수다 중독이 발생하는 원인을 알아냈다고도 했다.

수다 욕망의 신호는 뇌에서 나온다

"(수다 중독은) 생물학적 문제 때문입니다. 후천적으로 생기는 문제가 아닙니다. 태어나기 전부터 발달하기 시작합니다." 전화 통화 중에 비티가 말했다.

20년 전 비티는 의사소통을 생물학적 현상으로서 연구하는 '의사소통 생물학communibiology'이라는 분야를 개척했다. 커뮤니케이션 학부에서 오랫동안 가르쳤던 저널리즘과 대중 연설 과목을 강의하는 대신, 그는 신경과학자들과 협업했다. 연구 참가자들의 뇌파를 측정하기 위해 뇌전도EEGs를 검사했고, 참가자들이 사진을 보거나 녹음된 소리를 들을 때 뇌가 활성화되는 모습을 보기 위해 기능적 자기공명영상fMRI을 찍었다.

비티의 연구가 벽에 부딪히리라 생각한 커뮤니케이션 연구원들이 많았다. 하지만 비티는 자기가 옳다고 확신했다. "우리가 의사소통하는 방식이 뇌와 관련이 없다면 이상하다고 생각했습니다. 우린 방법을 몰랐을 뿐입니다.”

2011년 비티와 마이애미대학교 동료들은 지나치게 수다를 떠는 성향이 뇌파 불균형으로 결정된다는 사실을 밝혀냈다. 구체적으로 말하면 뇌의 전전두피질prefrontal cortex 앞부분에 있는[3] 좌엽left lobe과 우엽right lobe의 뉴런 활동 균형에 관한 문제다. 이상적으로 보면, 어떤 사람이 움직이지 않고 있다면 좌엽과 우엽의 뉴런 활동의 양은 같아야 할 것이다. 비대칭이 발생한다면, 즉 한쪽 엽이 다른 쪽 엽보다 더 밝게 나타난다면 평균 이상 또는 평균 이하로 말을 하는 사람이라는 뜻이다. 좌엽이 우엽보다 더 활발하다면 수줍음을 탄다는 뜻이다. 우엽이 더 활발하다면 말이 많다는 뜻이다. 불균형이 클수록 말이 많은 정도는 더욱 커질 것이다. 수다 중독자의 좌엽은 간신히 깜박이지만 우엽은 미친 듯이 환하게 타오를 것이다.

“문제는 결국 충동 조절입니다.” 비티가 말했다. 전측 피질anterior cortex의 불균형은 공격성, 그리고 “계획이 앞으로 어떻게 전개되고 결과가 어떻게 될지 가늠하는 능력과 관련 있습니다.” 그는 우엽이 과하게 활성화되는 현상은 배우자를 죽인 사람들에게서 많이 보인다고 덧붙였다. 그 얘기는 아내에게 비밀로 하기로 했다.

우엽 활동이 지배적이어서 충동을 조절하지 못하는 현상

은 직장에서 자주 발생한다. "만약 내가 우엽 활동이 활발한 사람이고 회사 CEO라고 해봅시다. 회의 중에 어떤 직원이 바보 같은 의견을 냅니다. 난 예의 같은 건 차리지 않을 겁니다. 잔뜩 화가 나서 그 사람에게 입 닥치라고 할 겁니다." 비티가 말했다.

불행하게도 수다 중독은 고칠 수 없다고 한다. 뇌 구조를 다시 짜거나 뉴런 균형을 재빨리 맞출 수도 없다. "완전히 불가능하다는 건 아니지만 당신이 어떤 사람인지 바꿀 여지는 거의 없다고 봐야 합니다."

가능하면 입을 다물어야 한다

조 바이든Joe Biden 미국 대통령은 40년간 말실수를 너무 많이 해 선거 유세장마다 논란을 불러일으키는 바람에 신문사들은 그에게 '실수 대왕'이라는 별명을 붙였다. 하지만 어쨌든 그는 2020년 대선에선 입 닥치기 전략을 실천했다. 말을 하기 전에 잠시 멈췄다가 목소리를 낮게 깔고 짧게 대답했다. 기자들이 나타나면 질문을 몇 가지만 받고 틀에 박힌 대답을 한 뒤 황급히 자리를 떴다.

바이든의 전략은 내게 희망을 주었다. 바이든도 열심히

노력해서 입 닥치고 지내는데 나라고 못 할 이유가 없었다. 정치판에 뛰어들 생각은 꿈에도 없었지만 입 닥치고 살아야 할 이유는 충분했다. 더 좋은 배우자이자 아빠, 친구가 되고 싶었다. 사람들을 많이 만나야 하는 모임에 갈 때마다 두려워하기 싫었다. 수다 중독 치료법은 없을지도 모른다. 하지만 알코올 중독도 치료법이 없다. 그래도 어떤 사람들은 독하게 훈련해 술을 끊는다.

나는 강연 전문 코치의 도움을 받을 여유가 없었다. 입 닥치는 법을 가르쳐주는 온라인 과정도 전혀 찾을 수 없었다. 그래서 비티와 통화한 후에 혼자 수십 명을 인터뷰했다. 역사학자, 사회과학자, 정치학자, 커뮤니케이션 교수, 기업 임원 코치, 심리학자 등 어떤 식으로든 강연 전문가들이었다. 가이드와 함께 버크셔 숲속에 들어가 삼림욕을 하기도 했다. 상대방의 말을 잘 듣는 법을 가르치는 온라인 강좌를 들었고, 관련 분야 교수에게 조언을 얻기도 했다. 캘리포니아의 어떤 심리학자는 죄수들이 가석방 심사를 받는 동안 입 닥치고 가만히 있는 방법, 쓸데없는 말을 줄여 석방에 도움이 되는 방법을 알려주었다. 지나치게 말이 많아 마치 홀로 감옥에 갇힌 신세가 된 내가 탈출하는 데 도움이 되길 바랐던 방법이었다.

각종 이론과 조언, 연습으로 무장한 나는 '입 닥치는 다섯 가지 방법'을 개발했고 실천하기 시작했다. 그 방법들을 매일 해야 하는 운동으로 여겼다. 소셜 미디어는 거의 다 끊었다. 아무 소리가 들리지 않아 불편하더라도 그런 상황에 익숙해지도록 나 자신을 훈련했다. 전화를 받거나 영상 통화를 하기 전에 심호흡을 여러 번 하면서 마음을 진정시켰고 손목에 찬 애플 워치의 심장박동수 모니터 기능을 이용해 이 방법이 효과가 있는지 확인했다. 통화를 할 때는 목소리를 낮추고 천천히 말했다. 아이들에게 답이 정해지지 않은 질문을 하고, 편하게 앉아 아이들의 말에 귀를 기울였다. 공식적으로 말하면 우린 '대화'를 하고 있었지만 사실 나는 듣고 있었다.

그리고 컴퓨터 화면 위쪽 벽에 아주 커다란 글씨로 인쇄한 경고문을 붙였다. '조용히! 들어봐! 대답은 짧게! 입 닥쳐!' 한 수다쟁이 친구는 노트북에 '하나님, 제가 입 다물도록 도와주시옵소서'라고 쓴 메모를 붙여두었다. 나는 회의가 시작되기 전에 이 회의의 목적, 다시 말해 내가 전달하고 배워야 할 내용이 무엇인지 잠시 생각한다. 그 말들을 메모장에 적고 회의 안건에 집중한다.

시간이 흐르면서 나는 점점 더 절제력을 발휘했고 놀라운 일이 일어났다. 정신적으로 육체적으로 기분이 더 좋아졌다. 더 행복하다고 느꼈다. 사람들에게 더 친절하게 대했다. 그들도 내게 더 잘해주었다. 삶이 편해졌다.

그때 나는 입 닥치면 큰 재앙을 피하거나 자동차 가격을 깎는 데 도움이 되는 것 이상의 일을 할 수 있다는 것을 깨달았다. 입 닥치기는 일종의 치료법이었다.

불안의 쳇바퀴

불안은 우리 시대의 대표적 상징이다. 코로나19 이전에도 미국인들, 특히 젊은이들 사이에 불안해하는 사람들이 이미 늘어나고 있었다. 그러다 코로나19 봉쇄 기간에 그 수는 폭발적으로 늘어났다. 미국심리학회the American Psychiatric Association[4]에 따르면 2019년 미국인의 3분의 2는 매우 심하게 불안하거나 어느 정도 불안하다고 답했다. 미국 성인 다섯 명 중 한 명은 불안장애를 겪고 있다.[5]

지나친 수다쟁이들은 불안감을 해소하기 위해, 또는 불안감을 느끼지 않으려고 말을 꺼낸다. 하지만 지나치게 수다를 떨면 불안감에서 벗어나기는커녕 더 심해진다. 말을 많이 할수록 더 불안해진다. 악순환이 벌어진다. 나는 그걸 '불안의 쳇바퀴The Anxiety Wheel'라 부른다.

소셜 미디어에서도 비슷한 일이 벌어진다. 우리는 마음을 달래기 위해 페이스북, 인스타그램, 틱톡, 트위터 등을 한다. 마음이 불안해지면 앱을 열고 화면을 넘기면서 불안감이 사라지기를 바란다. 하지만 다시 한번 정반대 일이 벌어진다. 불안감을 가라앉히려고 하지만 오히려 더 심각하게 만들 뿐이다. 당신은 또다시 불안의 쳇바퀴에 오르고 만다.

말하고 싶은 충동을 참고 누군가에게 전화를 걸어 수다를 떨고 싶다는 마음을 억누를 수 있다면 불안의 쳇바퀴를 반대 방향으로 돌릴 수 있다. 아무 말도 하지 않고 앉아 있으면 처음에는 끔찍한 기분이 들지만 그 불편한 기분을 받아들이면 그런 기분은 점점 약해질 것이다. 의사들이 어떤 사람들은 소셜 미디어를 끊으면 항우울제를 복용하는 것과 같은 효과를 본다는 사실을 밝혀내기도 했다.

내면의 세계로 관심을 돌려라

우리가 말하는 방식은 우리가 어떤 사람인지 보여준다. 우리 자신을 정의하고 다른 사람들을 이해하는 방식을 만드는 방법이기도 하다. 당신은 다른 사람에 대해 설명할 때 어떻게 하는가? 다른 사람을 평가하는 기준은 무엇인가? 당신은 그 사람이 말하는 방식을 설명하며 그의 성격을 정의할 것이다. 그 사람은 말이 빠른가? 아니면 느릿느릿 말하는가? 조용한가? 혹은 시끄러운가? 말이 많은가? 또는 말수가 적은가? 우리가 하는 말은 우리의 성격을 세상에 드러내 보이는 방식이다. 어떤 면에서 보면 우리가 말하는 방식은 우리의 성격이다. 말하는 방식을 바꾸면 사실상 당신 자신을 바꾸는 것이다.

말하기는 숨쉬기와 같다. 말하고 있다고 생각하지 않고 그냥 말한다. 말하는 방식에 주의를 기울이면 왜 그런 방식으로 말하는지 생각하게 된다. 보통 무의식적으로 일어나는 어떤 일을 일부러 의식하도록 만드는 것이다. 이는 명상하거나 심리치료를 받을 때 하는 일이다. 내면의 세계에 관심을 돌리고 자기반성과 자기진단을 하면서 당신이 어떤 사람인지 알아내는 것이다.

입을 닥치는 것은 그저 단순한 운동이 아니다. 심리와 관련 있는 과정이자 활동적이고 역동적인 연습이기도 하다. 노력과 집중, 연습과 정신 훈련이 필요한 어떤 것이라도 당신을 변화시키고 정의할 수 있다. 어떤 사람들은 무술을 연마하면서 그런 효과를 얻는다. 능숙하게 피아노를 치고 체스를 두며 정원을 가꾸고 요리를 하면서 그런 효과를 얻는 사람들도 있다.

나는 조정 경기 선수였다. 조정 경기는 체력과 정신력이 혼합된 스포츠로, 둘 중 정신력이 더 중요하다. 매 순간 온 힘을 다해 경기에 집중해야 한다. 보트의 균형을 유지하고 손을 많이 써야 하며 노를 힘껏 젓다가 시간 맞춰 제자리로 오게 해야 한다. 이 과정을 계속 반복한다. 같은 동작을 몇 번이고 반복하며 노를 저을 때마다 완벽하게 하려 하지만 그렇게 하긴 거의 힘들다.

매일 물 위에서 보내는 한두 시간은 운동 시간이자 명상하는 시간이기도 하다. 그 시간은 당신이 어떤 사람인지 정의한다. 그래서 조정 경기 선수들은 가끔 "난 조정 경기를 해"라고 말하기도 하지만 "난 조정 경기 선수야"라고 말할 때가 훨씬 많다.

내가 이 일을 시작한 건 쓸데없는 말을 너무 많이 해서 불행을 겪고 다른 사람들을 짜증 나게 하는 일을 그만두고 싶어서였다. 그런데 하다 보니 어느새 자아 발견의 여정을 떠나게 되었다. 입 닥치기는 개인적 변화와 변혁에 이르는 길이 되었다.

2장

이 세상도
입 닥치게 해야 한다

인터넷이 등장하자 우리가 말하는 방식은 그 어느 때보다 다양해졌다. 우리는 그 방식들을 이용해 끊임없이 말한다. 휴대전화에 사람들과 소통할 수 있는 앱이 몇 개나 설치되어 있는가? 수신함은 몇 개나 확인하는가? 기본적으로 업무용 이메일과 개인용 이메일, 문자 메시지 수신함을 확인할 것이다. 그밖에 페이스북, 트위터, 인스타그램, 링크트인, 왓츠앱, 텔레그램, 슬랙 또는 시그널을 확인할 수도 있다. 사람들이 많이 쓰는 앱만 해도 이렇게나 많다.

이제 우리는 음성으로 TV와 각종 리모컨을 조작한다. 거실의 조그만 기계 장치, 전등, 온도 조절 장치, 손목시계, 인공지능 봇과 자동차 계기판에도 말로 명령을 내린다. 그중 일부는 우리에게 대답도 한다. 우리는 한때 침묵을 지켜야 하는 곳이라고 생각했던 자동차 안, 깊은 숲속에서도 쉴 새 없이 통화한다. 조깅을 하거나 헬스장에서 운동하느라 숨이 차 헉헉대면서도 전화를 끊지 않는다. 영화관, 콘서트장,

장례식장에서도 아무렇지 않게 휴대전화를 꺼낸다. 통화할 수 없는 성역은 없다. 우리 중에서 최악의 유형은 공공장소 (열차, 음식점, 커피숍 등)에서 주위의 따가운 시선은 아랑곳하지 않고 시끄럽게 수다를 떨며 통화하는 사람들이다. 우리 중 3분의 2는 화장실에서 볼일을 볼 때도 휴대전화를 사용하며, 20퍼센트는 샤워실에 휴대전화를 가지고 들어간다. 심지어 10퍼센트는 섹스를 하면서 휴대전화를 확인한 적이 있다.[1]

우리가 말하지 않을 때는 무언가를 소비하고 있을 때다. 소방 호스에서 물이 뿜어져 나오듯 쏟아지는 정보를 받아들인다. 하지만 그 정보는 그럴듯하게 포장된 잡음에 불과하다. 넷플릭스는 2022년 87편의 영화를 공개했으며,[2] 거기에 더하여 40편의 드라마와[3] 몇 편의 특집 영상물도 선보였다. 이는 약 600시간 분량의 동영상으로, 넷플릭스는 그 모든 프로그램을 제작하는 데 170억 달러를 지출했다.[4] 게다가 애플 TV+, 아마존 프라임 비디오, 디즈니+, HBO, 훌루Hulu, 스타즈Starz 등도 그 뒤를 따르고 있다. 오랜 세월 함께하며 시트콤, 로맨틱 코미디, 슈퍼히어로 만화 원작 영화를 대량으로 찍어내는 영화사와 TV 방송국도 그 행렬에 동참하고 있다. 슈퍼히어로 영화에서 이 세상은 매주 인류의 종말이라는 새로운 위협에 처하지만 몸에 착 달라붙는 특이한 의상을 입은 누군가가 구해낸다.

2022년 스트리밍 서비스로 이용할 수 있는 프로그램은 81만 7,000편이었다. 닐슨$_{Nielsen}$이 실시한 조사에 따르면[5] 그 때문에 '혼란이 더욱 심해졌'고 선택지가 너무 많은 탓에 사람들의 거의 절반이 결정 장애를 겪는다는 사실도 밝혀졌다. 그런데도 우리는 끊임없이 더 많이 소비한다. 2022년 2월 기준으로 지난 12개월 동안 미국인은 매주 1,694억 분에 해당하는 스트리밍 콘텐츠를 시청했으며, 이는 전년 대비 18퍼센트 늘어난 수치다. 다 합치면 미국인은 2021년 한 해 동안 1,500만 년에 해당하는 스트리밍 동영상을 소비했다. 2022년에 실시한 설문 조사 결과, 일반적인 미국인은 그해 290편의 영화와 TV 드라마를 시청했다. 시청 시간을 계산하면 437시간이나 되는데,[6] 이는 18일을 꽉 채우고도 남는다. 우리가 2020년에 지출한 스트리밍 서비스 비용은 2015년보다 네 배 더 많았다.[7]

우리는 어딜 가나 소음 공해에 시달리고 끊이지 않는 불협화음에서 벗어나지 못한다. 실내 공간 어디서든 음악 소리가 들린다. 그렇게 하라고 아예 법으로 정한 듯하다. 음식점과 스핀 강습 시간에 들리는 소음은 100데시벨 이상으로 측정되었다.[8] 이는 콘크리트를 절단할 때 쓰는 착암기 소음만큼 시끄러운 수준이다.[9] 문제는 귀가 먹먹해질 정도의 큰 소음뿐만 아니라 그 소음에서 벗어날 탈출구가 없다는 점이다. 몇 년 전 미국은 아부그라이브Abu Ghraib와 관타나모 베이Guantánamo Bay 수용소에서 귀가 터질 듯한 시끄러운 음악을 반복해서 들려주며 포로들을 고문했다는 사실이 밝혀졌다. 그중에는 어린이 프로그램 〈바니와 친구들〉 주제가도 있었다고 한다.[10] 만약 당신에게 아이가 있다면 그게 왜 고문 도구로 효과가 있는지 이해할 것이다. 요즘은 음식점, 쇼핑몰, 백화점, 심지어 병원마저 그 고문 기법을 따라 하고 있으며, 그 결과 희생자까지 나오고 있다. 사방이 트인 사무실을 여러모로 분석한 연구 결과를 살펴보면 소음은 우리의 논리적 사고방식과 업무 처리 능력을 파괴한다고 한다. 오스트리아 소매업 노동자들은 무한 반복되는 크리스마스 캐럴 소리가 너무 고통스러워 고용주들에게 음악을 틀지 말라고 요구하며 파업을 했다.[11] 괴팍하게 생긴 영국 작가 나이절 로저스Nigel Rodgers는 "소음에 계속 노출되면 무력해진다"고 강조했다. 그는 파이프다운Pipedown이라는 단체를 설립했으며, 이 단체 회원들은 영국 소매업자와 레스토랑이 매장에서 배경음악을 틀지 않게 하는 운동을 벌였고 마침내 성공했다. "병원에 진찰받으러 갔다가 혈압이 높다는 말을 듣는다면 이렇게 답하세요. '글쎄요, 여기 들어왔을 때만 해도 괜찮았어요. 대기실을 쿵쿵 울리는 저 끔찍한 음악 때문에 그런 겁니다.'"

요즘 우리는 스마트폰, 태블릿, 노트북, TV 화면에 붙어 살다시피 한다. 테슬라 차주들은 계기판 화면으로 비디오 게임을 즐기고 영화도 볼 수 있다. 왜냐하면…… 그렇게 하면 안 되는 이유가 있을까? 엘리베이터, 헬스장 운동기구, 냉장고, 주유기, 남자용 소변기 위쪽 벽에도 영상 기기를 설치한다. 스키장에서는 의자 리프트에 디지털 화면을 부착하고 곤돌라 안에는 음악 소리가 요란하다. 신나는 록 음악을 들으며 고래고래 소리 지르고 즐거워할 수 있는데, 왜 하얀 눈에 덮인 웅장한 산봉우리를 말없이 바라보며 어린 애처럼 감탄해야 하는가? 구글은 우리에게 필요한 정보를 눈동자에 투사하는 구글 글라스를 개발했지만 대중화에는 실패했다. 그런데 애플도 그와 비슷한 제품을 개발하고 있다는 소문이 돈다. 애플이 만든 글라스는 아마 성공할 것이다. 애플 제품은 뭔가 있어 보이고 터무니없이 비싼 가격을 매길 것이기 때문이다. 고양이가 캣닙을 가까이하면 마냥 행복해하듯이 애플의 충성 고객들도 더없이 기뻐할 게 분명하다. 페이스북의 모회사인 메타Meta는 사용자의 얼굴 정면 방향으로 화면이 부착된 가상현실 고글을 판매하며 메타버스metaverse라는 상상의 세계를 구축하고 있다. 우리는 이 메타버스라는 세상에서 일하고 쇼핑하며 집도 사고

섹스를 하다 머리가 돌아버리고 말 것이다. 마크 저커버그 Mark Zuckerberg가 뜻을 이룬다면 우리는 현실 세계가 아닌 온라인 세상에서 시간을 더 많이 보낼 것이다.

우리만 입 닥쳐서는 안 된다. 이 세상도 입 닥치게 해야 한다.

적을 만났다. 그건 바로 우리다

인터넷은 좋은 점이 있다. 누구든지 저렴한 비용으로 무엇이든 쉽게 만들고 온라인으로 공유할 수 있다. 나쁜 점도 있다. 너무 많은 사람들이 이 기회를 이용하고 있다는 점이다. 현재 인터넷에는 블로그가 6억 개 이상이고, 매일 새로운 게시물이 2,900만 건씩 쏟아진다.[12] 팟캐스트는 200만 개 있으며, 이 수치는 2018년의 네 배다.[13] 하지만 대부분 아무도 듣지 않는다. 수천 명의 사람이 (다 합쳐) 수백만 달러를 들여가며 세계연사연맹the Global Speakers Federation과 전미 연사협회the National Speakers Association 같은 기관들이 주관하는 콘퍼런스에 참석한다. 그 사람들은 어두컴컴한 강당에 앉아 대중 연설가가 되기를 꿈꾸는 사람들에게 대중 연설 기법에 대해 연설하는 대중 연설가들을 바라본다. 왜 이런 일이 벌어질까? 테드 강연 덕분에, 또 지옥에서 튀어나온 듯한 정체불명의 테드엑스 강연 덕분에 해마다 수만 명의 자칭 인생 코치와 선구적인 사상가, 지식인 들이 우스꽝스럽게 생긴 헤드셋 마이크를 쓰고 무대 위에 나타난다. 그리고 우리가 더 열심히 살아가고 가치를 실현하며 우리만의 이야기를 만들고 의미 있는 인간관계를 형성하면, 스트레스를 친구 대하듯 받아들이면 행복하게 살 때가 온다며 뭔가 아는 척한다. 난 그렇게 살 바엔 차라리 지옥의 불구덩이에 뛰어들겠다. 1분마다 500시간 분량의 동영상 콘텐츠가 유튜브에 새로 올라간다.[14] 같은 시간에 약 180만 개의 스냅채팅이 만들어지고 70만 개의 스토리가 인스타그램에 게시된다.[15] 거의 60만 개에 이르는 트윗이 생성되고 15만 개의 슬랙 메시지가 전송된다.[16] 사람들은 1분마다 1억 6,700만 개의 틱톡 영상, 410만 개의 유튜브 동영상, 7만 시간에 이르는 넷플릭스 콘텐츠를 시청하고 스포티파이에서 4만 시간에 해당하는 음악을 듣는다.[17]

이 모든 일은 1분마다 일어난다. 코미디언 보 번햄은 코로나19 봉쇄 기간에 집에서 촬영한 〈보 번햄: 못 나가서 만든 쇼〉라는 특집 쇼에서 이런 질문을 던진다. "지구의 모든 사람들이 지구에서 일어나는 모든 일에 대해 그들이 가진 모든 의견을 동시에 표현할 필요가 있을까? 꼭 그렇게 해야 할까? 질문을 조금 바꿔 다시 묻겠다. 모두 입 좀 다물 수 있을까? 누구든지 한 시간만이라도…… 입 닥치고 가만히 있으면 안 될까? 그건 가능할까?"[18]

2000년대 초, 인터넷이 쓸모 있을 만큼 속도가 빨라지자 콘텐츠가 급격히 늘어나기 시작했다. 2010년대 들어 스마트폰이 널리 보급되고 어딜 가든 이 집중력 방해물을 가지고 다니며 인터넷과 늘 연결되자 콘텐츠는 폭발적으로 늘어났다. 전화식 모뎀을 이용하던 시절, 우리는 '인터넷에 문제없이 접속하는 방법'에 대해 이야기하곤 했다. 이제 인터넷은 우리와 함께한다. 인터넷을 몸에 지니고 다닌다. 인터넷은 우리 주변 어디에나 있으므로 우리는 언제든 업무상 연락되어야 하고 이메일을 보내고 슬랙 메시지도 받아야 한다. 슬랙은 평일 기준으로 평균 10억 분 이상의 사용 시간을 기록한다.[19] 직원들, 특히 원격 근무하는 직원들에게 꼭 필요한 생명줄로 시작된 이 플랫폼은 당신 사무실에 고개를 쑥 들이밀고 업무를 방해하던 짜증 나는 인간들이 가상 세계에서도 똑같은 짓을 하는 수단이 될 때가 많다.

보통의 미국인은 하루에 10가지 앱을 쓰고, 한 달에 30개의 앱을 사용하며, 12분마다 스마트폰을 확인한다. 더 심한 중독자들은 4분마다 확인한다. 밀레니얼 다섯 명 중 한 명은 어떤 앱을 하루에 50번 이상 열어보기도 한다. 2010년 미국인은 하루 평균 24분 동안 스마트폰을 사용했다. 2021년에는 4시간 23분으로 늘었다.[20] 틱톡 사용자는 10억 명 이상이며 어떤 리서치 회사에 따르면 사용자들은 평균적으로 그 앱을 한 달 동안 850분씩 사용한다고 한다.[21]

우리는 콘텐츠를 더 빨리 보고 들으려고 유튜브 동영상과 팟캐스트를 2배속으로 재생한다. 그것만으로 성이 차지 않아 화면을 동시에 여러 개 띄운다. 인기 있는 드라마를 몰아보는 동안에도 아이폰으로 트위터, 틱톡, 인스타그램 화면을 돌아가며 넘기고 노트북으로 이메일을 확인한다. 우리 중 약 90퍼센트는[22] TV를 보면서 다른 전자 기기 화면도 확인한다. 우린 왜 그렇게 할까? 할 수 있기 때문이다.

문제가 있다. 사실 우린 여러 가지 일을 동시에 처리할 수 없다. 우리 뇌는 한 번에 여러 가지 일을 시키면 형편없이 일을 처리한다. 그렇게 하면 오히려 더 바보 같아질 뿐이다. 어떤 연구에 따르면 한 번에 여러 가지 일을 하면 IQ는 여덟 살 아이 또는 밤새 마리화나를 피운 사람 수준으로 내려간다고 한다. 어느 편이 나을지 선택하자.[23] 연구원들은 '디지털 기억상실증', 즉 장기 기억을 보존할 수 없는 장애를 발견했다. 한 설문 조사 결과, 응답자의 40퍼센트는[24] 자녀들의 전화번호나 직장 전화번호를 기억하지 못한다고 대답했다.

한편 우리가 소비하는 콘텐츠가 더 짧아지면서 집중력을 파괴하고 있다. 2015년 마이크로소프트 연구팀은 2000년 이후 인간의 주의 집중 시간이 평균 12초에서 8초로[25] 줄었다는 충격적인 사실을 알아냈다. 이는 금붕어의 주의 집중 시간보다 짧다. 이후 틱톡이 등장해 15초짜리 동영상을 쏟아내자 우리는 입을 헤벌린 채 넋 놓고 휴대전화 화면만 바라봤다. 이제 우리의 주의 집중 시간은 더 줄어들어서…… 뭐라고? 4초라고? 그래도 초파리보다는 낫다. 초파리들의 주의 집중 시간은 1초 미만이다. 하지만 언젠가 우리도 그만큼 떨어질 것이다.

빛의 속도로 전달되는 쓰레기 정보

문제는 우리에게 정보가 얼마나 많이 전달되는지 뿐만 아니라 대부분의 정보들이 우리가 논리적으로 생각하지 못하게 하는 개똥 같은 디지털 정보라는 사실이다. 사람들이 TV의 (두 번째) 황금기라 부르는 시대는 1999년 〈소프라노스〉로 시작했으며, 〈매드 맨〉과 〈브레이킹 배드〉, 〈왕좌의 게임〉이 뒤를 이었다. 당신은 TV의 (두 번째) 황금기가 끝났는가, 서서히 끝나가는가, 또는 여전히 화려한 시기를 누리고 있는가라는 주제를 놓고 논쟁할 수도 있고, 또 사람들은 실제로 그렇게 한다. 하지만 재미있는 TV 쇼 하나당 끔찍하게 재미없는 쇼는 50편이나 있기 마련이며, 얼마 안 있어 그 수는 100편으로 늘어나리라는 점에 대해서는 너무 당연해서 논쟁을 벌일 수도 없다. 우리는 유독성 폐기물이 꽉 들어찬 바다에 둘러싸여 있고 해수면은 상승하고 있다.

유튜버 제이크 폴은 얼간이처럼 떠들어대는데 유튜브 구독자가 자그마치 2,000만 명이다. 닥터 핌플 포퍼Dr. Pimple Popper는 화면을 향해 블랙헤드를 짜고 고름을 터뜨린다. 그런데 벌써 7시즌째 운영 중이다. 영화배우인 조니 녹스빌은 〈잭애스〉 영화 시리즈를 다섯 편 만들었는데, 멍청이들이 출연해 서로에게 온갖 더럽고 해괴한 짓을 서슴지 않는다. 그런데 이 영화들은 5억 달러 이상 벌어들였다. 입방아에 오를수록 더 충격적이고 저속하며 역겨운 내용을 다뤄야 관심을 받을 수 있다. 그 결과, 선정적인 내용을 다루는 막장 토크쇼인 〈제리 스프링거〉, 영화 〈이디오크러시〉를 적당히 뒤섞은 세상이 등장한다. 디스토피아적 미래를 그린 이 영화 속에서 모든 인간은 바보 천치로 퇴행하고 가장 인기 있는 TV 쇼는 〈앗! 내 거시기!〉다. 무슨 내용인지 설명하지 않아도 알 것이다.

지구에서 끝없이 떨어진 곳에서 우리를 추적 감시하는

외계 문명인이 있다면 그들은 우리가 지구상의 모든 이들을 연결하는 네트워크를 처음 만들어냈을 때 희망을 품었을 것이다. 굉장한 소식이다! 지구인들이 마침내 더 높은 단계로 진화했다! 하지만 20년 후, 우리가 이 굉장한 기술을 어떻게 활용하는지 알고 나면 관심을 접어버릴 것이다. 사고뭉치 퓨디파이PewDiePie가 유튜브 구독자 수 1위라고? 극우 음모론자 알렉스 존스Alex Jones가 그렇게 영향력이 있다고? 됐다, 이젠 지구인 감시 위성을 꺼버리자.

인간을 멍청이로 만드는 똑똑한 기계들

20년 전만 해도 인터넷이 풍요로운 삶을 약속하는 유토피아 시대를 열 것이라 순진하게 믿는 사람들이 많았다. "20여 년 동안 우리 사회는 완전 고용을 누리고…… 생활 수준이 얼마나 향상될지 상상해보십시오." 〈와이어드〉 잡지 창간자는 1999년에 이렇게 예상했다.[26] 하지만 몇몇 거대 기업들이 인터넷을 독점했고 우리를 겨냥한 무기로 삼았다. 지난 20년 동안 우리는 20세기 전체보다 더 극적인 기술 변화를 겪었지만 우리 뇌는 그 변화를 따라잡을 만큼 빠르게 진화할 수 없었다. 우리 능력은 기계를 앞서지 못하며 기계들은 우리보다 우위에 있다.

우리 눈에는 거의 보이지 않지만 우리는 인간 지능보다 훨씬 뛰어난 디지털 지능에 둘러싸여 있다. 틱톡은 다른 사람들을 얼간이로 만드는 바보짓에 푹 빠진 못난이들로 가득한 멍청한 앱이다. 하지만 도저히 해독하기 어려운 복잡한 지능에 의해 실행된다. 틱톡의 인공지능 기반 코드는 사용자들을 짧은 시간 내에 깊이 중독되게 하므로 페이스북과 인스타그램, 스냅챗과 트위터는 필사적으로 그 코드를 경쟁하듯 따라 하고 있다.

지난 10년간 인공지능은 소리 없이 우리에게 다가왔고 이제는 주식 시장에서 슈퍼마켓까지, 배송에서 쇼핑에 이르기까지 모든 일이 돌아가게 한다. 기계가 우리를 채용하고 해고한다. 알고리듬은 우리를 감시하고 평가하며 관리한다. 할리우드 영화 제작사들은 인공지능을 이용해 어떤 영화를 제작할지 결정한다. 광고인들은 인공지능 도구로 온라인 광고에 어떤 요소를 넣어야 더 효과적인 광고를 만들 수 있을지 알아낸다. 새끼고양이들보다는 강아지들이 광고 효과가 더 크다. 의사와 자전거 사진을 넣으면 관심을 더 많이 끌 수 있다. 넷플릭스, 아마존, 스포티파이에서 받는 추천, 페이스북에서 보는 광고는 인공지능 알고리듬이 선택한다. 이 알고리듬은 당신에 대한 수천 비트의 데이터를 수집하고 수천 분의 1초 만에 거른 뒤, 어떤 단어와 사진을 쓰면 바보 같은 당신이 구매 버튼을 누를지 알아낸다. 처음에 우리는 컴퓨터를 사용했지만 이제는 컴퓨터가 우리를 이용한다.

우리는 인류 역사상 그 어느 것과도 비교할 수 없는 압박과 스트레스 요인에 시달리고 있다. 이 모든 것들은 불과 한 세대 전에는 꿈도 꾸지 못했다. 2000년도에 사는 당신이 지금 어떻게 살아가고 있는지 알게 된다면 얼마나 섬뜩하고 우울해할지 상상이 가는가? 전직 페이스북 임원이 의회에서 증언했듯이, 페이스북 등이 사용하는 알고리듬은 "우리 뇌 구조를 송두리째 바꿔놓았다".[27]

인간보다 덜 인간적인

기술만 변한 게 아니다. 우리도 변했다. 우리 뇌는 잡음으로 윙윙거린다. 우리는 집중하거나 기억하지도, 배우거나 똑바로 생각하지도 못한다. 우울한 내용의 뉴스만 강박적으로 찾아보고, 트위터로 분노를 쏟아내며, 여러 프로그램을 한 번에 몰아서 보고, 헛소리로 가득한 게시물을 올린다. 그것도 모자라 실시간으로 방송한다. 우리는 건너편에 앉아 있는 사람에게 말을 걸기는커녕 휴대전화만 들여다보며 무시한다. 아이들이 축구를 하거나 학교에서 연극을 하다 음정이 맞지 않아도 귀엽게 노래하는 모습을 바라보지 않는다. 그저 휴대전화를 높이 쳐들어 녹화만 한다. 사람들은 평균적으로 1년에 셀카를 450장 이상 찍는다.[28] 평생 2만 5,000장의 셀카를 찍는 셈이다. 채팅 봇이 사람이라 믿고 말싸움을 벌인다. 음식 사진도 찍는다.

잘 모르는 기술의 유혹에 넘어가 폰지Ponzi 사기를 당하고 돈을 날린다. 암호화폐 투자자들은 진짜 돈을 써서 가짜 돈을 사들인 후, 거의 모두 잃는다. NFT 구매자들은 수십만, 아니 수백만 달러를 흥청망청 써가며 '지루한 유인원' 만화 그림들을 사들인다. 하지만 이 그림들은 누구나 공짜로 복사할 수 있으며 아주 멍청한 부자들도 있다는 사실을 강조하는 것 외에는 아무짝에도 쓸모가 없다. 2021년, 돈이 차고 넘치지만 그리 똑똑하지 않은 한 투자자는 트위터의 공동 창업자 잭 도시가 작성한 첫 번째 트윗의 대체 불가능한 토큰NFT에 290만 달러를 내고 사들였다. 몇 달 뒤 그 투자자는 4,800만 달러에 되팔고 싶어 했다. 하지만 최고 입찰가는 280달러에 불과했다.[29] 그런 일이 일어날 줄 누가 알았겠는가?

인터넷은 우리를 멍청하게 만들 뿐만 아니라 화나게 한

다. 사람들의 관심을 받으려면 분노를 일으키는 내용이 효과가 있기 때문이다. 행복한 내용의 게시물보다 분노를 유발하는 게시물을 더 많이 공유한다.[30] 미소 짓는 사람들의 이미지보다 혼란과 분노, 공포, 혐오를 부추기는 표현의 조회수가 더 많다.[31] 그래서 사람들은 그런 콘텐츠를 만든다. 이 때문에 현실 세계에서 우리 삶은 힘들다. 여론 조사에서 대부분의 미국인은 그들과 주변 모든 사람이 예전보다 더 분노하고 있다고 응답했다.[32] 분노로 가득 차서 우리는 이제 그 모든 분노 때문에 화를 내기 시작했다. 인터넷이 우리에게 최상의 결과를 끌어내줄 것이라 기대했다. 하지만 오히려 최악의 결과를 가지고 왔다. 인터넷이 우리를 하나로 엮어주리라 생각했지만 오히려 우리 사이를 갈라놓았다.

사람들이 당신 앞에서 절대 하지 않는 말을 온라인에서는 말하고 다녔던 때를 기억하는가? 이제 그들은 당신 앞에서 그런 말들을 거리낌 없이 꺼낸다. 예의 없는 일부 중년 여성들은 사소한 일에도 벌컥 화내며 매니저를 당장 부르라고 요구한다. 교양 없고 무식한 일부 남자들은 사람 많은 뷔페 음식점에서 싸움을 벌인다. 음모론자들은 학교 이사회까지 침입해 더 많은 자유를 달라고 목소리를 높인다. 자칭 깨어 있다는 시민들과 일상에서 타인에 대한 모욕을 일삼는 사람들은 서로를 비난하며 소리를 지른다. 운전자들이 서로 무섭게 화내며 싸우는 모습은 도로에서나 볼 수 있었지만 이젠 어디서나 볼 수 있다. 승무원들이 승객들에게 얼굴을 정통으로 얻어맞는 세상이 되었다. 2021년 미국연방항공국The Federal Aviation Administration은 말을 듣지 않는 난폭한 승객들 때문에 발생한 사건을 1,000건 이상 조사했는데 전년 대비 다섯 배 증가했다고 한다.[33] 미국 일부 도시에서는 살인율이 급증했다.[34]

무례한 중년 부부가 월마트에서 버럭 화를 내며 행패 부리는 모습이나 과격한 음모론을 믿는 극우 집단이 JFK 주니어가 부활했다고 주장하며 그를 맞이하겠다고 케네디 전 대통령이 암살당한 장소인 딜리 플라자Dealey Plaza에 모여드는 모습을 구경하는 건 재미있을 수도 있다. 하지만 미치광이 집단이 부통령을 교수형에 처하겠다며 국회의사당을 습격하거나, 외계인들이 화성에서 발사한 레이저 때문에 투표용지 개표기가 해킹되어 2020년 대통령 선거에서 졌다고 믿는 미국인들이 아직도 상당히 많다거나, 코로나19 백신이 코로나19보다 더 위험하며 빌 게이츠Bill Gates가 백신에 미세 추적 장치를 넣었다고 믿고[35] 백신 접종을 끝까지 거부하는 사람들 때문에 수십만 명에 이르는 사람들이 억울하게 사망할 수 있다는 사실을 알면 마음이 그리 즐겁지 않다.

이렇게 허무맹랑한 가짜 뉴스 중 일부는 우리가 온라인

에서 다른 사람이 된다는 데서 시작된다. 심지어 실명을 사용하고 온라인에서 글 쓰는 사람과 자신이 같은 사람이라 믿더라도 같은 사람이 아니다. 온라인 세계의 당신은 현실 세계의 당신과 다른 사람이다. 온라인 인격이 여러 개 있는 사람들도 많다. 온라인 인격들은 한 플랫폼에서 다른 환경이나 플랫폼으로 이동하며 변화하고 새로운 정체성을 만든다. 우리는 연기자로 변신해 여러 인물을 연기한다. 그리고 디스코드Discord, 페이스북, 인스타그램, 틱톡, 트위터가 제공하는 디지털 무대에서 몇 시간씩 뽐내다가 어느 순간 안절부절못한다. 이 모든 시간은 거의 아무런 의미가 없다.

소셜 미디어는 가벼운 해리성정체장애dissociative identity disorder를 일으킨다. 해리성정체장애는 과거에 다중인격장애로 불렸고 〈싸이코〉와 〈시빌〉 같은 공포영화의 소재가 되었다. 어떤 독일 여성은 여러 역할을 돌아가며 맡으며 온라인 게임을 2년 동안 했더니 이 장애가 발병했다고 한다.[36] 정신과 의사들은 인터넷을 과하게 이용하거나 중독된 사람들이 해리 증상을 보일 때가 많다는 사실을 밝혀냈다.[37] 정보의 홍수 때문에 우리 사회가 정신질환을 겪고 있다. 이제는 온 세상이 입 닥쳐야 한다.

코르티솔 호르몬 위기

코르티솔과 아드레날린은 투쟁 도피 반응fight-or-flight response 과 관련된 스트레스 호르몬이다. 투쟁 도피 반응이란 호랑이에게 물리거나 강도에게 공격당할 때와 같은 위험한 상황에서 당신을 구해주는 무의식적이고 생리학적 반응이다. 이 호르몬들은 혈액으로 분비되면 생존과 관련 없는 모든 것을 차단하고 혈압과 심박수, 혈당 수치가 급격히 오르게 한다.

코르티솔과 아드레날린은 우리 몸에서 조금 분비되면 도움이 된다. 우리는 이들 호르몬이 없으면 살아남을 수 없다. 하지만 오랫동안 끊임없이 분비되면 큰 피해가 발생한다. 온라인 활동을 하고 있으면, 특히 휴대전화를 사용하고 있으면 심하지는 않아도 어느 정도의 스트레스를 받게 되어 몸에서 코르티솔이 분비된다. 하지만 휴대전화를 사용하지 않아도 스트레스를 받는다. 휴대전화를 마지막으로 확인한 이후로 혹시 무슨 일이라도 벌어지지 않았는지 확인해야 하는 게 아닌가 고민하기 때문이다.

그러고 나서 휴대전화를 확인하면 눈엣가시 같은 상사가 또 다른 골칫거리를 당신에게 던졌다는 사실을 알게 된다. 트위터를 확인하면 전혀 모르는 누군가가 당신에게 뒤

져버리라는 욕지거리를 한바탕 퍼부었다는 사실도 알게 된다. 쾅! 코르티솔 호르몬을 가둬두었던 수문이 한꺼번에 열린다. 덤불에 숨어있던 호랑이가 갑자기 덮칠 때만큼 심하게 놀라지는 않겠지만 적은 양이더라도 코르티솔이 끊임없이 분비되면 많은 양이 한꺼번에 분비되었다가 사라질 때보다 더 나쁘다는 게 연구로 밝혀졌다. 코르티솔 호르몬 수치가 항상 높은 상태로 살면 비만, 제2형 당뇨병,[38] 심장병, 알츠하이머병의 원인이 되어 건강에 악영향을 준다. 또한 코르티솔은 불안과 우울감을 야기할 수 있다. 지난 20년 동안 항우울제 복용률과 자살률이 왜 급격히 증가했는지 알고 싶은가?

"많은 양의 코르티솔에 오랫동안 노출되면 죽게 됩니다.[39] …… 아주 천천히." 내분비학자 로버트 러스티그는 《미국인들의 마음 들여다보기》라는 책에서 이렇게 설명한다. 그리고 코르티솔이 "인지기능을 저하하며", 뇌에서 자기 조절과 의사 결정을 다루는 부분, 즉 "우리가 바보 같은 짓을 하지 않게 하는"[40] 뇌엽 기능을 방해한다고 〈뉴욕 타임스〉를 통해 밝히기도 했다.

코르티솔은 뇌 손상도 일으킨다.[41] MRI를 찍으면 의사들은 뇌의 변화를 알아볼 수 있다. 코르티솔은 기억력을 손상하고 집중력을 유지하기 어렵게 한다. "IQ가 급격히 떨어집니다.[42] 창의력과 유머 감각이 모두 사라집니다. 바보가 되는 거죠."《잃어버린 집중력 회복》과 《미치도록 바쁜 사람들》의 저자인 정신과 의사 에드워드 할로웰은 〈와이어드〉를 통해 이같이 밝혔다. 당신은 어느새 소파에 드러누워 휴대전화로 여드름을 짜는 영상을 멍하니 바라보고 있을지도 모른다.

귀를 닫고 무시하라

넷플릭스는 앞으로 영화를 더 많이 제작할 것이다. 페이스북과 구글, 트위터 역시 사업을 확장하는 걸 늦추지 않을 것이다. 규제 당국이 벌금을 부과하더라도 아무 소용 없을 것이다. 대부분의 정치인들은 기술 대기업들이 인터넷에서 어떻게 수익을 내는지와 같은 가장 기본적인 사항도 모른다. "의원님, 저희는 광고로 돈을 법니다." 마크 저커버그는 유타주 상원의원 오린 해치에게 마치 어린아이에게 말하듯 설명해야 했다. 트위터와 틱톡의 차이도 모르는 사람들이 인공지능 알고리듬을 제어하는 법률을 제정할 수 있다고 믿어서는 안 된다.

그러니 이제 우리에게 달렸다. 우리는 세상을 바꿀 수는 없지만 이 세상으로부터 우리 자신을 보호할 수는 있다. 개인적 차원에서 보면 우리가 계속 제정신인 상태를 지키는 일이며 집단적 차원에서 보면 문명을 구하는 일이다. 지금은 비록 얼마 안 되지만 이 조언에 귀를 기울이는 사람들이 있다는 조짐이 있다. 2022년 페이스북은 가입자들을 잃기 시작했으며[43] 사상 처음으로 수익이 감소했다고 발표했다. 2022년 상반기 넷플릭스는 창사 이래 처음으로 가입자가 줄어들었다.[44]

하지만 인터넷을 하지 않거나 스트리밍 구독을 모두 취소할 사람은 아무도 없을 것이다. 그렇게 해야 할 필요도 없다. 인터넷은 우리 삶을 이루 헤아릴 수 없이 더 좋게 만들었고 넷플릭스 같은 스트리밍 서비스 기업들은 훌륭한 프로그램들을 제작하기 때문이다. 하지만 우리는 우리 자신과 다른 사람들이 콘텐츠를 예전보다 적게 소비하고 인터넷을 덜 해로운 방식으로 사용하도록 훈련할 수 있다. 불안의 쳇바퀴를 멈추고 입 닥치게 하기 위해서다.

미디어 연구 교수인 이안 보고스트는 온라인으로 연결하는 사람들의 수에 제한을 두자고 제안했다. 그는 영국의 심리학자 로빈 던바Robin Dunbar의 연구 결과를 근거로 인용했는데, 던바는 우리가 의미 있는 관계를 맺을 수 있는 사람들 수는 생물학적 한계가 있으며 약 150명 정도라고 가정했다. 매우 친밀한 관계를 맺을 수 있는 사람들 수는 최대 15명이라고 했다. 그리고 더 많은 관계를 만들수록 관계가 더 나빠지는 등 양과 질에는 반대 관계가 성립한다고 주장했다.

보고스트는 던바가 제시한 숫자가 현실 세계와 마찬가지로 인터넷에서도 적용된다고 주장한다. 인터넷이 도입되기 이전에 우리 대부분은 지금보다 말을 더 적게 했으며 더 적은 사람들과 대화를 나누었다. 하지만 인터넷이 보급되자 우리는 '대규모로' 작동하면서 겉으로 보기에 수천, 아니 수백만 명과 연결될 수 있다. 이러한 현상 때문에 우리는 현실에서 떨어져 나와 커다란 불행을 향해 가고 있다. 2022년 그는 〈아틀란틱〉에 기고한 '사람들은 이렇게 말이 많아야 할 운명이 아니다'라는 제목의 글에서 "대규모로 계속 뿜어져 나오는 쓰레기 같은 정보[45]와 함께 지속하여 살아갈 수 없다"라고 썼다.

보고스트의 주장은 모든 사람은 입 닥칠 필요가 있다고 요약된다. "온라인으로 연결된 생활의 근본적인 전제에 의문을 제기하기에는 너무 늦었습니다. 그렇다면 사람들이 온라인에서 많이 말할 수 없게 하고, 많은 사람에게 자주 말할 수 없게 한다면 어떨까요? …… 글을 올리는 사람들이 줄어들고, 글을 예전만큼 자주 올리지 않고, 읽는 사람들도 줄어든다면 더 바람직하지 않을까요?"

물론 더 바람직할 것이다. 하지만 그렇게 하려면 어떻게 해야 할까? 보고스트는 우리와 연결될 수 있는 사람들 수를 제한하기 위해 인터넷 회사들이 온라인 공간을 다시 설계해야 한다고 말한다. 좋은 생각이다. 하지만 소셜 미디어 회사에서 조금 일해보니 이런 일은 절대 일어나지 않으리라 확실히 말할 수 있다. 나와 함께 일한 사람 중 단 한 명도 사용자 수에 제한을 두자는 생각을 반기지 않을 것이다. 소셜 미디어 회사에서 벌어지는 모든 대화는 더 많은 사람을 플랫폼에 끌어들이고 더 오랫동안 머물게 하여 다른 플랫폼 이용자들을 빼앗아오는 것이다.

목표는 성장이다. 항상 성장이다. 무슨 수를 써서라도 성장해야 한다. 소셜 미디어 회사들은 위험 방지에 관심이 있어서 해로운 콘텐츠를 끝까지 찾아내 없애겠다고 관리자들을 수천 명씩이나 고용하지 않는다. 극도로 불쾌한 콘텐츠 때문에 가입자를 잃을까 봐 그렇게 한다. 그들은 당신은 보호하지 않는다. 그들의 사업을 보호할 뿐이다.

입 닥치게 하는 방법

휴대전화는 어떤 것도 절대 놓치지 않도록 하는 FOMO_{Fear} _{Of Missing Out} 장치다. FOMO라는 약어의 첫 글자가 두려움 _{fear}을 나타내는 F라는 사실이 의미심장하다. 우리는 휴대전화를 마치 애착 담요처럼 꼭 붙잡고 다니며 휴대전화가 마음을 달래주길 바란다. 하지만 아이러니하게도 정반대 결과를 가져온다. 휴대전화는 불안 장치이자 배터리로 작동하는 조그만 공포 기계다.

스마트폰이 등장하기 이전에는 FOMO라는 단어가 아예 없었다는 점도 눈여겨봐야 한다. 스마트폰이 없었던 시절, 우리는 늘 여러 가지를 놓쳤다. 그래도 두렵지 않았다. 슬프고 두렵거나 걱정되면 신발, 자동차, 보트, 더 많은 신발, 집 등을 사들였다. 원하는 것을 골라보자. 소비자 문화는 만약 우리가 물건을 충분히 많이 산다면 내부에 있는 공허한 존재의 공백을 채울 수 있다는 믿음에 따라 주도된다. 물론 점점 커지는 절망과 궁핍의 구덩이를 채울 수 있는 것은 아무것도 없다. 하지만 그만두는 대신 우리는 더 많은 물건을 사들여 마음을 치유하려 한다.

이제 우리는 무의미하고 쓰레기 같은 물건들뿐만 아니라 그런 정보까지 소비함으로써 불안한 마음을 달래려 노력한다. 한 번에 세 가지 일을 두 배 속도로 처리하면서 머릿속에 더는 담을 수 없을 때까지 가능한 한 많이 채워 넣는다. 소음은 주의를 산만하게 하고, 죽음처럼 우리를 무섭게 하는 것들을 피하도록 돕는다. 회사 일이 걱정되는가? 연인과 헤어져 우울한가? 지루하고 걱정되며 불안하고 초조한가? 그렇다면 틱톡을 보자.

아이러니하게도 틱톡은 정신 건강에 심각한 해를 끼치는데도 정신 건강에 도움을 받고 싶어서 의지하는 사람들이 많다. 값비싼 신발이나 멋진 자동차에 돈을 펑펑 쓰고 문제 해결에 도움이 되지 않는 정보를 무작정 받아들이는 것과 같다. 이는 상황을 오히려 더 악화시킬 뿐이다. 불안의 쳇바퀴는 멈출 줄 모르고 돌아간다.

누구나 행복하게 살고 싶어 한다. 하지만 우리는 우리 자신을 불행하게 만들 수밖에 없는 방식으로 행동한다. 인터넷과 정보 과부하로 인한 문제점이 많아도 할 수 있는 일이 아무것도 없으며 우리가 스스로 선택한 게 아니라 우리에게 그냥 일어나는 일인 듯 이야기한다. 하지만 소비는 선택이며 우리는 그런 선택을 그만둘 수 있다.

축구 경기장은 함성으로 터질 듯하고 뉴욕 한복판은 늘 시끌벅적하듯이 인터넷은 결코 조용한 장소가 될 수 없다. 시끄러운 잡음은 사라지지 않을 것이다. 하지만 우리는 할

수 있다. 신체 건강과 마음의 행복을 위해서라도 꼭 그렇게
해야 한다.

3장

소셜 미디어를
잠시 멈추자

나는 가장 먼저 페이스북을 그만뒀다. 페이스북을 하면서 시간을 가장 많이 낭비하는데 얻는 것은 거의 없었기 때문이다. 단번에 끊는 대신 휴대전화에 깔린 페이스북과 메신저 앱부터 지웠다. 페이스북을 보고 싶으면 컴퓨터로 봐야 했는데 아무 생각 없이 페이스북을 열어 화면을 넘기고 댓글을 달기 힘들었다. 처음 일주일 동안은 페이스북을 하고 싶어 미칠 지경이었다. 그 시기를 넘기고 나니 페이스북에 전혀 마음이 끌리지 않았다. 내 계정은 지금도 살아 있다. 몇 달에 한 번씩, 혹시 누가 메시지를 보냈는지 확인차 잠시 접속한다. 하지만 그게 전부다. 이젠 게시물을 올리지 않는다. 전혀.

다음으로는 인스타그램을 그만뒀다. 이번에는 쉽게 그만둘 수 있었다. 그다음은 틱톡 차례였는데 의지력이 약간 필요했다. 틱톡은 마약성 진통제인 펜타닐처럼 중독성이 강하기 때문이다. 이렇게 나는 휴대전화에서 앱을 순차적으로 삭제했고, 금단 증상을 겪었던 첫 주를 의지력에 의존해 무사히 보냈다. 그러자 페이스북을 없앨 때와 마찬가지로 마침내 금단 증상이 사라졌다.

링크트인 계정은 유지했다. 일하는 데 도움이 되기 때문이다. 트위터도 없애지 않았다. 내게 필요한 뉴스를 선별해서 볼 수 있기 때문이다. 하지만 읽기 전용 모드로 설정해 나를 입 닥치게 했고 트윗하거나 '좋아요'를 누르거나 공유하지 않는다. 이 과정에서 한 가지 흥미로운 점을 깨달았다. 트위터를 트윗하지 않고 자아도취에 빠져 다른 사람인 듯 말하고 싶은 욕망을 충족하는 데 사용하지 않으면 트위터의 매력은 훨씬 떨어진다는 사실이다. 이는 나뿐만 아니라 트위터에 대해서도, 트위터의 설계 목적과 트윗을 남발하는 사람들에 대해 뭔가를 알려준다.

내가 만든 소셜 미디어 감옥에서 벗어나자 나는 불안의 쳇바퀴를 뒤로 돌리기 시작했다. 악순환을 선순환으로 탈바꿈시켰다. 오랫동안 나는 실생활과 마찬가지로 온라인에서도 과하게 수다를 떨었다. 어쩌면 더했을지도 모른다. 페이스북에 사진을 올리고 친구들이 쓴 글에 빠짐없이 댓글을 달았다. 하루 동안 트위터를 10여 번 열었고, 그때마다 트윗을 남기거나 적어도 다른 사람의 글에 댓글을 달고 리트윗했다. 트위터에 글을 줄줄이 쓰면서 가상 공간의 폭도

무리에도 끼어들었다. 다른 사람들을 저격했고 내가 저격 당하기도 했다. 멍청한 정치인들을 조롱했고 상대방을 모욕하는 말을 주고받았다.

그 모든 소동에서 한 발짝 물러나자 매일 헛소리에 낭비했던 시간을 간신히 되찾을 수 있었다. 하지만 더 중요한 건 내가 느낀 안도감이었다. 트위터를 과하게 한다는 말은 지나치게 수다를 떤다는 말과 비슷하다. 그만큼 해롭다. 오랫동안 나는 매일 잠에서 깰 때마다 기발하고 재치 있고 통찰력을 주는 말을 해야 한다는 압박감을 느꼈다. 하지만 이제 압박감은 사라졌고 이상하게도 내가 왜 그런 강박 관념에 시달렸는지 알 수 없었다. 이 세상은 내가 무슨 말을 할지 듣고 싶어서 숨죽이며 기다리지 않았다. 이 우주는 내 생각과 의견이 필요하다거나 원하지도 않았다. 트윗을 그만둬도 아무도 신경 쓰지 않았다. 아무도 알아채지 못했다. 솔직히 자존심이 조금 상했다. 하지만 그건 내가 기분 좋아지려면 치러야 할 작은 대가였다. 소셜 미디어에서 벗어나는 효과는 보잘것없지 않았다. 사실 엄청났다.

내가 고안한 '입 닥치는 다섯 가지 방법'을 실천하되, 몇 가지는 건너뛰어도 된다. 명상이 싫은가? 괜찮다. 하지 않아도 된다. 하지만 소셜 미디어에서 한 걸음 물러서는 것은 선택 사항이 아니다. 의무적으로 해야 한다. 전부 그만둘 필요는 없지만 사용 시간을 훨씬 더 줄여야 한다.

말할 때도 당신이 따르는 규칙을 적용해보자. 규칙을 잘 지키고 주의해야 한다. 목적을 분명히 하고 소통해야 하며 계획을 세워야 한다. 말하기를 줄이고 다른 사람들의 말을 잘 들어야 한다. 그저 뭔가 말하고 싶어서 불쑥 말을 꺼내듯 입버릇처럼 말하고 다니지 말자. 일상 대화를 할 때도 이렇게 하기 어렵지만 온라인에서는 훨씬 더 어렵다. 당신을 트위터 중독자로 만들고 지나치게 수다 떨게 하려는 기술 기업들과 맞서야 하기 때문이다.

소셜 미디어 사용을 줄이지 않으면 절대 입 닥치고 살지 못한다.

그만둘 수 없고 그만두기도 싫다

2013년 어느 날, 구글의 컴퓨터 과학자 트리스탄 해리스는 구글이 이 세상에 나쁜 짓을 벌이고 있다는 중요한 깨달음을 얻었다. 페이스북과 인스타그램, 기타 소셜 미디어 회사들도 마찬가지였다. 소셜 앱은 사람들, 특히 어린아이들의 감정을 해칠 가능성이 있었다. 컴퓨터 과학자들은 사람들이 앱에 중독될 수 있는 심리학 기술을 사용한다. 주로 젊은 백인들인 개발자 중에는 해리스처럼 스탠퍼드대학교 졸업생이 많았으며 그들은 인간을 대상으로 실험하면서 큰 재앙 같은 결과를 낼 때가 잦았다.

이래선 도저히 안 되겠다고 마음먹은 해리스는 141페이지짜리 프레젠테이션 문서를 작성해 사람들에게 보냈다. 그 문서를 통해 자신이 다니는 회사인 구글을 비판했고, 구글 동료들에게 상품을 덜 중독적이고 주의력을 덜 산만하게 하며, 구글에서 쓰는 용어인 '덜 사악하게evil' 만들기 위해 다시 설계하도록 강력히 권고했다. 그 문서는 구글 내부에서 입소문이 났다. 사람들은 열광했다. 있는지 없는지도 모르는 존재였던 해리스는 유명 인사가 되었다. 구글의 공동 설립자이자 CEO인 래리 페이지도 해리스에 관한 이야기를 들었다.

구글은 해리스를 승진시켜 '디자인 윤리학자'라는 새로운 역할을 맡겼고, 그의 메시지를 진정으로 받아들이는 듯 보였다. 하지만 해리스는 순진하기 짝이 없었다. 구글은 자사 제품의 중독성을 더 약하게 만들 생각이 전혀 없었다. 구글의 사업 모델은 중독성을 얼마나 더 강하게 할 것이냐에 달려 있었다. 사람들이 구글 제품을 더 오랫동안 사용할수록 구글은 돈을 더 많이 벌었다.

결국 해리스는 구글을 그만두었고 인도적기술센터라는

비영리 단체를 설립해 '인간의 가치를 떨어뜨리는' 소셜 미디어 산업에 반대하는 운동을 펼쳤다. 그는 강연도 했고 의회에서 증언도 했다. 2020년에는 〈소셜 딜레마〉라는 넷플릭스 다큐에도 출연했다. 이 드라마에는 페이스북, 유튜브, 핀터레스트, 트위터 전직 임원 몇 명도 등장해 그들의 죄를 뉘우치며 소셜 미디어에 격렬히 반기를 들었다. 각종 시리즈 몰아보기, 소셜 미디어에 집착했던 코로나19 봉쇄 초기에 공개된 〈소셜 딜레마〉는 첫 달 동안 무려 3,800만 회 시청되어 넷플릭스에서 가장 많이 본 다큐멘터리 중 하나가 되었다. 마침내 해리스는 메시지를 이 세상에 전달하는 데 성공했다. 사람들은 모두 소셜 미디어의 위험에 관해 이야기했다.

하지만 아무 일도 일어나지 않았다. 틱톡 사용자는 5억 명이나 더 늘었다. 페이스북과 인스타그램,[1,2] 스냅챗[3] 사용자는 모두 합쳐 4억 명이나 증가했다. 2022년 초, 전 세계 사람들은 소셜 미디어를 하며 매일 100억 시간,[4] 즉 120만 년에 해당하는 시간을 보냈다.

소셜 미디어를 그만두고 싶어 하는 사람은 없다. 소셜 미디어가 자신들에게 나쁜 영향을 끼치고, 소셜 미디어를 하고 나면 기분이 더 나빠지리라는 걸 알면서도 멈출 수가 없다. 그만큼 소셜 미디어는 중독성이 강하다. 한 연구에 따르면 사람들은 소셜 미디어 사용 시간의 40퍼센트는 시간 낭비였다며 후회하고, 나머지 60퍼센트 중에서도[5] 일부를 후회한다고 응답했다. 하지만 우리는 소셜 미디어를 한다. 카를 마르크스Karl Marx는 종교가 '인민의 아편'이라고 말했다. 오늘날로 따지면 틱톡과 인스타그램이다.

"담배가 차지했던 자리에 소셜 미디어가 들어왔습니다. 소셜 미디어는 21세기의 마약입니다"라고 영국의 작가 사이먼 시넥이 딱 잘라 말했다. 사실 소셜 미디어는 담배보다 훨씬 더 중독성이 강하다고 밝혀졌다.[6] 게다가 소셜 미디어 회사들은 해로운 상품을 팔고 아이들을 고객으로 삼으며, 사업에 지장을 줄 수 있는 과학적 연구를 은폐하는 대규모 담배회사와 비슷해졌다.

페이스북 같은 회사들은 당신을 반복해서 부추겨 지나치게 말을 많이 하도록 만든다. 그것이 그들의 사업 모델이다. 그들은 광고를 팔아서 돈을 벌고 당신에게 광고를 더 많이 보여줄수록 돈을 더 많이 번다. 당신을 가능한 한 오랫동안 그들의 사이트에 머무르게 해야 한다는 뜻이다. 그들은 심리학자인 스키너B. F. Skinner가 거의 100년 전에 개발한 기술을 사용한다. 스키너는 실험실 쥐들에게 가끔 보상을 주면 쥐들은 그 보상을 얻기 위해 더 열심히 노력한다는 사실을 밝혀냈다.

인간에게도 똑같이 적용된다는 건 지나친 비약은 아니다. 카지노들은 슬롯머신에 이 원칙을 활용한다. 슬롯머신을 할 때마다 돈을 따지는 않지만 가끔은 벨이 울리고 불빛이 번쩍번쩍 들어온다. 그러면 당신은 돈을 따겠다고 다시 슬롯머신 앞에 선다. 얼마 안 가 신용카드 한도가 바닥난다. 도박을 계속하기 위해 자녀의 대학 등록금에 손을 댄다. 비디오 게임도 같은 목적을 위해 띠링, 딩동 같은 소리와 밝은색 이미지를 사용한다. 그걸 '주스_{juice}'라고 부른다.

컴퓨터 과학 프로그램은 중독성을 불러일으키는 기술을 소프트웨어로 인코딩하는 방법, 사람들이 앱에서 눈을 떼지 못하게 하는 사용자 인터페이스를 만드는 방법을 학생들에게 가르친다. 거대 소셜 미디어 회사들은 인공지능 소프트웨어 알고리듬으로 이 기술을 한층 더 강화했다. 이 알고리듬은 수조 개의 데이터 포인트를 수집한 뒤, 그것들을 수천 분의 1초만에 세심하게 걸러낼 수 있는 슈퍼컴퓨터에 연결한다.

페이스북의 모회사인 메타는 세계에서 가장 강력한 슈퍼컴퓨터를 만들고 있다. 이 회사는 데이터 센터 18곳을 운영하며,[7] 이들의 면적은 약 37만 제곱미터에 이른다. 월마트 200곳의[8] 바닥에서 천장까지 컴퓨터가 차곡차곡 쌓여있다고 상상해보라. 이 수십억 달러짜리 디지털 두뇌는 당신이 하는 모든 일을 추적한다. 당신이 어떤 화면을 넘겨 보고 어떤 말을 입력하는지, 어디에 '좋아요'를 표시하고 댓글을 달며 무엇을 누구와 공유하는지, 어떤 이미지를 보거나 게시물 아래 댓글을 읽기 위해 잠시 멈출 때마다, 몇 초 또는 수천 분의 1초 동안 멈추는지 등을 포함한다.

틱톡은 페이스북보다 훨씬 성능이 뛰어난 인공지능 시스템을 운영한다. 그들은 당신이 틱톡을 떠나지 않게 하거나 적어도 다시 돌아오게 하는 것을 목표로 한다. 이것이 바로 얼마나 많이 '좋아요'를 받고 공유되며 팔로워가 얼마나 되는지 등을 비롯한 모든 것에 점수를 매기고 여러 앱이 띠링하고 알림을 보내는 이유다. 휴대전화를 확인했을 때 알림이 없을 때도 있지만 와 있을 때도 있다. 이렇게 보상이 가끔 주어지므로 스키너 실험 상자 안에 갇힌 쥐들이 간식을 찾듯이 당신은 휴대전화를 계속 확인한다. 한 설문 조사에 따르면 사람들은 하루에 휴대전화를 344회,[9] 4분마다 한 번씩 확인한다고 한다.

분노의 감정은 지속된다

당신을 앱에 몰두하게 하는 가장 좋은 방법은 계속 말하게 하는 것이다. 새로 올라온 피드를 읽는 것뿐만 아니라 글을 게시하고 트윗하며 공유하고 '좋아요'를 누르고 댓글을 달게 한다. 그리고 계속 말하게 하는 가장 좋은 방법은 당신을 화나게 하는 것이다. 디지털 두뇌는 어떤 종류의 콘텐츠를 제공하면 당신이 화를 내는지 알아낸 뒤, 그와 비슷한 콘텐츠를 피드로 제공한다. 소셜 미디어 회사들은 콘텐츠를 관리하고 수많은 끔찍한 내용을 걸러낸다. 하지만 혐오 발언, 음모론, 가짜 뉴스 등 일부 나쁜 콘텐츠는 사람들의 참여를 유도한다. "그런 것은 소셜 미디어 사업이 순조롭게 돌아가게 하는 윤활유입니다." 로저 맥나미가 말했다. 그는 페이스북 초기 투자자였지만 페이스북이 위험한 일을 벌이고 있다고 믿게 되자 페이스북을 강하게 비판했다. 그는 소셜 앱이 운용하는 인공지능에 대해 이렇게 말했다. "스트레스를 받으면 당신이 어떻게 행동하는지 압니다. 아무도 보고 있지 않을 때 그들은 당신이 어떤 사람인지 알아내고 그런 순간을 이용해 돈을 법니다."

자신과 관련 있는 숫자 늘리기에 정신 팔린 사용자들은 화나는 내용의 글을 게시하거나 감정적 댓글을 달면 특별 선물, 다시 말해 공유 횟수와 댓글 수, '좋아요' 수가 늘어난다는[10] 사실을 금방 알아낸다. 따라서 그렇게 하는 횟수와 정도가 갈수록 심해진다. 예일대학교 연구진이 트위터 사용자 7,000명에게서 120만 개의 트윗을[11] 선별해 분석한 결과, 사용자들의 트윗 내용은 시간이 흐르면서 점점 더 분노를 표현하고 극단적으로 변하며, 도덕적으로 격분하는 내용이 증가했다고 한다. "소셜 미디어는 보상으로 분노를 더욱 악화시키는 피드백을 반복해서 전달합니다."[12] 이 연구를 이끈 신경과학자 몰리 크로켓이 한 말이다. 여기서 발견한 가장 중요한 사실이 있다. 예일대학교 연구원들은 그런 사용자들이 글을 더 자주 올린다는 사실을 알아냈다. 그들은 지나치게 수다 떠는 사람들로 변했고 논쟁거리를 찾아 가상 세계를 돌아다녔다.

온라인에서 분노를 표출하면 현실 삶에도 영향을 준다. 온라인에서 분노를 마구 쏟아내는 사람들은 사생활에서도 화를 더 내는[13] 경향이 있다고 연구원들은 밝혔다. 온라인에서 분노하면[14] 로그아웃하고 나가더라도 분노의 감정은 그대로 남는다.

도파민과 우울증

소셜 앱에서 작은 선물과 보상을 받으면 우리 몸에서는 도파민이 갑자기 분비된다. 도파민은 기분을 좋게 만드는 화학 물질로, 뇌에서 만들어지며 신경전달물질 역할을 한다. 하지만 도파민은 당신을 감정의 롤러코스터에 올려놓는다. 《도파민네이션》의 저자이자 스탠퍼드 의과대학 정신과 의사인 애나 렘키에 따르면 뇌에서 도파민이 만들어질 때마다[15] 뇌는 도파민 수용체 일부를 차단해 전과 같은 수준으로 맞추고 균형을 회복하려 한다. 쾌락을 고통으로 상쇄하는 것이다.

도파민 분비가 줄어들면 당신은 원래 상태로 돌아오게 되고 다시 한번 그 기분을 느끼고 싶어 한다. 그래서 다시 인스타그램을 찾는다. 결국 도파민은 당신을 흥분시키지 않는다. 그저 정상적인 기분을 느끼게 하기 위해 필요하다. 그만두려 한다면 마치 헤로인을 끊을 때처럼 금단 증상을 겪을 것이다. 그러므로 계속 인스타그램을 찾을 수밖에 없다. 이런 일이 반복되면 불안과 우울감이 급증하는데, 이 두 가지는 지나친 수다의 주요 원인이기도 하다.

사람들에게 관심을 받을수록 더 많은 관심을 갈망하게 된다. 아무리 관심을 많이 받아도 만족할 수 없다. 단조롭고 절망스러운 삶에서 벗어나 스포트라이트의 주인공이 될 수 있는데 이를 마다할 사람이 누가 있겠는가? 세계 최고의 부자이자 이미 세상의 주목을 한 몸에 받고 있는 일론 머스크 Elon Musk 같은 사람도 더 많은 걸 원한다. 트위터에서 받는 과장된 칭찬에 중독된 머스크는 9,000만 이상의 팔로워들을 위한 쇼를 펼치며 헛소리를 하고 악성 댓글을 달며 시간을 보낸다.

관심을 얻고자 하는 갈망은 바로 타인과의 연결, 인정, 수용, 인기, 소속감이라는 더 심오한 것을 얻으려는 탐색이다. 어떤 면에서 보면 우리는 친구들, 낯선 사람들, 심지어 채팅봇에서까지 사랑을 찾는다. 사랑을 찾거나 찾지 못할 수도 있으며 사랑을 찾았어도 진짜가 아닐 수도 있다. 하지만 사랑을 찾는 과정에서 우리는 화면 반대편에 있는 컴퓨터 과학자들이 우리에게 원하는 일들을 그대로 한다. 우리는 말하고 또 말하고 조금 더 말한다.

렘키는 소셜 미디어에 중독되어 고통받는 환자들에게 항우울제를 처방하곤 했다. 그런데 '도파민 단식dopamine fast', 즉 최대 한 달 동안 모든 전자 기기 사용을 중단해서 도파민 공급을 끊어도 같은 효과를 거둘 수 있다는 사실을 알아냈다. 또한 일주일에 하루는 어떤 종류의 화면이든 보지 말라고 제안한다.

사실상 그녀는 입 닥치기를 다량으로 처방한 것이다.

당신은 그 효과를 거의 즉시 느낄 수 있다. 스마트폰이 허용되지 않는 캠프나 현장 학습을 다녀온 아이들에게 물어보라. "굉장했어요. 기분도 끝내줬고요. 훨씬 즐거웠어요."

아들이 2주 동안 코스타리카 여행을 다녀온 뒤 한 말이다. 여행하는 동안 아이들은 휴대전화를 전혀 사용할 수 없었고 친구들과 직접 대화해야 했다. 아이들은 무척 좋아했고 기뻐했으며 친구들을 많이 사귀었고 즐거운 시간을 보냈다. 하지만 집으로 돌아가기 위해 공항에 도착해 휴대전화를 돌려받자마자 새로 쌓은 우정은 일순간 사라지고 말았다. 2주간 두터운 우정을 쌓았던 아이들은 금세 자기만의 세상으로 사라졌다. "모두 변해버렸어요. 모두 짜증을 내는 듯했어요." 아들이 한 말이다.

부자연스러워도 다 함께 홀로

소셜 미디어에 지나치게 빠지면 불안하고 우울하다는 느낌 외에도 고립되고 외롭다는 느낌이 든다.[16] 이는 아이러니한 현상이다. 소셜 미디어들은 사람들을 모으고 서로 친하게 만들고 관계를 구축하는 걸 도와주어야 하기 때문이다. 하지만 소셜 미디어는 그렇게 사회적이지 않다고 밝혀졌다. MIT 사회학자 셰릴 터클은 이러한 현상을 '다 함께 홀로 Alone together' 현상이라고 설명한다. 우리는 늘 어딘가에 연결되어 있지만 결국 모두 혼자다. 터클은 우리가 타인과 공감하고 진정한 대화를 나눌 수 있는 능력을 파괴하고 있다고 걱정하며 휴대전화를 치우고 얼굴을 보며 대화할 수 있는 '신성한 공간sacred spaces'을 만들라고 권한다.[17] 사람들은 테이블 위에 전화기가 하나만 놓여 있어도 서로 이야기를 덜 나눈다고 한다.[18]

의미 있는 대화는 정신적, 신체적 건강에 매우 결정적인 역할을 한다. 하지만 한 설문 조사에서 응답자의 거의 절반은 온라인 대화가 실생활에서 깊은 대화를 나누는 데 방해된다고 답했다. 조사를 진행한 영국의 보험 중개회사인 라이프서치의 에마 워커는 이렇게 말했다.[19] "이 사실은 우리가 예전부터 '깊고 의미 있다'라고 여기는 것에 장벽이 된다는 걸 증명합니다. 우리는 중요한 문제들의 핵심에 다다르지 못한다는 뜻이죠."

또 다른 설문 조사에 따르면 여성의 70퍼센트[20]는 기술 도구 때문에 실제 대화할 시간을 빼앗겨 인간관계에 방해가 되고 있다고 응답했다. 2021년 발표된 한 연구는 인스타그램이 로맨틱한 파트너십에 부정적 영향을 끼쳐서 '갈등과 부정적 결과 모두 증가'하게 하는 원인이라고 밝혔다. 또한 2021년 또 다른 연구에 따르면[21] 응답자의 거의 60퍼센트에 이르는 사람들은[22] 소셜 미디어가 가족과 친구들과의 관계를 해쳤다고 답했다.

의미 있는 대화의 큰 부분은 상대방의 말에 귀를 기울이는 것이지만 "소셜 미디어는 우리에게 남의 말을 잘 듣기보다는 자기 할 말만 하도록 가르쳤습니다."[23] 조지워싱턴대학교 사이버 국토안보센터 연구원인 칼레브 리타루Kalev Leetaru는 이렇게 주장했다. "소셜 미디어는 우리에게 약속한 가장 중요한 부분인 사람들이 서로 화합하게 하겠다는 약속을 지키지 못했습니다. 전 세계인이 함께할 수 있는 광장에 모두 모여 대화할 수 있는 장소를 마련하는 대신, 우리는 각자 메가폰을 붙들고 가장 큰 소리로 악랄한 말을 떠벌리는 사람이 경기에서 이기는 검투사 신세가 된 겁니다." 소셜 미디어는 우리 내면에 숨은 자아도취자를 끌어낸다. 연구원들에 따르면 사람들은 대화를 할 때 자기 자신에 대해 말하는 시간은 60퍼센트지만 페이스북이나 트위터에서는 80퍼센트나 된다고 한다.[24]

강경파 반사회주의자인 컴퓨터 과학자 재런 러니어는 《지금 당장 당신의 SNS 계정을 삭제해야 할 10가지 이유》라는 책에서 소셜 미디어를 안전하게 사용하는 방법 따위는 없으며 유일한 해결책은 소셜 미디어를 전혀 사용하지 않는 것이라고 주장했다. 하지만 우리 대부분은 소셜 미디어를 완전히 끊어버리지 않을 것이다. 그렇게 해야 할 필요도 없다. 그러면 소셜 미디어의 장점도 포기해야 하기 때문이다. 우린 그 점을 눈여겨봐야 한다. 소셜 미디어에서 사람들은 친구들을 사귀고 계속 연락하며 이야기를 나누고 서로를 지지한다. 어떤 연구 결과에 따르면 인스타그램은 10대 소녀들에게 해롭지만 다른 연구 결과에 따르면 10대들의 80퍼센트 이상은 소셜 미디어가 있어서 친구들과 더 끈끈하게 연결되어 있다고 느낀다고 답했으며 거의 70퍼센트는 자신이 힘들거나 어려운 시기를 겪을 때 소셜 미디어로 연결된 사람들이[25] 힘이 되었다고 말한다.

소셜 미디어는 코로나19 봉쇄 기간에 사람들의 생명줄이 되었고 이를 통해 직접 만날 수 없어도 계속 연락할 수 있었으므로 외로움과 우울감을 줄이는 수단이 되었다. 소셜 미디어가 실생활의 인간관계를 해친다는 연구가 있는가 하면 소셜 미디어가 친구, 가족 들과 계속 연결되도록 도와주고 관계도 개선하며[26] 사람들이 더 친하게 지내도록 돕는다는 연구도 있다. 이렇게 좋은 점과 나쁜 점이 뒤섞여 있어 올바르게 균형을 잡고 언제 입 닥쳐야 하는지 알아내기는 훨씬 더 어렵다.

몇 가지 후회

2022년 6월, 〈워싱턴 포스트〉 기자들은 트위터에서 한바탕 난리를 피워 자신들뿐만 아니라 회사도 세상의 웃음거리로 만들었다. 데이비드 위글 기자는 성차별적 농담을 리트윗했다가 곧바로 삭제하고 사과했다. 하지만 그의 동료인 펠리시아 손메즈는 그걸로 충분치 않다고 항의하며 회사가 적절한 조처를 해야 한다고 요구했다. 〈워싱턴 포스트〉는 위글을 정직 처분했다. 그러자 이에 격분한 양측은 떼거리로 몰려들어 서로를 향해 맹공을 퍼부었고 불안의 쳇바퀴를 불안의 폭풍으로 바꿔놓았다. 〈워싱턴 포스트〉의 또 다른 기자가 손메즈를 향해 동료 한 명을 저격하겠다고 인터넷상에서 단체 행동을 벌이지는 말았어야 했다고 트윗하며 소신을 밝히자 상황은 더욱 악화됐다. 결국 〈워싱턴 포스트〉 편집장은 직원들에게 이메일을 보냈다(물론 그 이메일은 트위터에 유출되었다). 내용을 요약하자면 다음과 같다. "어린애들 싸움 당장 그만둬!" 그러자 직원들은 자신들이 얼마나 회사를 사랑하는지 트윗하기 시작했다. 하지만 손메즈는 계속해서 회사를 비판했고 결국 해고당했다. 〈워싱턴 포스트〉는 막장극이 벌어지는 유치원 같았다. 세상 사람들은 〈한여름 밤의 꿈(셰익스피어의 희극 - 옮긴이)〉에 나오는 퍽

Puck(요정의 왕 오베론의 하인 – 옮긴이)처럼 느긋하게 싸움을 구경하며 이 인간들이 얼마나 바보짓을 하는지 알고 놀라워했다. "〈워싱턴 포스트〉에 어른이 있긴 한 겁니까?"[27] 한 비평가가 대놓고 조롱했다.

격렬한 분노의 폭풍으로 돈을 버는 트위터를 제외하고 이긴 사람은 아무도 없었다. 자, 한번 생각해보자. 트위터가 이 세상에 없고 이 사람들은 그 문제를 자기들끼리 해결해야 했다고 상상해보자. 그들 모두, 그리고 우리 모두 더 편하게 살고 있지 않았을까? 손메즈가 나중에 알았듯이 트위터의 문제점은 언제든지 트윗을 잘못 남기면 바로 해고된다는 사실이다. 트위터에 너무 빠지면 그것 때문에 골칫거리가 생길 것이다. 미국인의 절반 이상은 소셜 미디어에 글을 올렸다 후회한 적이 있으며[28] 16퍼센트(여섯 명 중 한 명)는 게시물을 올렸다가 후회한 적이 일주일에 적어도 한 번 이상 있다고 유고브 아메리카가 진행한 설문 조사에서[29] 밝혀졌다.

'공유하기를 누른 순간, 후회하고 말았다.' 이것은 2011년 카네기멜런대학교 연구원들이 진행한 연구 제목이다. 그들은 페이스북에서 신세를 망친 사람들의 기절초풍한 이야기들을 찾아 공개했다. 화가 잔뜩 난 상태에서 글을 게시하거나 실수로 엉뚱한 영상을 올린 사람도 있었다. 그중에는 아기의 첫걸음마를 찍은 동영상을 올리려다 실수로 남편과 섹스하는 동영상을 같이 올려버린 여성이 있었다. 그녀는 다음 날 친구들과 가족, 남편 회사 동료들의 댓글을 보고 나서야[30] 끔찍한 실수를 했다는 걸 알았다. 뉴욕대학교 그로스만 의과대학 연구에 따르면 젊은이들의 3분의 1 이상은 정신이 몽롱한 상태에서 소셜 미디어에 글을 올린 적이 있으며, 이 중 20퍼센트는 글을 올렸다가 나중에 후회했다고 답했다.[31]

몽롱한 상태에서 글을 올리는 것은 술에 잔뜩 취해 전화를 거는 것과 비슷하다고 연구원들은 말했다. 차이점이 있다면 한 사람에게만 창피당하지 않고 전 세계 사람들 앞에서 바보짓을 하는 것이며 전화 통화와는 달리 인터넷 기록은 영원히 남는다는 사실이다. 코카인을 흡입하는 사진, 또는 술집 밖에서 토하는 사진은 몇 년 후 당신이 직장을 구하러 다닐 때 나타날 수도 있다.

미국 공영 방송 National Public Radio: NPR의 게임 쇼인 〈잠깐 기다려…… 말하지 마!〉의 진행자인 피터 사갈이 트위터 이용 규칙 리스트를 발표한 적이 있다. 그중 첫 번째는 다음과 같다. "당신은 그동안 썼던 트윗들을 후회한 적이 많았고 앞으로도 그럴 것이다. 트위터를 하지 않으면 절대 후회하지 않을 것이다."

아이러니하게도 그는 이 글을 트위터에 썼다. 그래도 좋은 조언이다.

소셜 미디어 사용을 줄이는 방법

조지타운대학교 컴퓨터과학과 교수이자 《디지털 미니멀리즘》 저자인 칼 뉴포트Cal Newport는 소셜 미디어를 멀리하는 가장 좋은 방법은 다른 일을 하면서 바쁘게 지내기라고 조언한다. 또 굳게 마음먹고 의지력에만 의존해서는 효과가 없다고 했다. 한 달 동안 '디지털 디톡스'를 실천해서 꼭 필요하지 않은 디지털 기술은 전부 이용하지 말라고 권한다. 그리고 나서도 원래대로 돌아갈 수 있지만 조금씩 천천히 진행하면 '디지털 미니멀리스트'가 될 수 있다.

생산성에 대해 말하자면 뉴포트를 따라갈 만한 사람이 없다. 그는 책을 여덟 권 냈고 그중 첫 세 권은 MIT에서 박사 과정을 밟는 동안 썼다. 39세 나이에[32] 종신 교수이자 전임 교수이며 조지타운대학교 학부와 대학원 학생들을 가르치는 동시에 연구도 하고 학술 논문을 발표한다. 198건의 팟캐스트를 녹음했으며 남는 시간에는 대중을 상대로 강연도 한다. 하지만 그는 소셜 미디어 계정이 없다.

당신은 한 달짜리 디지털 디톡스를 감당할 준비가 되어 있지 않을 수도 있다. 하지만 디지털 미니멀리스트가 될 수 있는 방법들이 있다. 소셜 미디어 사용을 제한할 수 있는 몇 가지 효과적인 방법을 소개하겠다.

소셜 미디어에 얼마나 빠져있는지 파악하라. 당신은 아마 생각보다 더 많은 시간을 소셜 미디어를 하며 보낼 것이다. 휴대전화로 소셜 미디어 사용량을 추적해 일간 보고서 혹은 주간 보고서를 제공받을 수 있다. 소셜 미디어 앱을 몇 개 사용하는가? 일주일 동안 앱 하나당 몇 시간씩 하는가? 어떤 앱을 가장 많이 사용하는가? 가장 중독성 있는 앱은 무엇인가? 가장 쓸모없다고 생각하는 앱은 무엇인가? 이렇게 자세히 파악하면 전략을 짜는 데 도움이 될 것이다. 그리고 얼마나 시간을 낭비하고 있는지 알면 한시라도 빨리 조치하고 싶을 것이다.

휴대전화에서 앱을 삭제하라. 굳게 마음먹고 컴퓨터에서만 소셜 미디어를 이용하자. 그렇게 하면 휴대전화를 붙들고 습관적으로 소셜 미디어 앱들을 일일이 확인하지 못할 것이다.

삭제했다가 다시 설치하라. 코미디언이자 〈새터데이 나이트 라이브〉 작가였던 니메쉬 파텔은 인스타그램을 사용할 때마다 앱을 설치하고 작업이 끝나면 삭제해 사용에 제한을 둔다.[33] "아침에 인스타그램을 확인한 뒤 삭제합니다. 밤에 한 번 더 확인하고 다시 삭제하죠."

마음껏 하라. 하지만 한계를 정하라. 하버드대학교 케네디스쿨 교수인 아서 C. 브룩스는 매일 일정 시간을 정해서 소셜 미디어만 이용하라고 추천한다. 하지만 그 외 시간에는 절대 이용하지 않는다. 소셜 미디어를 이용할 때 핵심은 '의식하며 화면 넘기기 mindful scrolling'[34]다. 지금 어떤 행동을 하고 있는지 주의를 완전히 집중하는 것이다. 브룩스는 "그 시간만큼은 마치 일에 집중하듯 휴대전화에만 몰두하세요"라고 조언한다.

매주 '디지털 안식일'을 정하라. 일주일 중에서 소셜 미디어를 하지 않는 날을 하루 선택한다. 할 수 있다면 휴대전화 또는 다른 전자 기기도 전혀 사용하지 않는다.

휴대전화를 잃어버려라. 휴대전화를 두는 장소가 중요하다. 휴대전화를 무음으로 설정하고 다른 방에 두자. 손이 닿지 않는 곳에 두자. 잠자리에 들 때도 마찬가지다. 휴대전화를 침대 옆 테이블에 두지 말자. 방에 꼭 둬야겠다면 방 반대편에 두자.

앱은 앱으로 관리하라. 우리 대부분이 그렇긴 하지만 소셜 미디어를 하고 싶은 마음을 억누를 의지력이 약하다면 특정 시간 동안 앱을 사용하지 못하게 하는 집중력 강화 앱을 설치하자. 가장 인기 있는 앱 중 하나는 프리덤Freedom이란 앱이다. 컴퓨터와 스마트폰 둘 다 구동되며 1년 사용료는 40달러다. 애플과 구글, 마이크로소프트 직원들, 그리고 하버드대학교와 MIT, 스탠퍼드대학교 연구원 중에는 이 앱을 무척 좋아하는 사람들이 많다. 원 섹One Sec이라는 앱도 있다. 이 앱은 소셜 앱이 로딩되는 데 시간이 오래 걸리게 만들고, 그래도 앱을 열고 싶은지 묻는다. 이 앱을 만든 사람은 원 섹으로 자신의 소셜 미디어 중독을 없애고 좀 더 생산적인 사람이 되었을 뿐만 아니라 점점 심해지던 불안과 우울감도 완화되었다고 한다. "결국에는 정신 건강을 챙기는 게 중요해요." 그가 내게 말했다.

일반 휴대전화를 사라. 스마트폰 대신 앱을 내려받을 수 없는 일반 휴대전화로 바꾸는 방법이다. 일반 휴대전화를 세컨드 폰으로 삼아 가끔 가지고 다닐 수도 있다. 그러면 앱을 끊임없이 확인해야 할 의무에서 벗어나 휴식할 수 있다.

스마트폰 말고 스마트워치를 사용하라. 일반 휴대전화를 사용하는 것과 같은 개념이다. 무선 전화 기능이 있는 스마트워치를 사서 전화기로 사용한다. 스마트워치에서 실행되는 소셜 앱도 있지만 한번 이용해보면 너무 끔찍해서 두 번 다시 사용하지 않을 것이다.

알림을 꺼라. 띠링 하거나 윙윙 울리는 소리, 화면에 갑자기 나타나는 조그만 알림들은 당신을 일에 집중하지 못하게 하고 다시 앱에 끌어들이도록 설계되었다. 중요한 고객의 연락을 기다리거나 어떤 이유가 있어서 앱을 끊임없이 확인해야 하는 경우만 아니라면 알림을 꺼버리자.

흑백 화면으로 바꿔라. 휴대전화 화면을 흑백으로 바꾸면 모든 색이 사라지고 휴대전화와 기존에 내려받은 앱들은 구식 흑백 TV 화면처럼 변한다. 우리 뇌는 반짝반짝 빛나는 물체와 환한 색상에 강하게 끌린다. 바로 앱 개발자들이 밝은 색상의 앱을 개발하는 이유다. 인터페이스 디자이너들은 수천 가지 색상과 색상 조합을 테스트하며 어떤 것이 가장 중독성이 있는지 확인한다. 화면을 흑백으로 만들면 그들의 노력을 헛일로 만들 수 있다.

읽기 전용 모드로 바꿔라. 게시물을 올리지 말고 트윗도 하지 말고 글을 공유하거나 '좋아요' 표시하지도 말자. 이렇게 하려면 절제력이 꽤 필요하다. 하지만 직접 참여하지 않으면 앱의 매력이 얼마나 떨어지는지 알고 놀랄 것이다.

W.A.I.T. 방법을 써라. 소셜 미디어에 글을 쓰기 전에 먼저 자신에게 질문하자. "왜 나는 트윗하려는 걸까?" 트위터에서 이야기되고 있는 주제에 대해 알려주고 싶은 당신만의 특별한 지식이 있는가? 단순히 질문하려는 것인가? 필요한 정보를 찾으려는 것인가? 뭔가 배우기를 바라는가? 무엇을 얻고자 하는가? 이렇게 하면 어떤 이득이 있는가? 나는 "왜 나는 트윗하려는 걸까?"라는 질문을 할 때마다 설득력 있는 대답을 내놓을 수 없었다. 그리고 소셜 미디어에서 입을 더 많이 닥칠수록 내 인생에서도 쓸데없는 말을 하지 않고 입 닥치는 일이 더 쉬워졌다.

4장

말을 끊는 남자,
자기 말만 하는 남자

남자들은 지나치게 말이 많고 상대방을 설득하려 든다. 남자들은 막무가내로 밀어붙이고 다른 사람들에게 말할 기회를 주지 않는다. 남자들은 여자들을 가르치려 들고 말을 끊어버리며 혼자 대화를 독차지한다. 우리 집에서는 그런 행태들을 '아빠 혼자 하는 대화'라고 부르는데, 내가 입 닥치는 연습을 하는 이유 중 하나가 그런 나쁜 버릇을 고치기 위해서다.

남자들은 특히 직장에서 아주 불쾌하게 군다. 심지어 여성 대법관과 미국의 여성 최고기술책임자сто를 비롯해 세계에서 가장 뛰어나고 영향력 있는 여성들에게도 몹시 기분 나쁘게 대한다. 나는 아내가 콘퍼런스에서 논문을 발표한 뒤, 질의응답 시간에 어떤 남자에게 괴롭힘을 당하는 모습을 본 적이 있다. 그는 아내에게 윗사람인 듯 굴었고 중간중간 아내의 말을 끊었으며 아내에게 말할 기회를 주지 않았다. 게다가 고함을 지르다시피 했다. 나중에 내가 얼마나 울화통이 터졌는지 말하자 아내가 말했다. "아직도 모르겠어? 이건 여자들한테 늘 있는 일이야!"

대부분의 남자들은 아내를 괴롭힌 그 녀석만큼 대놓고 적대적으로 굴지 않는다. 하지만 남자들은 항상 여자들을 말로 설득하려 드는데 자신이 그렇게 하고 있다는 사실을 깨닫지 못할 때가 많다. 한 연구에 따르면 직장에서 남자들은 여자들에게 일주일에 여섯 번, 1년에 300번 이상 가르치려 든다고 한다. 여자들의 거의 3분의 2는 남자들이 지금 자신이 아랫사람을 대하는 투로 설명하고 있다는 걸 모른다고 생각한다. 게다가 여자들 다섯 명 중 두 명은[1] 여자들이 너무 강경하게 반응한다는 남자들의 불평을 들은 적이 있다고 한다!

남자들은 끊임없이, 때를 가리지 않고 지나치게 말을 많이 한다. 그래서 그게 정상적인 행동인 것처럼 변해버렸다. 사실 남자들이 말을 적게 하는 경우는 극히 드물다. 남성과 여성이 골고루 섞인 그룹에 참여하게 되면 편히 앉아 그들의 대화를 들어보자. 상대방의 말을 끊는 횟수를 세면서 누가 말을 중간에 자르고 누가 방해받는지 살펴보자. 어떤 남자가 자신도 잘 모르는 전문적인 내용을 마치 잘 안다는 듯 주장하거나 〈뉴욕 타임스〉 또는 〈아틀란틱〉에서 조금 전 읽은 내용을 마치 자신의 아이디어인 양 자신 있게 읊어대는 횟수를 메모하자. 그런 모습은 한 번 눈에 들어오면 계속 보일 것이다.

물론 이런 과거의 모습은 지워버릴 수 있다. 이제부터라도 입 닥치는 법을 배우면 된다. 만약 당신이 남자라면, 배우자에게 더 좋은 파트너이자 아이들에게 더 자상한 아빠가 되고 싶다면, 능력이 뛰어난 동료가 되어 경력을 발전시키고 싶다면, 다른 모든 남자들보다 돋보이고 싶다면 앞서 소개한 '입 닥치는 다섯 가지 방법'을 실천하자. 만약 당신이 여자, 혹은 소녀라면 소라야 케말리라는 작가가 말했듯이 다음 세 가지 문장을 매일 분명하게 소리 내서 말하며 연습하기를 권한다.[2] "말 끊지 마세요" "그건 내가 한 말이에요" "설명할 필요 없습니다".

수다스러운 여자들에 관한 오래된 이야기

이상한 점이 한 가지 있다. 남자들이 말을 훨씬 더 많이 하지만 여자들은 오랜 옛날부터 수다쟁이, 험담꾼으로 묘사되고 남자들보다 말이 더 많다는 고정관념이 있다. 2006년 신경 정신병학자 루안 브리젠딘은 자신의 베스트셀러인 《여자의 뇌》라는 책에서 여성들은 하루에 2만 단어를 써서 말하는데 남성들은 7,000단어만 사용한다고 주장했는데, 이로 인해 여성이 남성보다 말이 많다는 고정관념이 사실이라고 증명해주는 듯했다. 브리젠딘은 베스트셀러 작가이자 몸짓 언어 분석 전문가인 앨런 피즈가 쓴 자기계발서 《말을 듣지 않는 남자 지도를 읽지 못하는 여자》에서 그 숫자들을 인용한 게 분명하다.[3] 하지만 피즈는 표정이나 몸짓 같은 비언어적 표현까지 의사소통이 이루어지는 순간으로 간주해 그 숫자에 포함했고, 어디서 그 숫자들을 얻었는지 출처가 분명하지 않다. 일부 전문가들은 브리젠딘의 주장이 터무니없다고 생각했다.

생각해보자. 여성이 하루에 쓰는 단어 수가 남성보다 세 배나 많다고? 하지만 언론은 오래된 고정관념이 결국 사실이었고 과학적으로 그걸 밝혀냈다며 무척 좋아했다.

한 인터뷰 진행자가 브리젠딘에게 지금 시대에 맞지 않는 고리타분한 얘기를 되풀이하는 게 아닌지 묻자 그녀는 이렇게 답했다. "고정관념은 늘 어느 정도는[4] 사실입니다. 그렇지 않다면 고정관념이 될 수 없겠죠. 저는 우리 모두 알고 있는 행동 이면의 생물학적 근거에 관해 말하고 있습니다."

하지만 브리젠딘이 제시한 숫자는 틀렸다. 텍사스대학교 오스틴 캠퍼스 연구원들은 그녀의 주장을 확인하기 위한 실험을 진행했고 여성과 남성 모두 하루 평균 1만 6,000단어를 사용한다는 사실을 알아냈다. 게다가 실험 결과 말이 가장 많았던 세 사람은 모두 남성이었다. 누가 봐도 브리젠딘은 실수했다. 그녀는 실수를 깨끗이 인정하고 나중에 출간한 책에서는[5] 그 수치가 언급된 부분을 삭제했다. 하지만 그 수치들은 이미 수백 건의 기사에 인용된 데다 인터넷 기록은 영원히 남는다. 아직도 그 수치를 믿고 인용하는 사람들이 분명히 있다.

브리젠딘의 실수는 흥미로운 질문을 제기했다. 왜 그 수치는 그렇게 큰 반향을 불러왔을까? 왜 그 수치는 남녀 모두에게 그렇게 감정적이고 강한 반응을 불러일으켰을까? 이는 말도 안 되는 거짓말 이론Big Lie theory의 한 사례다. 어떤 거짓말을 오랫동안 여러 번 하면 사람들은 그 거짓말을 믿는다.

여자들이 말이 많다는 고정관념은 여러 문화권에서 찾아볼 수 있다. 오래된 영국 속담에 '여자의 혀는 양 꼬리와 같다. 둘 다 가만히 있는 법이 없다'라는 말이 있다. 일본에는 '여자와 거위가 있는 곳엔 소음이 가득하다'라는 말이 있다. 중국인들은 '혀는 여자의 칼이며 여자는 그것을 녹슬게 두는 법이 없다'라고 말한다. 셰익스피어의 희곡 작품들에서는 여성을 잔소리가 심한 여자, 입이 험한 여자로 묘사한 내용이 많다. 어리석은 미신이라는 뜻인 '늙은 아내의 이야기old wives' tales'라는 표현이 있다. 원래 이 말은 여자들이 하는 거짓말이나 비도덕적인 이야기들을 가리켰다. 가십Gossip이라는 단어는 처음엔 '대부모godparent'라는 뜻인 고대 영어 'godsibb'에서 유래했지만 1500년대가 되자 '여자들이 퍼뜨리는 욕과 뜬소문'이란 뜻으로 발전했다. 훨씬 더 옛날로 거슬러 올라가보자. 성 바울Saint Paul은 과부들이 '게으름뱅이에 이 집 저 집 우르르 몰려다니고 빈둥빈둥 놀고 다른 사람을 험담하며 참견하기 좋아하고 말하면 안 되는 얘기들을 퍼뜨리고 다닌다'라고 했다.

중세에 들어서자 여성들은 '혀를 많이 놀린 죄'로 유죄 판결을 받았고, 마을 광장에 끌려다니거나 강물에 강제로 빠지게 했다. 심지어 '잔소리꾼 입마개scold's bridle'를 쓰고 다니게 했는데, 머리에 덮어씌워 혀를 눌러 말을 하지 못하게 하는 철제 재갈이었다. 영국에서는 1900년대 초까지 이 입마개가 사용되었다고 한다.

여성이 남성보다 말이 많다고 철석같이 믿는 남자들이 아직도 있다. 2021년 도쿄올림픽 조직위원회 위원장이자 전 총리였던 83세의 모리 요시로는 여성 위원들을 더 포함하자는 제안에 그렇게 하면 여성들이 말을 많이 해서 회의가 너무 길어지겠다고 답했다. 2017년 75세의 사모펀드 투자자이자 우버 이사회 소속인 데이비드 본더만은 이사회에 여성이 더 많아지면 '말만 더 많이 할 것' 같다며 목소리를 높였다.

여자들의 말을 가로막는 남자들

2014년, 기술 회사 임원인 키에란 스나이더는 어떤 실험을 진행했다. 언어학 박사 학위가 있는 스나이더는 15시간 동안 회의를 하면서 누군가 상대방의 말을 가로막을 때마다 기록했다. 그녀가 센 횟수는 314회나 되었고 이렇게 말을 끊는 사람들의 3분의 2는 남자들이었다. 이는 남성이 여성보다 두 배 더 많이 방해한다는 뜻이었다. 흥미로운 사실이 한 가지 더 있다. 남자들이 상대방의 말을 끊을 때, 그 상대방의 70퍼센트는 여자들이었다. 실험에 참여한 사람들의 40퍼센트가 여성이었다는 사실을 고려하면 이러한 불균형은 훨씬 더 두드러졌다. 또한 여자들이 다른 사람들의 발언을 끊을 때를 보면 그들은 남자들 말고 같은 여자들의 말을 가로막을 때가 훨씬 더 많았다(전체 89퍼센트나 되었다). 스나이더는 〈슬레이트〉에 기고한 글을 통해 다음과 같은 결론을 밝혔다. "여성은 발언할 기회를 얻으면 방해받는다." 그녀가 아는 여자들 가운데 이 사실을 알고 놀라워한 여자들은 아무도 없었다. 그녀는 "기술 업계에서 일하는 여성들은[6] 대부분 '새삼스럽게 뭘'이라는 반응을 보였다"라고 썼다.

스나이더가 제안한 해결책은 이러했다. 남자들이 입 닥치고 가만히 있어야 하는 게 아니라 여자들이 남자들이 자신의 말을 막을 때 더 공격적으로 나와야 한다. 특히 남자들의 발언을 끊어버리는 방법을 배워야 한다고 강조했다. 그녀가 쓴 글의 제목은 '기술 업계의 여성으로서 성공하는 법: 남자들의 말을 끊어라'였다. 그녀는 "실험 결과, 여자들은 적어도 남자들이 지배적인 기술 환경에서 남자들의 말을 끊는 법을 배우지 않으면 특정 단계 이상으로 경력을 발전시킬 수 없다는 사실을 알 수 있다"라고 결론을 내렸다.

다트머스대학교 사회학자 재니스 매케이브의 2020년 연구에 따르면 남자 대학생들은 여자 대학생들보다 1.6배 더 많이 말한다. 남자 대학생들은 손을 들지 않고 말하며,[7] 중간에 말을 가로막고, 훨씬 오랫동안 말을 늘어놓을 가능성이 크다. 남성과 여성 사이의 이러한 불균형은 학술 세미나에 참가한 교수들과 대학원생들에게 더욱 두드러지게 나타난다. 2017년 라이스대학교에서 실시한[8] 연구 결과, 남자들은 여자들보다 두 배 더 많이 말한다는 사실이 밝혀졌다. 초등학교 남자아이들은 여자아이들보다 말을 세 배나 더

하지만 교사들은 여자아이들이 말을 더 많이 한다고 생각한다.[9] 호주의 페미니스트 학자인 데일 스펜더는 토론에서 발언할 때 사람들은 성별 균형을 어떻게 인식하느냐는 질문을 받자, 남자들은 여자들이 주어진 토론 시간의 15퍼센트만 말해도 남녀의 발언 시간이 서로 같다고 여기며, 30퍼센트 정도 말하면 여자들이 발언을 독점하고 있다고 여긴다고 답했다.[10] 어떤 남자 과학 교사는 여학생과 남학생이 동등하게 발언해야 한다고 주장했는데 그는 여학생들이 발언 시간의 90퍼센트나 독차지하고 있다고 생각했기 때문이었다. 스펜더가 한 유명한 말이 있다.[11] "여자들이 수다스러운 정도는 남자들과 비교한 게 아니라 아무 말도 하지 않고 있을 때와 비교해 측정되었다. 남자들보다 말을 더 많이 하느냐가 아니라 잠자코 있는 여자들보다 말을 얼마나 더 많이 하느냐가 기준이 된 것이다."

스탠퍼드대학교에서는 어떤 연구를 통해 두 남자의 대화, 두 여자의 대화, 남자와 여자의 대화를 비교했다. 성별이 같은 사람들끼리 하는 대화에서는 말이 일곱 번 끊겼다. 하지만 남자와 여자 사이의 대화에서는 48번이나 끊겼고,[12] 이 중 남자가 여자의 말을 끊은 횟수는 46번이었다. 조지워싱턴대학교 연구원들은[13] 남자들이 다른 남자들의 말을 끊을 때보다 여자들의 말을 끊을 때가 33퍼센트 더 많다는 사실을 밝혀냈다. 노스웨스턴대학교 프리츠커 로스쿨 교수들이[14] 미국 대법원 회의록을 분석한 결과, 여성 판사들이 발언할 때 방해받을 가능성이 남성 판사들보다 세 배 더 많았으며 다른 사람들의 말을 끊을 가능성은 훨씬 낮다는 사실을 알아냈다. 여성 판사들이 상대방의 발언을 중간에 막은 경우는 4퍼센트에 불과했지만 자신의 발언이 방해받은 경우는 66퍼센트나 되었다.

버락 오바마Barack Obama 미국 전 대통령 첫 임기 시 행정부 여성 직원들은 남성 직원들에게 2대 1 비율로 밀렸다. 회의 시간에 여성 직원들이 내는 아이디어와 제안은 자주 무시되었고, 몇 주 뒤 남성 직원들은 여성 직원들이 냈던 아이디어를 제안하며 자신의 것이라 주장했다. 여성 직원들은 '부연하기amplification'라는 전략을 고안해 반격에 나섰다. 한 여성이 중요한 주장을 하면 다른 여성들은 그 주장을 반복하며 그녀가 그 주장을 했다고 강조하곤 했다. 이렇게 하자 남성 직원들은 아이디어를 훔쳐서 자기 것인 척하기가 어려워졌다. 마침내 오바마 전 대통령도 그들이 왜 그렇게 하는지 알아차렸고 회의 중에 여성 직원들의 말에 더 주의를 기울여 들었다.[15]

남성은 왜 여성을 가르치려 드는가

조지타운대학교 언어학 교수인 데버러 태넌_{Deborah Tannen}에 따르면 남자들은 이런 식으로 행동하도록 사회화되었으며, 심지어 자신들이 그렇게 하고 있다는 걸 인지하지 못하는 게 문제라고 한다. 남자들은 말로 자기주장을 하고 권력과 지배력을 추구하도록 훈련받는다. 남자들은 지위를 얻기 위해 말하고, 여자들은 타인과 연결하기 위해 말한다. 적어도 여자들에 관련해서는 또 다른 고정관념처럼 들리지만 남자들에 관한 주장은 일리가 있다고 연구원들은 말한다. 남자들이 여자들에게 아랫사람 대하듯 설명하는 태도는 남자들이 다리를 쩍 벌리고 앉는 것과 목적이 같다. 공간을 더 많이 차지해 지배력을 행사하려는 것이다.

　이러한 성향은 어린 시절부터 시작된다. 이 시기 소년들은 지위에 집중하고 그룹 내에서 재빨리 서열을 정해 남들보다 앞선 위치에 있으려고 겨루지만 소녀들은 친밀한 관계를 맺으려 한다고 태넌은 말했다. 어른이 되면 남자들은 기술이나 지식을 남들에게 보여주기 위해 말한다. 직장에서 여자들이 '우리'라는 단어를 사용하는 상황에서 남자들은 '나'라는 단어를 쓴다. "여자들은 큰소리치며 허풍 떠는 법을 남자들만큼 배우지 않았을 것"이라고 태넌은 〈하버드

비즈니스 리뷰〉에 썼다.[16]

어떤 실험에서 대학 신입생들에게 앞으로 1년 동안 성적을 어떻게 받을지 예상해보도록 했다. 여학생들은 예상한 성적을 연구원들 앞에서 공개적으로 말할 때보다 종이에 적어 봉투에 넣을 때 더 높게 예상했다. 남학생들은 종이에 적어낼 때나 연구원들 앞에서 말할 때나 예상하는 성적이 같았다.[17] 남학생들은 자신이 남들에게 너무 지나치게 자신감 있어 보이지 않을지 전혀 신경 쓰지 않았다.

남자들은 사람들에게 길을 물어보고 싶어 하지 않는다는 고정관념은 사실에 근거한다. 질문하는 것을 자신의 지위를 떨어뜨리는 행동으로 여긴다. 무식한 것처럼 보여서 남에게 지기를 두려워하는 건 직장에서도 마찬가지라고 태넌은 말한다. 《화성에서 온 남자 금성에서 온 여자》의 저자 존 그레이는[18] 10만 명의 임원들을 인터뷰하고 분석했을 때, 여자들의 80퍼센트는 답을 알아도 질문하겠다고 했고 남자들의 72퍼센트는 여자들이 질문을 너무 많이 한다고 답했다. 이런 맙소사!

남자들은 어떤 불평불만을 들으면 자기에게 도전 과제를 줬다고 생각하고 조언을 하거나 해결책을 마련해줘야겠다고 생각한다. 그래서 자꾸 가르치려 든다. 작가이자 대화 스타일을 연구하는 컨설턴트인 롭 켄달에 따르면 남자들은

대화 중에 상대방의 말을 끊거나 도전적으로 나올 때가 많다고 한다.[19]

구글 회장이었던 에릭 슈밋Eric Schmidt은 어떤 콘퍼런스의 패널토론에 참석해 유일한 여성 패널이자 미국 최고기술책임자이며 구글의 고위 임원이었던 메건 스미스Megan Smith의 발언을 끊임없이 방해했다. 질의응답 시간에 구글의 글로벌 다양성과 재능 프로그램을 운영하는 여성이 그의 행동을 두고 여성에 대한 무의식적인 편견을 보여주는 사례[20]라고 직접 지적하기 전까지 슈밋은 자기가 무슨 짓을 했는지 전혀 모르는 것 같았다.

남자들이 여자들의 말을 중간에 끊는 행동은 성 편견이 말로 나타나는 것이다. 남자들은 자신들이 여자들보다 더 중요하고 더 높은 지위를 받을 자격이 있다고 믿는다. 이렇게 자만심이 가득한 수다쟁이들은 자신의 의견이 더 훌륭하므로 발언 시간을 더 많이 받을 자격이 있다고 굳게 믿는다. '메건 스미스, 당신이 똑똑하지 않다는 말이 아니야. 내가 훨씬 더 똑똑하다는 거야.'

여성에게 가르치려는 듯 줄줄이 말하는 행동은 개인으로서 당신이 어떤 사람인지와 거의 관련이 없으며 주로 당신의 성별과 관련이 있다. 작가이자 직장 내 성 편견을 연구하는 컨설턴트인 제시카 노델은 성전환한 남성과 여성을 분석해 그 말을 확인할 수 있는 독특한 사례를 제시했다. 남자로 성전환한 사람들은[21] 성전환 이후 말을 할 때 방해받는 횟수가 줄었지만 여성으로 성전환한 사람들은 그와 반대 상황을 겪는다는 사실을 밝혀냈다.

스탠퍼드대학교 신경생물학자인 벤 바스Ben Barres는 1997년 남자로 성전환할 때까지 '바바라 바스'로 살았다. 그가 '벤'이 된 후, 이전과 상당히 다른 대우를 받았다고 말했다. 사람들이 그의 말을 끊는 일이 줄었고 업무 성과를 지나치게 칭찬했다. "내가 성전환한 사람이란 걸 모르는 사람들은 나를 훨씬 더 존중했다. 이제는 남자들이 말을 자르지 않아서 문장을 끝까지 말할 수 있다"고 글을 남겼다. 그는 2017년에 사망했다. 이런 일도 있었다. 세미나에서 발표할 때 청중 중에서 벤 바스와 바바라 바스가 같은 사람이란 걸 알지 못한 어떤 사람이 이런 의견을 냈다. "오늘 세미나에서 벤 바스의 발표는 훌륭했어요. 그분이 이룬 성과는 여동생의 성과보다 훨씬 나은데요."

스탠퍼드대학교 과학자이자 여성으로 성전환한 조안 러프가든Joan Roughgarden은 그와 정반대 일을 겪었다. 성전환을 하고 난 후 사람들은 그녀를 전보다 덜 진지하게 대했고 예전만큼 존중하지 않았다고 한다. 진화생물학자인 러프가든의 생각에 동의하지 않는 남성 과학자들은 그녀의 말을 끊고 소리쳤으며 신체적인 위협까지 했다. 심지어 급여도 깎였다. 그녀는 자신이 처한 상황을 벤 바스의 상황과 비교해 보더니 이렇게 말했다. "벤은 중심으로 이동했지만[22] 저는 주변부로 옮겨가야 했어요."

희망이 전혀 없지는 않다

남자들은 변해야 한다. 한 전문가는 만약 누군가가 방법을 알려줄 수만 있다면 남자들 대부분은 변화를 택할 것이라고 말했다. 우선 남자들이 다른 사람들, 특히 여자들을 방해하고 설득하려는 경향이 있다고 인정하는 데서 시작한다. 우리는 알지 못하는 사이에 이미 다른 사람의 말을 끊고 가르치려는 듯 말하거나 아무렇지도 않게 내 할 말만 다 하고 있을 수도 있다. 카네기멜런대학교의 조안나 울프Joanna Wolfe 교수는 "남자들이 말을 더 많이 해야 정상적이고 자연스럽다고 사회가 받아들였기 때문"[23]이라고 말한다. 그녀는 남녀가 서로 의사소통하는 방식을 연구하기 위해 공대 학부생들을 실험에 참여하게 했다.

울프는 공대 학부생들에게 '긍정적인 미래 초점positive future focus'에 대해 알려줬다. 이는 여성들이 사회적 처벌을 받지 않고 자기주장을 하도록 하는 전략이다. 분노 또는 부정적인 감정을 표현하지 말고 긍정적인 결과에 초점을 맞춰야 한다. "이 회의에 참석한 모든 사람에게 방해하지 말고 의견을 말할 기회를 준다면 이 회의를 훨씬 더 효율적으로 진행할 수 있어요"라고 말하는 것이다. 불만 사항을 말할 때 가장 효과적인 방식은 과거보다는 미래에, 감정보다는 사실에 집중하는 것이라고 한다.

울프는 이 실험에서 한 가지 밝은 희망을 찾았다. 남자들은 자신이 여자들의 말을 얼마나 많이 끊고 잘난 척하며 말하는지 깨달으면 의사소통 기술을 개선하기 위해 노력한다는 것이다. 한 실험에서 울프와 그녀의 동료들은 공대생들로 구성된 작은 팀 여럿이 회의하는 모습을 녹화한 다음, 해당 영상을 회의에 참여한 사람들에게 각각 보여주었다. 어떤 팀에는 남학생 두 명과 여학생 한 명이 있었는데, 남학생한 명은 자신의 회의 영상을 보면서 같이 있던 남학생이 여학생에게 아랫사람 대하듯 가르치려 들고 말을 끊고 얼마나 무시하는지 깨닫고선 깜짝 놀랐다. "그 남학생이 말하더군요. '맙소사. 믿지 못하겠어요. 우리가 얼마나 재수 없었는지 믿어지지 않아요.'" 울프가 내게 말했다. "그 학생은 충격을 받았어요. 여학생을 얼마나 무시했는지 이제야 안 거죠. 그전엔 몰랐던 여학생의 표정도 좀 알아채더군요." 그 남학생은 앞으로 그렇게 하지 않겠다고 맹세했다고 한다.

다른 사람의 말을 끊는 버릇을 고치는 방법

입 닥치기의 목표는 다른 사람들과 더 효율적으로 소통하는 방법을 찾는 것이다. 그 말은 사람들의 말을 중간에 자르는 걸 그만두는 법을 배운다는 뜻이자 상대방의 말을 끊고 싶거나 당장 끊어야 할 때 예의 바르게 끊는 법을 배운다는 뜻이기도 하다. 예를 들어, 말이 지나치게 많은 사람을 조용히 하게 해야 할 때가 있다. 다른 사람의 말을 끊는 걸 그만두는 법은 앞에서 소개한 '입 닥치는 다섯 가지 방법'을 활용하자. 정말 효과가 있다. '가능하면 아무 말도 하지 말라'와 '귀 기울여 듣는 법을 배워라'를 반드시 실천하자. 다음으로는 사람들의 말을 끊는 버릇을 고치는 두 가지 방법을 소개하겠다.

대화를 녹음하고 내용을 글로 바꿔보라. 줌을 활용해 이 작업을 쉽게 할 수 있다. 1대1 또는 그룹 회의를 시작하기 전에 녹음 허락을 받은 뒤, 나중에 녹음한 내용을 듣거나 레브_{Rev} 같은 서비스를 이용해 녹음 파일을 글로 변환한다. 나의 경우, 글로 확인하는 것이 가장 큰 영향을 준다. 이렇게 하면 사람들이 얼마나 말을 많이 하는지 단락 크기만 봐도 어림잡을 수 있다. 카네기멜런대학교에서 조안나 울프의 연구에 참여한 남학생들처럼 당신이 상대방의 말을 얼마나 자주 끊어버리는지 알면 놀랄지도 모른다.

메모하라. 상대방의 말을 끊는 가장 흔한 이유는 방금 좋은 생각이 떠올랐는데 상대방이 말을 계속하면 당신이 하고 싶은 말을 잊어버릴까 걱정하기 때문이다. 또는 상대방이 다른 이야기로 넘어가버리면 대화 주제가 당신이 주장하고 싶은 내용에서 멀어지기 때문이다. 꿀팁을 알려주겠다. 당신이 뭔가 메모하는 걸 상대방이 본다면 그 사람은 하던 말을 멈추고 당신에게 할 말이 있는지 물어볼 것이다.

아슬아슬하게 외줄 타기: 훼방꾼들 방어하기

훼방꾼들에게 강하게 맞서는 일은 힘들 수 있다. 특히 여성이면 그렇다. 남성이 어떤 사람에게 말을 자르지 말라고 공개적으로 지적하면 사람들은 그걸 긍정적으로 본다. 하지만 여성이 그렇게 하면 부정적으로 본다는 사실이 여러 연구를 통해 밝혀졌다. 페이스북 최고운영책임자였던 셰릴

샌드버그Sheryl Sandberg는[24] 이런 글을 썼다. "여성이 직장에서 목소리를 낸다면 그녀는 아슬아슬 외줄 타기를 하는 셈이다. 사람들은 그녀가 하는 말을 귀담아듣지 않거나 너무 공격적이라고 판단한다."

외줄에서 떨어지지 않고 할 말을 다 하는 방법이 있다. 여러 연구에 따르면 말을 돌리지 않고 짧은 문장으로 말하며 말을 끊으려고 작정한 훼방꾼의 눈을 똑바로 보고 말하면 방해받는 일이 줄어든다고 한다. 단어 선택도 중요하다. "생각합니다I think" 또는 "믿습니다I believe" 대신 "압니다I know"라고 말하자. "그럴지도 모릅니다might" 대신 "그렇게 할 겁니다will"라고 하자. 그리고 시작부터 강하게 말하자. 대법원에서 중간에 말을 끊는 사례를 연구한 노스웨스턴대학교 연구원들은 여성 판사가 발언을 시작할 때 중간에 말을 끊는 일이 가장 많이 발생했으며 여성 판사가 "물어봐도 되겠습니까May I ask?"처럼 예의 바른 표현을 써서 말을 시작할 때도 종종 발생했다는 사실을 밝혀냈다. 시간이 흐르면서 여성 대법관들은[25] 예의를 덜 차리게 되었다. 당신도 이 방법을 써보면 좋을 것이다.

다음은 훼방꾼들을 물리치기 위한 다섯 가지 전략이다.

말을 멈추고 기다린 후 계속하라. 버진 그룹 설립자인 리처드 브랜슨은 버진 갤럭틱의 CEO였던 조지 화이트사이즈에게서 배운 비결을 우리에게 알려준다. 화이트사이즈는 어떤 사람이 자신의 말을 끊으면 하던 말을 멈추고 그 사람이 말을 마칠 때까지 기다렸다가 아까 끊었던 부분에서 계속 말을 이어나간다. 브랜슨은 《버진이 일하는 방식》이라는 저서에서 이 기법은 말없이 상대방을 혼내고 말하는 중간에 끼어들지 않도록 사람들을 훈련하는 효과적인 방법이었으며 "보는 눈이 즐겁다"라고 썼다.

예측하고 통제하라. 회의를 진행한다면 시작 전에 기본 원칙을 정하자. 아니면 미리 원칙을 정하고 이렇게 말하자. "지금 하려는 말은 중요합니다. 그러니 제가 말을 마치기 전에 끼어들지 마세요." 만약 말 자르기로 악명이 높은 남자가 회의에 참석했다면 그 사람의 눈을 똑바로 바라보면서 말하자.

훼방꾼을 공개적으로 불러라. "부통령님, 전 지금 말하는 중입니다." 마이크 펜스 전 부통령이 토론 중에 카말라 해리스의 말을 계속 끊자 그녀가 한 이 말은 유명하다. 해리스는 펜스가 무슨 행동을 하는지 지적했고 차분하지만 단호하게 말했다. 해리스는 리더처럼 보였다. 당신은 좀 더 공손한 방법을 쓸 수 있다. "할 말이 몇 가지 더 있습니다. 다 마칠 때까지 기다려주시겠습니까?" 또는 이렇게 말할 수도 있다. "제가 말을 끝낼 때까지 기다려준다면 당신의 의견을 듣고 싶습니다."

계속 말하라. 이 전략은 실행하기 까다롭지만 어떤 사람들은 해넬 수 있다. 당신은 더 빠르거나 더 크게 말할 필요가 없다. 계속 말하면 된다. 이 전략은 당신이 훼방꾼을 상대할 때 가장 효과적인 방법이다. 다른 사람들은 당신 편을 들 것이다. 그리고 용기가 없어 못 하는 일을 해낸 당신을 영웅으로 여길 것이다.

훼방꾼과 개인적으로 대화하라. 훼방꾼은 당신에게만 훼방을 놓는 사람일 수도 있고 모든 사람을 방해하는 버릇이 있는 사람일 수도 있다. 회의 중에 공개적으로 지적해 창피하게 만들면 역효과를 가져올 수 있지만 개인적으로 대화하면 효과를 볼 수 있다. 자신이 다른 사람의 말을 자른다는 사실을 알지 못하고 있었다면 당신이 알려줘서 고마워할 수도 있다. 그를 도와주는 일로 포장하자.

상대방의 말을 점잖게 끊는 법

때로는 당신도 상대방의 말을 끊어야 할 때가 있다. 무례하지 않게 말을 끊는 방법들이 있다. 대화의 주도권을 뺏는 게 아니라 당신이 말을 마친 후에 상대방이 하던 말을 계속하기를 바란다는 걸 분명히 하는 게 중요하다.

허락을 구하라. 뭔가 말하고 싶다는 의사를 표정이나 작은 몸짓으로 나타내서 허락을 구할 수 있다. 아니면 이렇게 말할 수 있다. "미안합니다만 잠깐 끊어도 될까요?" 또 이렇게 말해볼 수도 있다. "미안합니다만 방금 하신 말씀은 중요합니다. 질문 하나 해도 될까요?"

먼저 양해를 구하고 시작하라. 중간에 끼어들 때마다 "미안합니다"로 시작하고 "나머지 하실 말씀을 이어서 듣고 싶습니다. 아까 하신 말씀을 제가 이해하지 못했을 뿐입니다"로 이어져야 한다.

남자들이여, 이제 변해야 한다

훼방꾼으로부터 자기 자신을 방어하는 법을 여자들에게 알려주면 좋다. 하지만 완벽한 세상이라면 남자들은 그렇게 할 필요가 없을 것이다. 남자들이 나서야 한다. 나는 카네기 멜런대학교의 조안나 울프가 말했듯이 더 잘하고 싶어 하는 남자들이 많다고 믿는다. 여자들과 이야기할 때 방심하지 말고 조심스럽게 대화를 시작하자. 어쩌면 당신은 여자들의 말을 중간에 끊는 버릇이 있을 수도 있다. 정말 그렇다면 당신과 대화하는 여성들은 당신을 좋지 않게 생각하고 당신이 하는 말을 중요하게 여기지 않을 것이다.

대화의 역학 관계를 잘 알아두고 지나치더라도 충분히

보상하자. 여성들이 하고 싶어 하는 말을 다 하지 않고 끝내도록 내버려두지 말고, 말을 시작하기 전에 잠시 기다리자. 그리고 일일이 설명하지 말자. 지금 나누고 있는 대화를 농구라고 생각하고 혼자 공을 독차지하려 하지 말자. 문장은 최대 네 개까지만 말하고 다른 사람에게 말할 기회를 주자.

　의식하든 의식하지 않든 여자들은 남자들이 중간에 말을 자르고 거들먹거리며 가르치려 들고 남자들만 관심 있는 주제로 대화를 이끌어 가려 한다고 예상한다. 그렇게 대화하지 않는 남자들은 오히려 눈에 띄며 좀 더 긍정적으로 보인다. 또한 그런 사람들이 하는 말은 좀 더 설득력이 있다. 그런 남자가 되도록 하자.

5장

입 닥치기의
탁월한 효과

하루 30분 정도의 적당한 운동은 건강을 지키는 데 도움이 된다. 하루에 1만 보를 걷고 여덟 시간을 자도 마찬가지일 것이다. 그런데 말하는 방식을 바꾸는 것도 그만큼 중요할지도 모른다. 분명한 의도로 말하고, 더 많이 듣고, 아무 말 하지 않고 지내고, (이 장에서 더 자세히 설명하겠지만) 사용하는 단어를 바꾸면 불안과 우울증, 염증성 질환이 생길 가능성을 줄일 수 있다. 무엇보다 입을 닥치면 의학적 효과가 있다.

애리조나대학교 사회심리학자 마티아스 멜은 "우리가 가장 많이 하는 행동은 말하기입니다. 다른 사람에게 말하는 것이죠. 하지만 비교적 최근 들어서야 말하기에 관해 연구하기 시작했습니다"라고 말한 바 있다. 그는 지난 20년간 말과 행복 사이의 연관 관계를 연구해왔다. "심리적인 과정이 우리 몸에 긍정적이거나 부정적인 결과를 가져올 수 있다는 생각은 굉장히 흥미롭습니다."

멜은 《여자의 뇌》에서 인용한 수치, 즉 여성이 남성보다 하루에 세 배나 더 많은 단어를 써서 말한다는 주장은 틀렸다고 밝히면서 처음으로 학계의 주목을 받았다. 그는 400명의 대학생에게 며칠 동안 전자 기록 장치를 가지고 다니게 했다. 이 장치는 불규칙하게 시간 간격을 두고 전원이 켜지면서 주변에 들리는 말소리를 녹음했다. 멜이 단어 수를 평균 내어보니 남자와 여자 모두 하루에 약 1만 6,000단어를 써서 대화했다. 게다가 가장 말이 많은 실험 대상자 세 명은 모두 남자였다.

거기서부터 시작해 멜은 전자 기록 장치를 이용해 사람들이 말할 때 단어를 얼마나 많이 사용하는지 뿐만 아니라 어떤 단어들을 주로 사용하는지도 연구했다. 사람들은 의미 있고 실질적인 대화를 하는 데 얼마나 많은 시간을 보내며 평소에 하는 대화 중 잡담이 차지하는 비중은 얼마나 되는가? 그리고 그 사실은 무엇을 의미하는가?

멜과 그의 연구팀은 '행복 엿듣기'라는 보고서에서 기분 좋은 대화를 많이 하고 잡담을 적게 하는 사람들은 다른 사람들보다 더 행복하게 산다는 사실을 밝혔다. 그들은 실험 대상자들에게 그들이 삶에 얼마나 만족하는지 측정하는 보고서를 작성하게 하고, 실험 대상자들을 알고 지내는 사람들에게서 의견을 수집해 대상자별로 '행복 점수'를 계산했다. 그리고 실험 대상자들의 대화 분석 자료와 행복 점수를 서로 연결해 분석했다. 이 연구에서 가장 행복한 사람은 잡담 시간이 전체 말하는 시간의 10퍼센트에 불과했고 가장 불행한 사람은 잡담에 할애하는 시간이 거의 30퍼센트나 되었다.

멜은 좋은 대화가 정서적 행복에 매우 큰 영향을 주므로 '만족스러운 삶을 사는 핵심 요소'가 될 수 있다는 결론을 내렸다. 그는 말하는 방식에 주의를 기울이고 더 좋은 대화를 하기 위해 노력한다면 더 행복해질 수 있다고 믿는다.

하지만 '좋은 대화'를 어떻게 정의할까? 어떻게 하면 좋은 대화를 하는가? 기본적으로 말을 줄여야 한다. 좋은 대화를 하기 위해 반드시 말을 더 많이 해야 할 필요는 없다. 사실 말을 더 적게 하는 편에 가깝다. "우리가 분석한 자료를 보면 대화할 때 상대방의 말을 많이 듣고 말을 적게 하면 이 세상은 훨씬 더 나은 곳이 되리라는 것을 분명히 알 수 있습니다." 멜은 또 이렇게 덧붙였다. "의미 있는 대화를 끌어내는 가장 좋은 방법은 질문하기입니다."

그렇다고 해서 잡담을 모두 끊을 필요는 없다고 한다. 적어도 하루에 한 번, 요즘 날씨가 얼마나 좋은지 올해 여름은 너무 빨리 가고 있다는 얘기 말고 진정한 대화를 하도록 노력하자. 삶의 의미 또는 사후 세계의 존재처럼 고상한 주제로 대화할 필요는 없다. 당신은 10대 자녀와 학교 생활에 대해, 파트너와 휴가 계획에 대해 즐겁게 대화할 수도 있다. 일상적인 대화를 꿈과 열망에 관한 더 깊은 토론으로 발전시킬 수 있다.

평범한 대화를 '좋은 대화'로 바꾸는 기술이 있다. 멜은 산책하러 나갔다가 이웃과 우연히 마주친 일을 말해줬다. 그 이웃은 최근 암 수술을 받았다고 했다. "그 남자에게 물었습니다. '어떻게 지내세요?' 그건 '안녕하세요, 잘 지내시죠?'가 아니라 '아니, (큰 수술을 받으셨다는데) 정말 어떻게 지내세요?'란 뜻이었어요."

우린 좋은 대화를 나눴다. 그게 바로 좋은 대화를 하는 재미다. 좋은 대화의 시작점은 잡담과 그리 거리가 멀지 않을 수도 있다. 좀 더 진실하게 상대를 걱정하는 방식으로 "어떻게 지내세요?"라고 묻는 것이다. 그러면 거기서부터 좋은 대화가 시작된다.

좋은 대화를 할 때 중요한 점은 진정성이다. "대화하면서 상대에게 진정한 내 모습을 보여주는 것입니다." 멜은 계속 설명했다. "흥미롭지 않나요? '진정한'이란 무슨 뜻일까요? 다른 사람인 척하지 않는다는 뜻입니다. 당신의 일부를 세상에 내보이거나 목소리를 내는 것이죠. 즉, 당신의 가치관과 일치하는 것을 표현한다는 말입니다. 날씨, 슈퍼볼 경기에서 벗어나 중요한 것들, 당신의 핵심 가치관에 관해 대화하는 겁니다."

좋은 대화를 하면 건강해질까?

좋은 대화를 통해 심리적 행복감을 높일 수 있다면 신체적 건강도 증진할 수 있을까? 말도 안 되는 소리 같지만 멜은 관련이 있을 수도 있다고 생각했다.

우리가 하는 말과 건강이 서로 연결되어 있다는, 즉 '좋은 말을 하면 건강도 좋아진다'라는 생각은 오랫동안 조금씩 논의되었다. 50년 전에 심신 의학psychosomatic medicine이 한참 유행했다. 이는 감정적이고 사회적인 행동을 이용해 질병을 치료하거나 고통을 덜어줄 수 있다는 개념이다. 대표적인 예로, '긍정적인 생각으로 암을 이겨낼 수 있다'는 믿음이 있다. 물론 이러한 믿음이 터무니없다고 여기는 의사들이 많다.[1] 하지만 적어도 한 연구에 따르면, 긍정적으로 생각하면 암 환자의 면역 체계가 강화되고 암세포와 맞서 싸우는 세포를 만드는 데 도움이 된다고 한다.

1970년대에 심리학자 제임스 J. 린치는 사람들이 말할 때마다 혈압이 올라가고 누군가의 말을 들을 때마다 혈압이 내려간다는 사실을 발견했다. 그는 지원자들을 무대 위로 불러 혈압 측정기를 연결한 뒤 말하게 해서 시연하곤 했다. 지원자들이 말을 시작하자마자 혈압이 올라갔고 그 광경을 지켜본 청중들은 즐거워했다. 특히 고혈압이 있는 사람들은 예민한 반응을 보였다. 그들이 말하면 혈압이 급격하게 올라갔다. 말이 지나치게 많은 수다쟁이 역시 혈압이 올라갔다.

린치는 고혈압 환자들에게 좀 더 편안하게 말하는 법을 가르쳐서 치료하자고 제안했다. 말하는 방식을 일종의 약처럼 사용하는 것이다. "어떻게 하면 즐겁게 대화하면서 혈압을 낮출 수 있을까?" 그는 알고 싶었다. "상대방의 말을 더 많이 듣고, 말하는 동안 규칙적으로 숨을 쉬고 잘 말하기와 잘 듣기를 번갈아 해야 합니다." 다시 말해 입 닥치기 방법을 치료 수단으로 활용하는 것이다. 혹시 당신도 말이 지나치게 많다면 다음 내용에 꼭 주목하자. 지나치게 수다를 떨면 신체적인 해를 입을 위험이 상당히 커진다.

1970년대에 실시한 이 연구의 문제는 연구원들이 이용했던 기술이 지금과 비교해 원시 시대 수준이었다는 점이다. 린치 같은 학자들은 상관관계를 찾고 직관에 근거해 그동안 배운 지식을 바탕으로 추측했다. 하지만 멜은 연관성을 찾을 때 유전체학genomics을 활용해 결과를 수량화할 수 있었다. 앞서 설명한 '대화 엿듣기' 연구와 마찬가지로 그는 사람들에게 전자 기록 장치를 소지하게 한 뒤, 대화를 녹음해 글로 변환했다. 하지만 대화의 질을 행복 점수가 아닌 유전 정보에 맞췄다. 그는 이 작업을 UCLA 심리학자이자 사회 환경이 유전자 발현에 영향을 미치는 방법을 연구하는 스티브 콜Steve Cole과 함께 진행했다. 두 사람은 실험을 통해 좋은 대화를 더 많이 나눈 사람들에게서 '염증 감소 반응'을 확인했다. 즉, 면역 체계가 더 건강해지고 고혈압이나 심장병 같은 염증성 질환에 시달릴 가능성이 작아진다는 뜻이었다.

이는 대단한 발견이었다. 멜은 이러한 실험 결과에 큰 의미가 있다고 굳게 믿는다. 먼저 의사들은 우리가 말하는 방식을 진단 도구로 쓸 수 있다. 우리가 사용하는 단어들에서 면역 체계 문제점을 밝혀낼 실마리를 찾을 수도 있다. 언어를 활용해 우리의 뇌와 몸에 무슨 일이 벌어지고 있는지 알아낼 수도 있다는 것이다. 멜은 이렇게 덧붙였다. "우리는 우리의 몸 상태를 언제든 쉽게 알아내지 못합니다. 하지만 우리 몸의 일부는 언어로 미묘하게 표현하거나 추적할 수 있을지도 모릅니다."

하지만 우릴 더욱 애태우게 만드는 가능성을 생각해볼 수도 있다. 밖에 나가서 의미 있고 실질적인 내용을 주제로 좋은 대화를 나누면 더 건강해질까? 말하기를 약처럼 사용할 수 있을까? "우리는 염증을 없애기 위해 소염진통제를 먹습니다. 그렇다면 염증을 없애기 위해 좋은 대화를 하면 될까요? 바로 그 문제입니다." 멜이 설명했다. "할 일이 아주 많이 남아 있습니다. 언어는 우리 마음을 들여다볼 수 있는 창문이고, 이제는 신체 상태를 파악할 수 있는 창문도 된다는 걸 알게 되었죠." 이 말은 조금 억지스럽게 들릴 수도 있다. 하지만 말하기는 우리 삶의 중심이므로 말하기가 신체 건강과 관련이 없다는 말도 설득력이 떨어진다고 멜은 말했다.

우리는 좋은 대화가 어떤 대화인지 안다. 하지만 좋은 대화를 충분히 나눈다는 걸 어떻게 측정할 수 있을까? 스마트폰이나 스마트워치를 사용해서 대화 내용을 추적하고 점수를 계산할 수도 있다. 20년 전에 썼던 기록 장치는 투박한 기계, 다시 말해 타이머가 달린 미니 카세트 녹음기였다. 오늘날 전자 기록 장치는 소프트웨어이며 스마트폰에 내려받을 수 있는 앱이다.

멜은 소프트웨어 개발자, 하버드대학교 연구원들과 함께 전자 기록 장치가 스마트워치에서 구동되도록 코드를 압축하는 작업을 하고 있다. 연구원들은 뇌졸중 환자들과 함께 일하는데, 환자들은 말을 더 많이 하고 사람들과 어울릴

수록 더 빨리 회복한다고 한다. 이들이 만들어낼 대화 추적 시계talk-tracker watch는 얼마나 이야기를 많이 하고 어떤 대화를 하는지 도표로 보여줄 것이다. 시제품이 나오긴 했지만 아직 보완 작업을 더 많이 해야 한다. 가장 어려운 점은 앱 코드를 시계 컴퓨터의 아주 작은 메모리에 어떻게 넣느냐는 문제다. 멜은 이렇게 말한다. "걸음 수를 세고 수면의 질을 측정하는 시계는 이미 나와 있습니다. 그런데 우리가 사람들과 얼마나 어울리고 어떤 대화를 나누느냐 역시 똑같이 중요한 사회적 행동입니다. 하지만 수면과 운동을 추적하는 방식으로 우리가 하는 말을 추적할 방법은 없습니다. 그건 우리가 전혀 몰랐던 사각지대인 셈입니다."

대화 추적 기능이 우리가 주로 쓰는 소비자용 기기에 반영되어 주류에 편입되거나 손목에 찬 시계가 우리에게 지금 자리에서 일어나 누군가와 대화하라고 부드럽게 진동하는 모습을 상상하는 것은 그렇게 큰 비약이 아니다.

폭풍 속의 '나'

멜은 어떤 연구팀에 들어가 전자 기록 장치를 활용해 연구에 전념했고, 그 팀은 세 번째 중요한 발견을 했다. 불안과 우울증에 시달리는 사람들은 1인칭 단수 대명사 표현인 '나$_I$'와 '나를$_{me}$', '나의$_{my}$'라는 단어들을 다른 사람들보다 더 자주 사용한다는 사실이다. 한때 자기도취증의 징후로 여겨졌던 것이 이제는 부정적 감정 상태를 나타내게 되었다. 연구원들은 이런 말버릇을 '나를 중심으로 하는 말$_{I-talk}$'이라고 부르며, 불안과 우울증, 스트레스를 비롯한 '부정적 감정'의 표시라고 말한다. 보고서의 주요 저자인 앨리슨 택만은 애리조나대학교 심리학자로, 범위를 더 좁혀서 '나'와 '나를'이 '나의'보다 부정적 감정에 더 관련 있다는 사실을 알아냈다. 아마도 소유격은 자신이 아닌 어떤 사물이나 다른 누군가와 관련이 있기 때문일 것이다. 우리가 매일 평균적으로 말하는 약 1만 6,000단어 중에서 약 1,400단어는 1인칭 단수 대명사다. 하지만 스트레스로 지쳤거나 불안하거나 우울하면 '나'와 '나를'을 하루에 2,000번까지[2] 말할 수도 있다.

심리학자들은 '나를 중심으로 하는 말'을 정신적 고통에 시달리고 있는지 알아내는 진단 도구로 쓴다. 연인과 헤어지거나 직장에서 해고된 때처럼 가장 최근에 크게 스트레스를 받았거나 고통스러운 일을 겪었을 때를 떠올려보자. 또 깊은 슬픔에 빠져있다가 어떻게 해서 내면에 집중하게 되었는지 생각해보자. 왜 나한테 이런 일이 일어났지? 나에게 문제가 있나? 뭘 잘못했을까? 왜 더 나아지지 않는 걸까? 왜 너는 날 좋아하지 않는 거야? 멜이 '끊임없이 나를 탓하는 폭풍'이라 부르는 소용돌이에 당신은 휘말리고 만다.

'나를 중심으로 하는 말'이 우울증을 의미한다면 그런 말을 적게 하면 우울증에서 벗어날 수 있을까? 텍사스대학교 오스틴 캠퍼스의 연구 심리학자이자 멜의 멘토인 제임스 페네베이커는 그럴 수 있다는 가설을 세웠다. 페네베이커는 대명사를 연구해 유명해진 인물이다. 그는 어떤 사람이 사용하는 단어, 특히 대명사를 보면 그 사람이 나중에 어떻게 행동할지 알 수 있다는 중요한 발견을 했다. 아이가 대학에서 얼마나 공부를 잘할 것인지, 혹은 정치인이 나라를 전쟁으로 이끌지 예측하고 싶은가? 이는 모두 그들이 하는 말에 숨겨져 있다고 그는 주장했다.

페네베이커는 1990년대에 '대명사 치료pronoun therapy'라는 개념을 생각해냈다. 그는 사람들이 말할 때 1인칭 단수 대명사를 얼마나 쓰는지 추적했고 웬만하면 쓰지 말라고 지시했다. 그런데 엇갈린 결과가 나왔다. '나는'을 쓰지 않으려고 너무 신경 쓰다 보니 대화에 제대로 집중하지 못해서였을 것이다.

하지만 이후, 언어에 조금 변화를 주면 사람들이 부정적 감정을 조절하는 데 도움이 된다는 사실을 알아냈다. 하버드대학교 연구에 따르면[3] 환자들에게 대화할 때 '나는' 을 써서 말하는 횟수를 줄이고, 또 이상하게 들리겠지만 현재 시제 동사를 쓰는 횟수도 줄였더니('언어적 거리 두기' 기법) 정신 건강이 좋아졌다. 미시건대학교 연구원들은[4] '거리를 둔 혼잣말' 기법, 즉 자기 자신을 2인칭이나 3인칭, 또는 자신의 이름을 부르며 말을 걸고 '나'와 '나를'이라는 표현을 쓰지 않게 하자 비슷한 효과를 얻었다는 사실을 밝혔다. 미시건대학교 심리학자들은 "사람들이 쓰는 언어에 약간의 변화를 줘서 생각과 감정에 영향을 주는 방식으로 자기 관점을 유연하게 바꾸는 데 활용할 수 있으므로", 사람들이 스트레스 또는 부정적 경험을 이겨내는 걸 돕기 위해 치료사들은 '거리를 둔 혼잣말' 기법을 활용할 수도 있다는 결론을 내렸다.

해당 연구원들은 치료사들이 환자들에게 이 방법을 적용해보길 권하고 있지만 우리도 나름대로 활용해볼 만하다. 사실 '나', '나를', '나의' 같은 단어들을 한 번도 사용하지 않고 말하기는 거의 불가능하다. 하지만 앞서 소개한 '대명사 치료' 요법을 실천하는 셈 치고 하루 동안 그 단어들을 최소한으로 써보는 건 해볼 만하다. 입 닥치고 살겠다는 의지가 굳센 당신은 '언어적 거리 두기' 기법을 실천하면서 말하는 방식과 의도적으로 단어를 선택하는 방식에 대해 생각할 것이다. '나'와 '나를'을 쓰지 않고 나를 2인칭이나 3인칭으로 부르거나 이름을 부르며 혼잣말을 하면 괴상하다는 생각이 들 수도 있다. 하지만 '거리를 둔 혼잣말'은 혼자 있을 때도 연습할 수 있다. 이렇게 해서 얻는 진정한 장점은 당신이 어떻게 말하는지 생각할 수 있을 만큼 말하는 속도를 늦출 수 있다는 점이다.

삼림욕: 숲이 주는 따뜻한 위로

나는 삼림욕을 하러 갈 때 주위에 말하지 않는다. 친구들은 수정 목걸이를 목에 걸고 잠자는 내면을 일깨우며 나무를 꼭 껴안고 숲속에서 신성한 의식을 치르는 걸 별로 내켜 하지 않기 때문이다. 내 계획을 친구들에게 말하면 무슨 말을 들을지 안 봐도 뻔했다. "다음엔 뭘 할 거야? 뉴에이지 음악을 들을 거야? 설마 주술사를 찾아가진 않겠지? 채식주의자가 될 거야? 샌들 신고 다닐 거야?" 샌프란시스코에 사는 기술 전문가 친구에게 내 계획을 말하자 친구는 어처구니없다는 듯 크게 웃었다.

나를 안내할 사람은 토드 린치였다. 그는 친절하고 조용조용 말하는 50대 남자로, 조경사 겸 예술가다. 우리는 버크셔 숲으로 들어가는 입구 근처 주차장에서 만나 함께 숲으로 향했다. 나는 미국에서 인증받은 삼림욕 가이드 수백 명을 소개한 웹사이트를 보다가 토드를 알게 되었다. 몇 시간 동안 아름다운 자연에 흠뻑 빠져들어 지나친 수다 때문에 생긴 고통을 누그러뜨리길 바랐다. 숲속에서 세 시간 동안 입 닥치고 있을 수 있다면 평생 그렇게 살고 싶었다.

삼림욕은 일본에서 시작되었는데, 1980년대 초 의사들은 과로에 시달린 도시 사람들이 심장마비로 쓰러지는 문제를 해결할 방법을 찾기 시작했고 숲속을 걸어 다니자는 아이디어를 생각해냈다. 이후 일본은 전국에 삼림욕 코스를 수백 곳이나 만들었다. 일본인들은 삼림욕을 상당히 효과가 있는 치료법으로 여긴다. 일본정부관광국 웹사이트에는[5] 한 섹션 전체가 삼림욕 소개와 삼림욕이 처음 시작된 아카사와 숲처럼 어디서 삼림욕을 즐길 수 있는지에 관한 내용을 담고 있다. 가장 멋진 삼림욕 코스는 기이반도 숲속[6] 성지를 거치는 트레킹으로, 신사에서 수도승처럼 지내며 하룻밤 묵을 수 있다.

삼림욕의 대부로 불리는 킹 리 박사는 일본의 의과대학 교수다. 그는 지난 20년간 삼림욕을 연구했고 삼림욕의 효과를 증명해 정량화하고 측정할 수 있게 했다. 그는 나무들이 벌레와 박테리아를 막기 위해 피톤치드라는 천연 오일을 뿜어내므로 삼림욕이 건강에 좋다고 주장한다. 피톤치드는 독특한 향이 있다. 편백나무와 유칼립투스, 소나무 향이 어떤지 생각해보라. 연구 결과, 그는 피톤치드가 우리 몸에서 항암 단백질을 증가시키고 바이러스와 종양 같은 침입자를 물리치는 자연살해natural killer: NK세포가 늘어나게 한다는 사실을 발견했다. 그리고 자연살해세포 수를 많이 유지하기 위해서는 삼림욕을 한 달에 한 번 하면 충분하다고 주장했다.

킹 리 박사는 어떤 연구에서 두 시간씩 삼림욕을 한 사람들은 수면 시간이 15퍼센트 증가했다는 사실을 알아냈다. 또한 스트레스 호르몬인 코르티솔과 아드레날린 수치가 내려갔고 혈압도 낮아졌으며 에너지가 늘어났고 우울감이 줄어들었다. 일본의 한 연구에 따르면[7] 온종일 삼림욕을 하면 "정신 건강, 특히 우울한 성향이 있는 사람들에게 상당히 긍정적인 효과가 있다"고 한다. 그는 피톤치드의 한 종류인 디-리모넨D-limonene이 항우울제보다 기분 개선에 더 효과적이라고 주장한다. 또한 그의 저서인 《삼림욕》에서 "아름다운 숲속을 산책하는 것만큼 건강에 직접적인 영향을 주는 약은 없다"라고 썼다.

삼림욕의 첫 번째 규칙은 아주…… 천천히…… 걷는 것이다. 토드와 내가 숲속으로 30분 걸어 들어가는 동안 고작 수백 미터 이동했을 것이다. 그다음 우리는 숲속 빈터에 앉아 새가 지저귀는 소리를 듣고 나무 꼭대기가 바람에 이리저리 흔들리는 모습을 바라보는 것 외에는 거의 아무것도 하지 않았다. 정말, 아무 일도 일어나지 않았다. 그런데 그게 핵심이다. 세 시간 뒤 토드와 나는 간단히 차를 마시고 주차장으로 걸어 나와 작별 인사를 했다. 혈압이나 백혈구 수치에 무슨 일이 일어났는지는 모르겠다. 하지만 집에 운전해 가는 동안 기분이 상쾌했고 몸의 감각이 더 선명하게 느껴졌다. 모든 것이 좀 더 생생하게 보였다. 처음으로 안경을 맞춰 쓰자 전에 한 번도 못 봤던 세상을 접하고 놀라워하며 집에 돌아오던 날이 생각났다. 나는 숲에 휴대전화를 들고 가지 않았고 돌아온 후에도 뭐 놓친 건 없는지 확인하는 데도 관심이 없었다. 라디오를 끈 채 피톤치드가 핏줄을 따라 온몸에 퍼지면서 마법 같은 일을 벌이고 새로운 자연살해세포를 빠르게 생성해내는 상상을 하며 아무 말 없이 두 시간 동안 운전해 집으로 돌아갔다.

삼림욕이 신체적, 정서적 행복에 효과가 있다고 증명하는 리의 연구는 침묵이 뇌에 약처럼 작용하여 새로운 신경세포(뉴런)를 생성하도록 돕는 것 같다는 다른 연구 결과와 일치한다.[8] 이러한 '신경조직형성neurogenesis'은 스트레스가 심한 상황에서 회복 탄력성을 더 튼튼하게 키우고[9] 불안감을 줄여준다. 이건 좋은 소식이다. 나쁜 소식은 지금까지 이 연구는 쥐를 대상으로 한 연구에만 적용된다는 사실이다. 쥐는 우리만큼 뇌세포가 많지 않다. 하지만 어떤 과학자들은 그 결과를 활용해 불안으로 고통받고 항우울제가 잘 듣지 않는 사람들을 도와줄 치료법을 만들 수도 있다고 생각한다. 항우울제 대신 우리는 의사가 처방하는 입 닥치기 기법을 시도해볼 수도 있다.

자연에서 시간을 보내면 건강과 행복이 향상된다는 생각은 하버드대학교 생물학자 에드워드 윌슨Edward O Wilson의 생각과 완벽하게 일치했다. 그는 자연을 좋아하고 생물을 사랑하는 마음은 우리가 진화하면서 DNA에 단단히 고정되었으며 태어날 때부터 우리의 심리·생리학적 구성의 한 부분으로 존재한다는 가설을 세웠다. 윌슨은 이것을 '바이오필리아biophilia'라고 부르는데 '생명life'과 '사랑love'을 뜻하는 고대 그리스 단어에서 유래한 단어다. 사람들이 하늘을 날아가는 새들을 바라보고, 귀여운 아기 토끼들을 보면 마음이 녹아내리며, 옐로스톤 국립공원을 달리는 들소 떼를 보며 감탄하고, 사슴이 마당으로 어슬렁거리며 들어오면 창가로 달려가는 이유다. 1,000년 묵은 거대한 삼나무 숲을 걸어가노라면 숨이 막히는 듯한 느낌이 드는 이유이기도 하다. 다른 생물들 역시 동물이든 식물이든 우리 마음속 무엇인가를 끌어당긴다.

비엔나의 인구통계학자 마르크 루이Marc Luy는 1890년부터 현재까지 기록된 바이에른 지방 수도원 문서들을 10년 넘게 샅샅이 뒤지며 연구에 몰두했다(그 역시 수도사처럼 부지런하게 살았던 게 틀림없다). 그의 연구 결과에 따르면 침묵 속에서 살아가는 수도사들은 일반 남성들보다 평균 5년을 더 오래 산다고 한다. "침묵은 (수도사들의) 스트레스를 줄여 준 요인 중 하나인 게 분명합니다." 루이가 내게 말했다. "침묵 하나만으로 모든 현상을 설명할 수는 없겠지요. 하지만 혼자 있을 때, 하느님의 은총을 묵상하며 기도하고 사색하며 살아간다면 그것이야말로 스트레스를 줄이는 중요한 부분입니다."

지난 10년 동안 삼림욕은 전 세계에서 크게 유행했고 인기 많은 사업이 되었다. 핀란드는 2010년 '웰빙 숲길'[10]을 공개했다. 유럽 어디를 가더라도 힘을 불어넣어 준다는 울창한 숲[11]을 찾아볼 수 있으며, 이는 자연을 이용한 건강 증진 관광을 향한 관심이 커지고 있다는 증거다. 유럽은 자연의 치유력을 중요하게 여겨 이러한 사업을 먼저 시작했다. 'Bad(독일어로 목욕이라는 뜻 ─ 옮긴이)'로 시작하는 이름을 가진 독일 온천 마을들을 떠올려보자. 벨기에에 가면 스파Spa라는 이름의 도시도 있다.

미국에서 삼림욕은 코로나19 대유행 기간에 선풍적인 인기를 끌었다고 에이머스 클리퍼드가 말했다. 그는 애리조나주 자연 안내인이자 심리치료사로, 세 시간짜리 삼림욕 프로그램을 개발했다. 그리고 자연과숲치료안내원과프로그램협회ANFT라는 회사를 설립했다. 이 회사는 사람들을 교육해 정식 인증을 받은 삼림욕 안내인을 배출한다. 62개 나라에서 1,700명 이상이 ANFT 인증을 받았고, 그중 2021년에만 거의 400명이 인증받았다. 미국에서 안내인으로 인증받은 사람들은 1,000명이 넘는다. 이들 중에는 의사, 목사, 심리치료사도 있다.

그들은 모두 ANFT 웹사이트에 소개되어 있으며 대부분 자신만의 웹사이트가 있어서 거기서 삼림욕 여행을 예약할 수 있다. 그들은 또한 클리퍼드가 '관계를 회복하는 숲 치료'라고 부르는 세 시간짜리 삼림욕 프로그램을 따른다. 클리퍼드는 우리의 수많은 문제는 우리가 자연과 멀어지면서 우리 자신과도 멀어져 비롯된다고 믿는다. 일본의 삼림욕은 좀 더 과학적인 접근 방식이며 피톤치드의 치료 효과에 초점을 맞추고 있지만 클리퍼드의 프로그램은 좀 더 심리학에 가깝다.

어떤 사람들에게 삼림욕은 숲속에서 편히 쉬면서 머리를 식히는 방법이다. 하지만 숲속에서 어두운 기억과 감정이 떠오르면서 이전과 다른 자신으로 깊이 변화하는 경험을 하는 사람들도 있다. "삼림욕은 한가한 사람들이나 하는 짓이라고 생각하며 찾아오는 사람들이 꼭 있습니다. 그런데 가장 회의적이었던 사람들이 삼림욕을 마치고 눈물을 줄줄 흘리며 돌아오는 걸 보면 신기해요." 클리퍼드가 말했다.

반드시 안내인의 도움을 받을 필요는 없다. 클리퍼드의 책 《삼림욕 안내》와 킹 리의 책 《삼림욕》을 읽어도 많이 배울 수 있다. 킹 리의 책은 삼림욕에 관심이 있으면 꼭 읽어야 할 책이기도 하다. 다음은 킹 리가 한 말이다. "일부러 숲을 찾아갈 필요는 없습니다. 동네 공원에 가도 됩니다."

입 닥치고 머리를 쉬게 하자

디라지 라자람Dhiraj Rajaram은 인도 벵갈루루에 기반을 둔 수십억 달러 규모의 기술 회사인 무 시그마Mu Sigma의 설립자이자 CEO다. 몇 년 전 라자람은 무 시그마 직원 4,000명에게 오전 10시 30분과 오후 3시 30분에 30분 동안 쉬되, 책상과 컴퓨터, 스마트폰에서 멀리 떨어져 아무 말도 하지 않도록 했다. 문자 메시지를 보내고 이메일을 확인하거나 트위터를 보는 일도 금지했다. "휴식할 때는 아무 소리도 나지 않게 했을 뿐만 아니라 화면으로 뭘 보는 것도 못 하게 했습니다." 라자람이 설명했다. 그는 이런 방식으로 직원들을 쉬게 하면 창의력을 더 발휘하고 훨씬 더 생산적으로 바뀐다고 믿는다. 직원들이 책상에 앉아 일하는 시간이 한 시간씩 줄어들지만 "그들은 나머지 시간을 더 잘 활용합니다".

무 시그마는 수학자들과 컴퓨터 과학자들의 독창성과 창의성에 의존해 〈포춘〉 선정 500대 기업이 대부분인 고객사들이 더 나은 결정을 하도록 막대한 양의 데이터를 분석하는 방법을 새롭게 찾아내야 한다. 이 회사는 자신을 '부분적으로는 디자인실, 부분적으로는 연구소'로 설명하고, 데이터 분석가들을 '결정 과학자'라고 부른다.

공학을 전공한 라자람은 위파사나 명상을 하며 자신을 사업가만큼이나 철학자로 여긴다. 그는 정보 과부하가 우리 모두를 약간 미치게 만든다고 믿는다. "말을 너무 많이 하는 것만이 문제가 아닙니다. 정보가 너무 많이 제공되어 무엇이 잡음이고 신호인지 모른다는 게 문제입니다."

소셜 미디어는 우리에게 새로운 자아를 만들도록 강요하고 진정한 자아로부터 우리를 단절시킨다. 그러면 창의성을 발휘하는 데 방해가 될 수밖에 없다. 라자람이 말했다. "창의성은 자신과 진정한 관계를 맺고 있을 때 많이 나옵니다. 우린 우리 자신과 단절되어서 문제입니다. 이 사회가 뒤

집어씌우는 가식적인 모습에 겹겹이 묻히고 맙니다. 다른 사람들을 기분 좋게 해주려고 페이스북과 인스타그램, 링크트인에 붙어 있습니다.”

이렇게 라자람이 기획했던 휴식 시간 동안 침묵하기 정책은 코로나19로 직원들이 모두 재택근무를 하게 되자 보류되었다. 하지만 그는 우리가 그 어느 때보다도 지금, 고요한 가운데 침묵을 지켜야 한다고 믿는다. 세계가 더욱 시끄러워지면서 우리는 위기라는 벼랑 끝으로 내몰리고 있다. “우리가 해결해야 할 가장 큰 문제는 정신 건강인 시대로 접어들고 있습니다”라고 그는 말했다.

치료 요법으로서의 명상

잭 도시는 세계에서 가장 창의적인 사업가 중 하나다. 그는 지난 20년 동안 설립된 일류 기술 회사 중 두 회사를 설립했다. 첫 번째는 가장 중요하고 영향력 있는 소셜 네트워크인 트위터다. 대부분의 사람들에게는 평생 살면서 그 정도 성과만 이뤄도 충분하지만 트위터를 창업한 지 몇 년 뒤에 도시는 스퀘어Square를 공동 창업했다. 스퀘어는 어디서나 볼 수 있는 자그마한 신용카드 리더기를 제작하는 회사다. 그는 스퀘어로 훨씬 더 큰 성공을 거두었다. 두 회사의 기업가치는 모두 합쳐 1,000억 달러 이상이며 도시는 몇 년 동안 두 회사의 CEO를 동시에 맡기도 했다. 하지만 그것조차도 도시의 끊임없는 상상력을 만족시킬 수 없었다. 이제 그는 비트코인과 블록체인 기술이라는 기술 산업계의 차세대 흐름에 뛰어들어 새로운 사업 기회를 찾고 있다.

도시가 이런 성과를 낼 수 있었던 이유는 그가 언제 어떻게 입 닥쳐야 하는지 알고 있었기 때문이다. 그는 매일 하루의 시작을 30분 명상으로 시작한다. 약 8킬로미터를 걸어 출근하는데 보통 아무 말도 하지 않고 한 시간 조금 넘게 걷는다. 그리고 정말 재미있게 놀고 싶으면 외딴곳으로 여행을 떠나 열흘 동안 아무 말 없이 위파사나 명상(라자람도 즐기는 명상)을 하며 보낸다. 도시는 이것이 창의성의 비결이라고 주장했다.

과학자들은 명상이 사람들을 좀 더 창의적으로 만들어준다고 말한다. 다른 장점도 있다. 예를 들어, 명상 수행이 익숙한 불교계 승려들은[12] 정신 건강 상태가 더 좋다. 명상은 뇌 구조를 (좋은 쪽으로) 변화시키고[13] 나이가 들면서 발생하는 뇌 수축을 늦춰서 오랫동안 젊음을 누릴 수 있게 한다. 존스 홉킨스 병원 의사들은[14] 명상이 항우울제 효과가 있을 뿐만 아니라 부작용 없이 불안과 우울증을 줄여준다고 발표했다.

명상은 당신의 뇌를 당장 아무것도 할 일이 없는 '기본 모드'로 바꿔놓는다. 그러면 뇌는 빈둥거리면서 뭔가 할 일을 찾는다. 어떤 자극이나 과제를 찾으려 노력하면 뇌의 인지 능력이 개선된다.[15] 그리고 쇼핑몰 밖의 대형 주차장 어디에 차를 주차했는지와 같이 사소한 것들을 더 잘 기억하고 미래에 대해 더 잘 생각할 수 있게 한다. 그렇게 미래를 고민하면 수억 명의 사람들이 세상 소식을 실시간으로 추적할 수 있는 네트워크나 택시 운전사, 자영업자 들이 아이패드로 신용카드 결제를 할 수 있게 하는 시스템처럼 누구도 전혀 상상하지 못했던 것들에 관한 아이디어를 도시가 어떻게 계속 생각해내는지 알 수 있다.

도시는 위파사나 명상을 하느라 열흘 동안 자리를 비웠다가 돌아와서는 트위터에서 실컷 떠들어댄다. 그의 행동은 기술 업계에서 일하는 수많은 동료가 그들도 억만장자가 되기를 바라며 도시처럼 한번 해보자는 영감을 주는 계기가 되었다. 하지만 대부분 열흘도 가지 못하고[16] 하루나 이틀만에 그만둔다. 스마트폰과 노트북을 포기하기 어렵다. 게다가 위파사나 명상은 긴장을 풀어주지 않는다. 몇 시간씩 연꽃 자세로 다리를 꼬고 꼼짝없이 앉아 있으면 고통은 상상을 초월한다. 하지만 그 고통은 명상 과정의 일부다.

위파사나 명상 센터는 미국에 25곳이 있으며 전 세계에는 362곳이 있다. 온갖 명상 센터들이 여기저기 불쑥 생겨나고 대기 명단이 긴 곳도 있다. 비전 퀘스트Vision quest(일정 기간 숲속에서 지내는 프로그램 – 옮긴이)는 이미 대세가 되었으므로 〈인코퍼레이티드〉 잡지는 미래 기업가들에게 이 프로그램에 참여하라고 광고한다. 명상 앱이 10억 달러 규모의 사업으로 성장한[17] 이유는 코로나19로 인한 스트레스 때문이기도 하다. 명상 앱은 2015년 이후 2,500개 이상 출시되었다.[18] 인기 있는 명상 앱 캄Calm은 음악과 후드득후드득 떨어지는 빗소리 같은 소리를 제공하며 편안하게 잠들도록 이야기를 들려주기도 한다. 헤드스페이스Headspace라는 또 다른 앱은 창의력 향상이나 좀 더 참을성 갖기와 같은 특정 목표에 맞게 프로그램을 조정할 수 있다.

사람들은 여기저기서 입을 다물고 있다. 잭 도시처럼 시끄러운 세상에서 벗어나 쉬어야만 일할 능력을 개선할 수 있다고 믿는다.

입 닥치는 다섯 가지 방법 적용하기

나는 입 닥치는 다섯 가지 방법을 운동처럼 생각한다. 달리거나 헬스장에서 운동하거나 요가 하는 것과 마찬가지다. 매일 연습해야 한다. 일단 습관이 되면 쉽다. 속도를 늦추고, 목적을 갖고 말하며, 다른 사람들이 말하게 하고, 좋은 질문을 하며, 사람들의 대답에 귀를 기울이는 게 전부다. 헬스장에서 운동하듯이 당신은 자신을 더 건강하고 행복하게 해줄 운동을 하고 있다.

'가능하면 아무 말도 하지 말라'는 입 닥치는 다섯 가지 방법 중 가장 강력한 방법이다. 오늘 할 대화 중에서 특정 대화를 선택한 뒤 아무 말도 하지 않도록 집중하자. 그렇게 해도 당신은 무례하지 않으며 예의 바르게 행동하고 있다. 이 연습은 낯선 사람들과 하는 편이 더 쉽다. 처음 보는 웨이터를 붙잡고 대화하지 않도록 하자. 우버 기사가 늘어놓는 인생 교훈을 배우려 들지 말자. 바쁜 바리스타가 자기 일을 하게 하자. 줌 회의는 아무 말도 하지 않는 법을 연습할 수 있는 좋은 기회다.

'그건 질문일까?'라고 마음속으로 질문하며 잡담 시간을 줄이자. 심부름을 하거나 미용실 예약을 할 때 질문을 받았을 때만 말하고 질문을 받으면 가능한 한 간단하게 답하도록 마음을 단단히 먹자. 난 누구를 만나든 잡담을 즐기는 버릇이 있다. 식료품점에서 계산하거나 헬스장에 들어갈 때 우연히 나와 같은 곳에 있던 사람들은 불쌍하게도 만

만한 대화 상대가 된다. 그리고 나는 "네"라고 대답하면 되는데 내가 왜, 어떻게 그 결정을 내렸는지까지 덧붙여 언제 끝날지 모를 기나긴 연설로 끝내는 버릇이 있다. '그건 질문일까?'라고 속으로 묻자 이 충동을 억제하는 데 정말 도움이 되었다. 위험 부담이 낮은 상황에서 연습해두면 직장처럼 정말 중요한 장소에서 그 방법을 효과적으로 활용하는 데 도움이 된다.

대화 중 침묵하는 시간을 허용해 일시 정지의 힘을 터득하자. 처음에는 어색하다. 당신은 아무도 말하지 않는 그 시간을 빨리 채우고 싶어 무슨 말이든 내뱉고 싶을 것이다. 하지만 시간이 흐르면서 그 시간을 넘기기가 쉬워진다. 일시 정지는 정서적, 신체적 행복의 핵심인 '의미 있고 실질적인 대화'를 하는 데 큰 부분을 차지한다. 말하기 전에 숨을 들이쉬고 두 박자 기다리자.

침묵을 추구하면 마음은 더 차분해지고 상쾌해진다. 기운이 더욱 넘치고 창의력이 샘솟는다. 마이크로소프트 공동 창업자 빌 게이츠는 1년에 두 번 '사색하는 일주일'을 보내기 위해 숲속 오두막집으로 향한다. 그곳에서 전자 기기를 끊고 책과 연구 논문을 읽는다. 전화와 컴퓨터, 음악을 잠깐 멀리하기만 해도 뇌를 새롭게 충전할 수 있다. 어떤 문제를 해결하려고 머리를 쥐어짜고 있다면 일어나 밖으로 걸어 나가자. 그 문제에 대해 생각하지 말자. 산책하자. 삼림욕을 예약하자. 가만히 앉아서 마음이 자유롭게 떠다니게 하자. 침묵하면 새로운 뇌세포가 자란다고 밝힌 여러 연구 결과들을 떠올리자. 눈을 감고 뉴런들이 살아나는 걸 느끼자.

따분할 수도 있다. 그렇다면 잘 됐다. 지루함을 느끼는 것은 우주가 우리에게 준 선물이다. 당신은 시간을 낭비하는 게 아니다. 기회를 붙잡고 있다. 철학자 버트런드 러셀 Bertrand Russell은 '결실을 내는 지루함'은 창의력의 원천이라고 믿었다. 그는 "지루함을 참을 수 없는 세대는…… 생명을 유지하려는 모든 충동이 꽃병에 담긴 꽃처럼 천천히 시들어가는 세대가 될 것이다"라는 글을 남겼다.

러셀은 뭔가 대단한 걸 발견했을 수도 있다. 연구원들은 지루한 일을 하면 사람들이 더 창의적으로 변한다는 사실을 알아냈다. 뇌는 지루해지면 할 일을 찾으려 하기 때문이다. 뇌는 불만족스러우면 검색 모드로 전환한다. 스마트폰 덕분에 우리는 지루할 틈이 없다. 우리를 방해하는 것들은 항상 있다. 하지만 그것들은 생산적이지 않다. 우리 뇌는 알맹이 없는 활동에 몰두하며 상상의 나래를 펼치거나 창의적인 생각을 할 여지를 남기지 않는다.

또 다른 아이디어가 있다. 대화 일지를 작성하는 것이다. 다이어트를 하는 사람들은 그날 먹은 음식을 모두 기록한다. 입 닥치기를 실천하는 사람들도 그와 비슷하게 할 수 있다. 하루를 마칠 무렵, 그날 나눈 대화가 어땠는지 되돌아보는 시간을 갖는 것이다. 의미 있는 대화는 몇 번이었는가? 상대방의 말에 얼마나 자주 귀 기울여 들었는가? 만족스러운 대화를 나누었는가? 그렇다면 어떻게 해서 가능했는가? 대화를 기록하다보면 당신이 만들고자 하는 습관을 강화할 수 있을 것이다.

이렇게 하려면 할 일이 많을 것 같지만 헬스장에서 운동하는 것과 비슷하다. 그리고 입 닥치고 살면서 얻는 보상은 식스팩 복근보다 더 쉽게 얻을 수 있다. 당신은 더 행복하고 차분해지며 자신을 통제할 수 있을 것이다. 낙관적으로 생각하고 불안감이 줄어들 것이다. 잠도 푹 잘 수 있을 것이다. 벌컥 화를 내고 현실을 더 부정적으로 보는 것도 줄어들지도 모른다.

뇌세포가 새로 만들어지고 면역 체계가 더 튼튼해지며 심장병에 걸릴 가능성이 감소하는 등의 신체적 장점은 쉽게 나타나지는 않는다. 하지만 나는 과학의 힘을 신뢰하고 믿어보기로 했다.

6장

직장에서
입 닥치기

사업이 바뀌고 있다. 일도 변하고 있다. 옛날 방식으로 사업하던 회사들은 시끄러웠다. 광고를 하고 슬로건을 만들고 메시지를 전 세계에 뿌렸다. 당시에는 시끌벅적 떠들고 자랑하며 경쟁업체를 헐뜯고 헛소리를 남발했다. 그리고 고객들로부터 관심을 받겠다고 펄쩍펄쩍 뛰고 팔을 마구 흔들며 고함을 질러대는 일이 사업에서 가장 중요했다. 직원들도 마찬가지였다. 자기만의 브랜드를 구축하고 자기 재능을 상사와 온 세상에 널리 알리며 소셜 미디어에서 관심을 갈구했다.

새로운 사업이 등장하면서 판을 뒤집었다. 이제는 고객들에게 메시지를 퍼부으며 제품을 사라고 설득하지 않는다. 대신 고객의 말에 귀를 기울이고 고객에게 무엇이 필요한지 알아낸다. 제품 개발을 할 때는 협업을 통해 반복해서 실험하면서 빠르게 실패하고 실수하면서 배우는 일이 중요하다.

이러한 새로운 사업 방식은 상품 판매에서 서비스 판매로 전환하면서 부분적으로 추진되고 있다. 상품이 기반이었던 세상에서는 먼저 무엇인가를 만든 다음에 그 상품을 살 고객을 찾았다. 서비스 중심 경제에서는 먼저 고객을 찾은 다음, 고객의 문제를 해결할 솔루션을 만든다. 이 방식을 '고객에서 시작하여 거꾸로 작업하기'라고 부른다.

모든 것이 서비스가 되고 있다. 소프트웨어와 컴퓨팅 파워, 스토리지는 서비스로 판매된다. 자동차 제조사들은 한때 자동차를 만들어 파는 게 전부였다면 이제는 자동차가 아니라 운송수단을 판매한다. 두 가지는 완전히 다른 얘기다. 서비스 운송 업계에서 자동차는 바퀴 달린 컴퓨터다. '쇳덩어리를 움직이게' 하는 데서 돈을 벌지 않는다. 차량의 디지털 계기판으로 전달되는 소프트웨어와 서비스를 판매해 돈을 번다. 제트 엔진과 풍력 발전 터빈을 만드는 대기업인 제너럴 일렉트릭 General Electric 은 자신을 '서비스' 회사라 부른다.[1]

서비스에는 겸손함이 필요하며 모든 걸 서비스로 여기는 경제 체제에서는 새로운 유형의 리더가 필요하다. 과거의 보스는 해군 신병훈련소 훈련 교관처럼 고래고래 소리를 질러대는 대장, 모르는 게 없다고 자신하는 총사령관 같은 사람이었다. 이제 우리는 겸손한 리더, 조용한 리더, 질문을 많이 하고 사람들을 이끄는 리더, 한마디로 입 닥치는 리더를 원하는 시대에 살고 있다. MIT 리더십 센터장인 핼 그레거슨은[2] 200명의 CEO를 인터뷰했고 그 결과, 그가 만든 용어인 'CEO 거품the CEO bubble' 안에 편히 자리 잡고 지내는 CEO들이 많다는 사실을 알아냈다. CEO 거품 안에서는 좋은 소식만 들리고 앞으로 닥칠 문제를 예상하지 못한다. 하지만 애플의 창업자이자 CEO인 스티브 잡스, 아마존 설립자이자 회장인 제프 베이조스Jeff Bezos 같은 훌륭한 혁신가들은 언제 입 닥치고 질문해야 하는지 알고 있다. 그들은 스스로 CEO 거품을 터뜨리고 나온다. 그레거슨은 비즈니스 리더들이 24시간마다 4분씩[3] 질문해야 한다는 4-24 프로젝트를 기획했다. 이렇게 하면 1년 중 하루를 꼬박 질문하는 셈이다. 인공지능과 머신 러닝이 주도하는 세상에서, 시스템을 운영하는 인간보다 시스템이 더 똑똑한 세상에서 뭐든 다 아는 척하는 리더들은 종이 명함을 정리하는 파일만큼 우스꽝스럽고 시대에 뒤떨어져 보인다.

입 닥치는 리더들은 방송 수신 안테나이지 송출 안테나가 아니다. 그들은 자신이 말하는 것보다 다른 사람들의 말을 더 많이 듣는다. 또한 자신이 뭘 모르는지 잘 알고 있으며 정보를 흡수하고 경쟁자들보다 더 빨리 적응하고 대응해 이긴다. 상대방의 말을 잘 듣지 않는 것은 수다 떨기의 이면이며 그만큼 치명적인 결과를 가져온다.

제품 개발에도 입 닥쳐야 한다

지난 10년 동안 린 방법론the Lean methodology을 도입한 회사들이 많다. 린 방법론은 다른 사람들의 말에 귀 기울여 듣는 것을 가장 중요하게 여기는 신제품 디자인 방법이다. 만들고 측정하고 학습하는 순환 과정을 활용해 '최소한의 기능만 갖춘 제품'을 만들고 고객의 피드백을 들은 다음, 피드백을 활용해 그 제품의 다음 버전을 만든다. 여기서 핵심은 귀 기울여 듣는 것이다. 이는 끊임없이 이루어져야 한다. 린 방법론의 세계에서 완성품은 없다. 모든 상품은 출시된 후에도 끊임없이 개량되고 개선되며 변화하는 고객 요구사항에 대응하기 위해 새로운 기능을 추가한다. 모든 것은 미완성 제품이다.

샌프란시스코의 소프트웨어 회사인 트윌리오Twilio는 매주 소프트웨어를 업데이트한다. 이 회사는 고객의 말을 잘 듣는 것을 '현장에 가서 얼굴을 보인다'라고 표현한다. 엔지니어들을 고객에게 보내 그들이 어떻게 일하는지 관찰하게 한다. 트윌리오의 모든 회의실에는 고객이 보내온 신발이 한 켤레씩 걸려 있는데 '고객 입장에서 생각해야' 한다고 직원들에게 지속적으로 알려주기 위해서다.

네덜란드의 모바일 뱅킹 회사인 벙크Bunq는 고객 서비스 부서에서 아이디어를 많이 얻는다. 고객 서비스 담당자들은 고객들의 문제를 해결한 다음, 소프트웨어 개발자들에게 변경하거나 추가해야 할 사항을 알린다. 벙크의 소프트웨어 개발자들은 몇 주마다 한 번씩 근처 기차역에 가서 사람들에게 프로토타입을 보여준 뒤 의견을 요청한다. 벙크는 매주 앱을 업데이트하면서 보통 두세 가지 작은 변경사항을 반영하지만 가끔 새롭고 큰 기능을 추가하기도 한다. 벙크 앱은 끊임없이 변경된다.

테슬라도 마찬가지다. 당신이 지난달에 산 차는 오늘 운전하고 있는 차가 아니며 다음 달에 운전할 차 역시 오늘 운전하고 있는 차가 아닐 것이다. 테슬라는 몇 년 뒤 새로운 모델을 내놓을 때까지 기다리기보다 차량 소프트웨어를 끊임없이 무선 업데이트해서 늘 새로운 기능을 추가하기 때문이다. 어떻게 보면 완성된 테슬라 차량 같은 것은 없다. 테슬라는 차량에서 데이터를 추출하고 고객의 소리에 '귀를 기울여' 어떤 새로운 기능을 추가해야 할지 파악한다.

테슬라는 또한 마케팅과 광고에 한 푼도 쓰지 않고 그 비용을 연구개발에 투입해" 입 닥치기 기법을 실천하고 있다.

2020년 테슬라 CEO 일론 머스크는 홍보팀을 없앴다.[5] 홍보팀이 돈만 낭비한다고 생각했기 때문이다. 사람들 눈에 비친 머스크는 아주 불쾌한 떠버리이자 트위터에 푹 빠진 불량배지만 어떤 사람들은 그가 엔지니어들을 모아 피드백을 구하고 제품 개발에 관해 이야기할 때는 상대방의 말을 주의 깊게 잘 듣는다고 말한다. "일론 머스크에게 진지한 질문을 하면 그는 그 질문을 깊이 생각하며 무아지경에 빠져들 겁니다. 멍하니 허공을 응시하며 깊은 생각에 잠긴 걸 알 수 있어요. 자신의 굉장한 지적 능력을 이 한 가지 질문에 모두 집중하는 거죠." 머스크 소유의 다른 회사 중 하나인 스페이스엑스SpaceX의 엔지니어[6] 개릿 레이즈먼Garrett Reisman이 말했다.

떠들썩하게 광고를 하지 않아도 항상 잘 듣고 변화하겠다는 테슬라의 사업 방식은 자동차 산업에 근본적인 도전장을 던졌고 금융과 의료, 소매업을 비롯한 모든 산업도 같은 도전을 맞이하고 있다. 끊임없이 반복되는 세상에서 고객의 말에 귀를 기울이고 피드백을 활용하는 능력은 성공하려면 반드시 갖춰야 하는 기술이며 머스크를 세계 최고의 갑부로 만들었다.

새로운 사업 세계에서 리더십을 정의하는 유연한 기술과 겸손한 태도는 고위급 리더에서 중간 관리자, 일반 직원에 이르기까지 사업의 모든 역할과 부분에 꼭 필요하다. 성공하려면 더 적게 말하고, 더 많이 듣고, 분명한 목적을 가지고 말하며, 좋은 질문을 해야 한다. 고정된 기술은 한평생한 가지 일만 하는 세상에서는 매우 중요했지만 은퇴하기전에 10여 개 이상의 직업을 거칠 당신이 사는 세상에서는그만큼 중요하지 않다. 새로운 세상에서는 잘 듣고 배우는일이 가장 중요하다.

영업에도 입 닥쳐야 한다

영업은 한때 누가 더 힘이 있는지 겨루는 경쟁이었을지도모른다. 성공한 영업 담당자들은 입이 가볍고 넉살 좋은 사람들이었다. 그들은 고객들과 술을 마시고 식사하며 고객들이 원하지 않거나 필요하지 않은 것을 말로 꾀거나 강요하다시피 해서 사게 했다. 오늘날 영업은 말하기보다 듣기가 더 중요하다. 최고의 판매실적을 자랑하는 영업 담당자들은 고객에게 질문하고 문제를 정의하며 그 문제를 해결할 방법을 생각해낸다.

공Gong이라는 회사는 어떤 방식이 효과가 있고 없는지 알아내기 위해 머신 러닝 소프트웨어를 활용해 구매 권유 통화를 분석한다. 이 소프트웨어는 수백만 시간 분량의 통화 데이터를 분석해 우수한 실적을 거둔 영업 담당자가 어떻게 구매를 권유하는지 알아낸다. 공의 고객사들은 이 정보를 이용해 신입 영업 담당자들을 교육하고 실적 나쁜 담당자들이 영업 역량을 향상하도록 돕는다.

2017년, 공은 50만 건 이상의 통화 내용를 분석했고 판매에 열을 올리는 통화 대신, 입 닥치고 고객에게 잘 질문하는 담당자들의 판매 성사율이 가장 높다는 사실을 알아냈다. 더 정확히 말하면 영업력이 매우 뛰어난 담당자들은 고객에게 11번에서 14번 질문한다. 그보다 더 적게 질문하면 열정이 부족하다는 뜻이며 더 많이 질문하면 고객은 자신이 심문당한다고 느낀다.[7]

머신 러닝으로 분석한 결과, 통화 중에 영업 담당자가 고객에게 가끔 질문하고 고객이 해결해야 할 특정 문제들을 서너 개(이보다 더 많거나 적으면 안 된다) 파악하면 최고의 결과를 얻는다는 사실이 밝혀졌다. 실적이 가장 좋은 영업 담당자들은 통화 시간의 54퍼센트 동안 상대방의 말을 잘 듣고 46퍼센트 동안 자신이 말했다. 실적이 가장 나쁜 담당자들은 통화 시간의 72퍼센트가량을 혼자 말했다.

영업에서도 입 닥치기가 중요한 시대다. 말만 번지르르하고 밀어붙이기식으로 구매를 강요하는 사람들은 잘 해낼 수 없다.

고객 서비스도 입 닥쳐야 한다

사람들은 보통 일생에서 43일 동안[8] 아무것도 하지 못하고 대기 상태로 보낸다. 대략 한 달 반 정도다. 왜 그럴까? 앞에 있는 사람들이 입 닥치지 않기 때문이다. 고객 서비스 업계 전문가인 마이라 골든Myra Golden에 따르면 상담 통화 시간은 전화를 끊어야 할 때보다 평균적으로 2분 더 길어진다고 한다. 그렇게 낭비되는 시간은 계속 늘어난다. 골든은 코카콜라, 맥도날드, 월마트 같은 대기업 콜센터 직원들에게 고객들이 입 닥치게 해서 잃어버린 시간을 되찾는 방법을 교육한다. 골든의 말에 의하면 전화 건 고객들이 말을 조금만 하게 하려면 콜센터 직원들부터 입 닥치는 법을 터득해야 한다는 것이다. 화난 고객과 말싸움을 벌이거나, 가족 얘기를 꺼내고 싶어 하거나, 당신에게 오늘 기분이 어떤지 묻는 친절한 고객들과 대화하고 싶은 충동을 참자. 이 두 가지 유형, 즉 소리 지르는 고객과 수다쟁이 고객은 시간을 낭비하게 한다. 둘 다 억지로라도 입을 다물게 해야 한다. 골든이 제시한 친절한 고객을 입 다물게 할 방법을 소개하겠다.

그들에게 빈틈없이 깍듯하게 대하고 짧게 대답하며 얘기가 딴 데로 새면 고객에게 지금 해결해야 할 문제를 계속 말하게끔 이끌어야 한다. 최대한 말을 줄이고 정보를 너무 많이 제공하지 않아야 한다. "잘 지냅니다. 물어봐 주셔서 감사합니다. 무슨 일이시죠? 무엇을 도와드릴까요?"

화난 고객들은 통화 중에 거짓말하거나 상황을 부풀린다. "통화 대기 상태로 30분이나 기다렸다고요!" 4분 대기했던 남자 고객이 화를 버럭 낸다. 그래도 그냥 넘어가자. 고객과 토론을 벌이거나 말싸움에 휘말리지 말자. 고객이 분통을 터뜨리는 듯싶으면 그렇게 하게 두자. 30초 정도 지나면 사람들 대부분은 자연스럽게 화가 가라앉는다고 골든이 말한다. 바로 그때 고객과 상담 중이었던 주제와 관련된 짧고 간결한 질문 세 가지를 던져서 대화의 주도권을 잡는다. "임대계약번호가 무엇인가요?", "송장 번호가 무엇인가요?", "계약서 날짜가 며칠인가요?" 어떤 질문이든 상관없다. 감정이 아닌 사실에 근거한 세 가지 짧은 대답을 하게 만들면 고객을 진정시키고 입 닥치게 할 수 있다. 일단 대화를 주도하면 고객의 문제를 해결하고 다음 상담 전화로 넘어갈 수 있다. 이 과정을 잘 해내는 기술은 감정을 조절하며⁹ 어떤 의도를 갖고 말하는 방법, 즉 입 닥치는 방법을 잘 알아두는 데서 시작한다. 그건 그렇고, 당신이 서비스나

도움이 필요해 전화하는 고객 입장일 때도 마찬가지다. 간결하게 말하고 분통을 터뜨리지 말고 무엇을 원하는지 정확히 알고 있으면 더 나은 상담을 할 수 있다. 그러면 통화 대기 중에 흘러나오는 음악을 어쩔 수 없이 들으며 부글부글 화가 끓어올랐던 43일이라는 시간 중 며칠이라도 되찾는 데 도움이 될 것이다.

입 닥치기는 훌륭한 협상 도구다

대화가 잠시 중단되면 사람들은 마음이 편치 않다. 금방 불편해진다. 네덜란드의 한 연구팀은 사람들이 '고통스럽고 두려우며 상처받고 거부당했다'라고 느끼기 시작하는 데 4초밖에 걸리지 않는다는 사실을 알아냈다. 그 고통과 불편함 때문에 침묵은 강력한 협상 무기가 된다. 런던에서 영업 및 협상 컨설턴트로 일하는 개빈 프레스만Gavin Presman이 말한다. "어떤 일이 일어날지 말해주지 않으면 전 그게 뭔지 알고 싶어 안절부절못할 겁니다."

프레스만은 어떤 이탈리아 대기업 임원이 겪은 일을 들려줬다. 그 임원은 아랍 에미리트의 한 부족장에게 자신의 회사가 현지 시장에 독점 진출하게 해달라고 설득하고 있었다. 프레스만이 말했다. "이탈리아에서 온 임원이 '좋습니다. 이렇게 거래하시죠'라고 말했습니다. 그런데 부족장은 이렇게 답했습니다. '마음에 들지 않소.' 그 말을 듣자 이탈리아 임원은 대답하지 않았습니다. 그냥 앉아 있었습니다. 25분이나 그대로 앉아 있었죠. 저도 답답해 죽을 지경이었지만 차분한 표정으로 앉아 있었습니다. 마침내 부족장이 말했습니다. '알겠소. 당신과 거래하겠소.'"

원할 때 대화를 중단했다가 다시 시작하는 힘을 터득하면 연봉을 올릴 수도 있다. 사실 구직자들은 연봉 협상을 할 때 '입 닥칠 줄 몰라서' 가장 큰 실수를 저지른다고 케이트 도너번은 말했다. 그녀는 보스턴에서 동등한 급여 협상 Equal Pay Negotiations이라는 컨설팅 회사를 운영하고 있다. 이 컨설팅 회사는 사람들, 특히 여성들이 부당한 대우를 받지 않도록 도와주는 일이 목표다. 도너번이 하는 코칭의 상당 부분은 구직자들이 협상에서 유리한 위치에 서도록 침묵을 활용하는 법을 가르치는 것이다. 쉬운 일은 아니다. 사람들 대부분은 대화가 오랫동안 중단되면 어색해하고 불편해하기 때문이다.

"우린 침묵을 싫어해요. 침묵을 말로 채워야 한다고 생각하죠." 어느 날 밤, 보스턴 시포트 근처에서 함께 식사하던 중 도너번이 말했다. 침묵에 굴복한다면 이미 진 것이다. 사람들은 침묵을 견디지 못하고 자신에게 불리한 조건으로 협상하고 만다. 도너번은 흔하게 벌어지는 이런 상황을 이렇게 설명한다. 채용 담당자는 구직자에게 채용 조건을 제안한 뒤 침묵한다. 구직자는 제안 내용에 실망하지만 채용 담당자가 아무런 말이 없으므로 불안해서 그 제안을 받아들일 이유를 만든다. 채용 담당자가 해야 할 일을 구직자가 대신하는 셈이다. 구직자는 별로 좋지 않은 조건의 제안을 받아들여야 하는 이유를 마음속으로 모두 나열한다. 출퇴근이 더 편하다. 성장할 여지가 있다. 새로운 기술을 배울 기회다. 이력서에 쓰면 뭔가 그럴듯해 보일 것이다. "이런 일은 아주 많아요. 저는 불리한 조건으로 협상하지 말라고 가르쳐요. 사람들에게 입 닥치라고 하면 해결될 가장 중요한 문제죠."

도너번은 마땅히 받아야 할 것을 어떻게 받아내는지 한 가지 사례를 알려줬다. 그녀는 직장 생활 초기에 새로운 일자리를 제안받아 급여를 협상하고 있었다. 담당 부사장은 흔히 볼 수 있는 협상 기술인 마감 시간을 정해 사람 마음을 조급하게 만드는 전략을 썼다. 그는 금요일 오후 4시에 미팅 시간을 잡았다. 이는 인사팀이 전형적으로 쓰는 압박 조치다. 그리고 그녀에게 급여를 제안한 뒤 "오늘 중으로 답변 주세요"라고 덧붙였다. 도너번은 제안을 잘 생각해

보고 다음 주에 다시 연락하겠다고 말했다. 그리고 (이게 핵심이다) 자리에서 일어나지 않았다. 계속 앉아 있었다. 아무 말 없이 가만히 있다 보니 불편해졌다. 하지만 굴복하지 않기로 굳게 마음먹었다. 마침내 부사장이 무너졌다. 그는 급여를 올렸지만 지금 당장 답을 줘야만 유효하다고 다시 제안했다. 도너번은 "감사합니다. 생각해보고 다음 주에 연락드리겠습니다"라고 답했다. 그리고 아무 말 없이 계속 앉아 있었다. 부사장은 자리를 떠났고 몇 분 뒤 돌아와 더 높은 급여를 제시했다. 처음 제안보다 20퍼센트 더 많았다.

마침내 도너번은 그 일을 하기로 했다.

"뭔가 원한다면 조용히 진행하세요. 그래야 원하는 결과를 얻을 수 있어요."

스티브 잡스의 교훈

최고의 거장에게 프레젠테이션 방법을 배우고 싶다면 2007년 당시 애플 CEO였던 스티브 잡스가 애플 역사상 가장 중요한 제품인 아이폰을 소개한 영상을 유튜브에서 찾아보자. 기조연설자들은 게임 쇼 진행자처럼 신나는 음악에 맞춰 무대에 성큼성큼 올라간다. 얼굴에는 환한 미소가 가득하다. 그들은 두 팔을 힘있게 흔들며 분위기를 띄운다. 하지만 잡스는 정반대다. 그는 아무 말 없이 걷는다. 배경음악도 없다. 강당은 너무 조용해서 잡스가 한 발 한 발 내디딜 때마다 그가 신은 뉴발란스 스니커즈가 바닥에 닿는 소리가 들릴 정도다. 그는 미소 짓지 않는다. 청중 쪽을 바라보지도 않는다. 명상 중인 수도사처럼 생각에 잠겨 두 손을 내려다본다. 여덟 걸음을 걷는다. 정확히 팔 초 걸린다. 그다음으로 청중 쪽을 향해 한마디 한다.

"바로 오늘입니다." 이렇게 말하고 일단 멈춘다. "오늘이 오기만을 기다렸습니다." 또 말을 멈춘다. "2년 반이나 기다렸습니다."

잡스는 다시 말을 멈추고 침묵한다. 6초 더 기다린다.

당신은 궁금해서 참을 수 없다. 도저히 한눈을 팔 수 없다. 말 한마디도 놓칠 수 없다.

잡스는 강박적으로 프레젠테이션 연습을 했다. 발걸음과 몸짓 하나하나 철저히 연습했고 단어 선택에 상당히 주의를 기울인 만큼 단어 사이 간격에도 신경 썼다. 흥미로운 사실이 있다. 무대 위에 선 그는 평소 모습과 전혀 딴판이었다. 무대 밖에서 그는 고래고래 소리를 지르고 다녔다. 충동적이고 시끄러웠으며 성격이 불같았고 자기 분을 못 이겨 폭발하곤 했다. 하지만 연설할 때는 말을 잠시 멈추고 빈틈을 활용하는 기술을 자유롭게 다뤘다. 당신도 그렇게 할 수 있다.

직장 동료 몇 명 앞에서 프레젠테이션을 하는 중에 몇 초씩 입을 닥쳐보자. 물론 그렇게 하기는 쉽지 않다. 우리 본성과 정반대되는 일이다. 저쪽에 앉아 당신을 바라보는 사람들과 눈이 마주친 순간, 혈압이 올라가고 심장 박동 수가 늘어난다. 몸에서는 아드레날린이 분비된다. 뇌는 당신에게 뭐든 어서 말하라고 아우성친다. 하지만 하지 말자. 몇 초만 세어보자. 잡스처럼 8초까지 셀 필요는 없지만 당신은 사람들이 침묵을 알아차리고 당신에게 집중하도록 기다리자. 그렇게 하면 그들은 당신의 말을 듣고 기억할 것이다.

말을 잘한다는 건 말을 적게 한다는 뜻임을 잡스는 잘 알고 있었다. 그는 가능한 한 단어 몇 개만 써서 아이디어를 전달하려 끊임없이 노력했던 냉혹한 편집자였다. 또한 말할 때 단어 사이 간격이 단어만큼 중요하다는 사실도 잘 알고 있었다.

말이 너무 많으면 직장 생활을 망친다

내 친구 로빈은 15년 동안 직장을 11번 바꿨다. 한 직장에서는 고작 5개월 출근했고 8개월 일한 곳도 있다. 로빈은 일류 대학 MBA 학위가 있다. 하지만 로빈은 불쑥 말을 내뱉는 수다쟁이이며 동료들은 그녀를 아주 불쾌한 사람으로 여겼다. 한번은 이런 일이 있었다. 동료들과 얘기하던 중 대화 주제가 스리라차 소스와 그 소스를 멋지게 활용할 수 있는 여러 가지 방법으로 옮겨갔다.

"스리라차 소스를 쓰면 안 되는 게 뭐가 있을까요?" 한 남자가 질문했다.

"자위행위 할 때?" 내 친구는 불쑥 말을 내뱉었다.

분위기는 순식간에 얼어붙었다. 아무도 웃지 않았다. 1년도 되지 않아 직장을 옮겼다. 스리라차 소스 농담 때문에 직장을 잃지는 않았지만 그런 일이 아마 수십 번은 더 있었을 것이다. 불쑥 말을 내뱉는 수다쟁이들은 매우 똑똑하고 생각이 빠르다. 하지만 너무 빠른 데다 하지 말아야 할 말을 걸러내지 못한다. 어떤 생각이 떠오르자마자 눈 깜짝할 사이에 내뱉는다! 심지어 사람들이 자신의 생각을 잘 받아들이지 않으리란 걸 잘 알아도 참지 못하고 말하고 만다. 시간이 흐를수록 눈치 없고 저속한 발언이 늘어난다.

동료들은 직장에서 입 닥치지 않는 사람들을 미워하며 수다쟁이가 출근하지 않는 날이 오기를 간절히 기도한다. 네브라스카대학교 대학원생 제이슨 액섬 Jason Axsom은 자신의 연구 보고서에 이렇게 결론지었다. "강박적인 수다쟁이가 없는 동안 누릴 수 있는 자유를 축하하고 사무실이 얼마나 평화로운지 이야기꽃을 피운다." 액섬은 전에 일했던 직장마다 강박적인 수다쟁이가 적어도 한 명씩은 있었다고 했다. 그는 이 문제가 사회 전반에 널리 퍼져 있으며 지나친 수다쟁이들이 자기가 다른 사람들에게 가하는 고통을 안다면 이젠 변해야겠다고 마음먹는 동기가 될 수도 있겠다고 생각했다.

"어쩌면 강박적인 수다쟁이들을 도울 수 있겠다고 생각했어요. 그런 사람들을 이해한다면 그들이 지나치게 수다를 떨지 않도록 코칭하고 이끌 수 있을지도 모릅니다." 액섬이 내게 말했다. "그들의 경솔한 말이 직장 생활에 얼마나 피해를 주는지 구체적으로 보여주면 해결책을 따를 수도 있어요." 불행하게도 기업 세계를 떠돌아다니며 사람들을 괴롭혀서 생산성을 떨어뜨리는 수다쟁이들을 위한 치료법을 생각해낸 사람은 아무도 없다.

액섬의 논문은[10] 2,000번 가까이 다운로드되었다. 대학원생 논문치고는 이례적으로 큰 숫자다. 직장에서 입을 함부로 놀리고 다니는 수다쟁이들을 효과적으로 상대할 방법을 찾는 사람들이 얼마나 많은지 보여준다. 액섬은 이 논문을 작성하기 위해 마케팅, 은행, 교육, 회계, 광고 및 소매업에서 일하는 사람들 15명을 인터뷰했다. 그중 일부는 고위급 임원이었고 평범한 시간제 직원도 있었다. 〈포춘〉 선정 500대 기업에서 일하는 사람도 있었고 소기업에서 일하는 사람도 있었다. 한 명은 대학교수였다. 그들은 모두 새로운 희생자를 찾아 돌아다니는 수다쟁이 동료들이 마치 신선한 뇌를 찾아 헤매는 좀비 같다고 했다. 수다쟁이들은 했던 얘기를 하고 또 했다. 그들은 자신뿐만 아니라 친구, 친척, 처음 보는 사람들에 대해서도 듣는 사람이 불편할 정도로 떠벌리고 다녔다. 그들의 수다에는 끝이 없었다. 이러한 강박적인 수다쟁이들은 사회적 신호를 알아채는 눈치가 부족했다. 동료들이 노트북을 열고 업무를 시작해도 말을 멈추지 않았다.

액섬은 수다 중독자들의 첫인상이 좋을 때가 많다는 사실도 알아냈다. 수다 중독자들은 남들과 어울리기 좋아하고 사람들을 웃게 한다. 앞에 나서서 발표하기 좋아하고 재미있는 이야기꾼이다. 어쨌든 다른 사람들보다 말을 훨씬 더 많이 하니 가능한 일이다. 액섬이 내게 말했다. "실험 대상자들에게서 알아낸 패턴이 있어요. 수다쟁이들은 처음엔 무척 호감이 가는 사람이었죠. 능력 있고 똑똑한 사람이라는 평을 들어요. 하지만 시간이 지나면서 같은 얘기를 반복하더라는 거죠. 사람들은 점점 생산성이 떨어지고요. 처음엔 그 사람이 친절하다고 생각했지만 이젠 수다를 그만 떨었으면 하죠. 그리고 그 사람이 생각보다 똑똑하지 않다고 여겨요."

따라서 강박적인 수다쟁이들은 승진 가능성이 낮다. "강박적으로 수다를 떨기 때문에 수다쟁이는 승진 기회가 주어지지 않아 지금 있는 자리에만 머물 것이다"라고 액섬은 논문에 썼다. 강박적인 수다쟁이들은 따돌림을 당한다. 처음엔 그들을 좋아했던 사람들도 점점 피한다. 동료들은 있지도 않은 회의가 있다며 자리를 떠난다. 수다쟁이를 피해 다른 방향으로 다니거나 사무실 자리를 바꿔 달라고 요청한다.

수다 중독자 중 일부는 변화를 거부한다고 하니 이건 비극이다. 액섬은 어떤 남자 이야기를 들려줬다. 그 남자는 승진해 다섯 사람으로 구성된 팀을 관리하기로 했다. 그는 능력있는 사람이었지만 횡설수설하는 수다쟁이였다. 팀원들에게 끊임없이 말을 걸었고 그날 머릿속에 스치는 어떤 생각이든 시간 가는 줄 모르게 지껄여댔다. 경영진은 그가 괜찮은 상사라고 생각했지만 팀원들은 그를 건물 꼭대기에서 밀어버리고 싶었다. 그가 너무 오랫동안 떠들어대는 바람에 팀원들은 일을 마칠 수 없었다. 어떤 팀원들은 너무 답답해서 다른 직장을 알아봤다. 마침내 팀원들은 경영진에게 정식으로 불평했고, 수다쟁이 상사는 입 닥치는 법을 배우거나 관리자 자리를 잃는 것 중 하나를 선택해야 했다. 그리고 깜짝 놀랄 일이 벌어졌다. 그는 관리자 자리를 포기했다. 수다 떨기에 너무 깊이 중독되었으므로 치료받지 않고 경력을 망치는 편을 택했다.

액섬의 논문에서 인터뷰 대상자들의 절망과 고통이 느껴졌다. 인터뷰를 치료 시간처럼 여긴 사람들도 많았다. "사람들은 너무나 말하고 싶어 했어요. 속마음을 털어놓으며 한 시간 이상 이야기했죠"라고 액섬은 회상했다. 그들은 마치 죄수들처럼 감옥에 갇혀 그들에게 고문을 가하는 자에게서 벗어날 수 없을 것 같다고 느꼈다. 수다쟁이 동료가 해고되기를 간절히 기도하거나 그에게서 벗어나고 싶어서 회사를 그만둘 생각까지 하는 사람도 있었다. "제발 그 수다쟁이를 데려가 주세요." 한 여성이 애원했다. 액섬은 인터뷰 대상자들의 진심 어린 답을 듣고 깜짝 놀랐다. "한편으로는 기분이 좋지 않았어요. 그 사람들은 제게 도와달라고 했지만 전 아무 대답도 할 수 없었기 때문이에요. 지금도 답을 모르겠어요."

회의 시간에 입 닥치기

세상에는 두 종류의 사람들이 있다. 회의를 좋아하는 사람들, 그리고 정신이 온전한 사람들이다. 그런데 요즘은 회의를 좋아하는 사람들이 대세다.

미국인은 하루에 1,100만 번 이상, 1년에 10억 번 이상 회의한다. 그중 11퍼센트만이 생산적인 결과를 낸다. 한 연구에 따르면 직원들은 매달 회의에 평균 62번 참석한다. 하지만 회의 참석자들은 그중 절반이 시간 낭비라고 주장했고, 참석자들의 39퍼센트는[11] 회의 시간에 잠든 적이 있다고 했다. 문제는 계속 더 나빠지고 있다는 사실이다. 사람들이 회의로 보내는 시간은 2020년 이후 매년 8~10퍼센트씩[12] 늘어나고 있다. 1대1 회의는 지난 2년 사이에 500퍼센트나 증가했다. 평균 근무 시간이 1.4시간 늘어난 것은 우연이 아니다. 현재 우리는 일주일에 평균 44.6시간 일한다.[13]

이건 미친 짓이다. 직장에서 입 닥치기를 실천할 가장 큰 기회는 회의일 것이다. 다음은 몇 가지 실행 방법이다.

회의를 작게 하라. 회의의 가치는 참석자 수의 제곱에 반비례하여 감소한다. 아마존은 '피자 두 판의 법칙two-pizza rule'이라는 내부 방침을 따른다. 회의 참석자 모두에게 나눠줄 피자가 두 판을 넘어가면 너무 많은 사람이 참석했다는 뜻이다. 아무리 많이 잡아도 10명 정도면 충분하다.

대규모 회의에 참석해달라고 하면 무슨 수를 써서라도 피하자. 참석해야 한다면 쓸데없이 무의미한 의견을 내고 싶은 충동을 참자.[14] 또 회의실을 일찍 떠나길 무서워하지 말자. "가치를 확실히 더하지 못하고 있다면 즉시 회의실을 나가거나 회의를 그만두세요." 테슬라 CEO 일론 머스크의 조언이다. "나간다고 해서 무례하지 않습니다. 바쁜 사람 붙잡아놓고 시간 낭비하게 만드는 게 무례한 겁니다."

회의를 짧게 하라. 30분 회의를 기본으로 잡는 사람이 많지만 가장 바람직한 회의 시간은 15분이다. 처음 15분 동안은 참석자의 91퍼센트가[15] 집중하지만 이 비율은 갈수록 줄어든다.

그냥 싫다고 말하라. 단체 회의에 참석해달라는 요청을 받았다고 꼭 가야 할 필요는 없다. 누군가의 요청을 거절하려면 용기가 필요하지만 이렇게 설명하면 무사히 넘어갈 수 있다. "너무 바빠서요. 하지만 녹음된 회의 내용은 챙겨 듣겠습니다."

W.A.I.T. 방법을 써보자. 회의 시간에 말하기 전에 먼저 자신에게 질문하자. '나는 왜 말하려는 걸까?' 다음 질문을 해도 된다.

- 내 의견은 어떻게 도움이 될까?
- 나는 이 대화를 진전시킬 수 있을까?

- 나는 누구의 질문에 답하는 걸까?

- 내가 하고 싶은 말은 중요할까?

- 지금은 그 얘기를 꺼낼 만한 때와 장소일까?

- 나는 의견을 내는 걸까? 아니면 사실을 말하는 걸까?

- 나는 내가 하려는 말을 충분히 잘 생각했을까?

- 이 말을 간결하게 전할 수 있을까?

- 내가 말할 차례인가?

- 나는 이 말을 할 만한 사람일까? 아니면 다른 사람이 말하도
  록 권해야 할까?

- 다른 사람이 이미 이걸 말했을까?

- 누가 나한테 말하라고 요구해서 말하는 걸까?

- 나는 사람들에게 잘 보이려는 걸까?

- 이 말을 하지 않는다면 뭔가 변하는 게 있을까?

W.A.I.T. 테스트를 통과할 수 있는 대답은 많지 않을 것이다. 따라서 당신은 아무 말도 하지 않게 될 때가 많을 것이다. 말하지 않고 회의에 적극적으로 참여할 수 있는 괜찮은 방법을 알려주겠다. 회의 때 멍하게 있지 말고 누가 말하든 반드시 집중하자. 대화 내용을 받아들이고 메모하자. 미소를 짓고 고개를 끄덕여 동의한다고 알리자. 몸짓과 표정을 활용해 사람들에게 당신이 집중하고 있다고 보여주자(아니면 집중하는 척하자).

공을 빠르게 패스하라. 프로 축구 선수들은 공을 계속 주고받는다. 당신도 똑같이 할 수 있다. 앞 사람이 한 말을 이어 말하며 혼자 말을 독차지하지 말고 간단한 내용을 추가해서 팀 동료에게 넘기자.

회의하지 말고 이메일을 보내라. 사람들이 회의에 대해 가장 많이 제기하는 불만 사항이[16] 있다. 회의를 이메일로 대신할 수 있었다는 불만이다. 문서 피드백을 얻거나 진행 상황을 업데이트하겠다고 모든 사람을 영상 회의로 꼭 끌어들여야 하는가? 전달해야 할 많은 내용은 이메일과 메신저로 빠르게 보낼 수 있다.

수다쟁이를 입 닥치게 하는 방법

직장에서 입 닥치는 기술을 완전히 익히고 나면 새로운 문제가 생긴다. 당신은 다른 수다쟁이들을 참을 수 없게 된다.

이젠 그들을 입 닥치게 할 수 있는 새로운 기술이 필요하다. 최근 하버드대학교에서 실시한 심리 연구에 따르면 대화의 약 3분의 2는[17] 참석자들이 원하는 시간보다 더 오래 계속된다고 한다. 입 닥치기의 달인이 되었다면 그 자리를 벗어나고 싶어 몸이 근질거릴 것이다.

어떻게 해야 할까? 의사소통 연구원들은 '마무리 의식'

과 '말로 선수 치기'를 제안한다. 예를 들어 "함께 대화해서 즐거웠어요", "3시에 중요한 전화가 오기로 했어요" 또는 "자, 어쨌든……"처럼 좀 더 미묘한 신호가 있다. 또한 "네, 그래요. 맞아요"처럼 미지근하게 반응해서 당신은 사실 잘 듣고 있지 않다고 분명히 표현할 수 있다. 하지만 이런 기술들은 전략을 잘 짜서 써야 하고 일반적인 사람에게 하는 걸 전제로 한다. 상대가 상습적이고 노골적인 수다쟁이들이라면 만만치 않은 적과 맞붙어야 하므로 다음과 같이 더 강력한 조치를 해야 한다.

급습하라. 이 책의 저자인 나를 위한 방법이긴 하다. 지금 이 페이지를 책갈피로 표시해 수다쟁이의 책상에 올려놓길 바란다. 수다쟁이들을 직장에서 어떻게 여기는지 연구한 제이슨 액섬의 논문을 두거나 둘 다 올려놔도 된다.

도망가라. 자만심이 가득한 수다쟁이와 마주친다면 탈출하는 게 유일한 선택이다. 적당하게 끼어들 수도 있지만 실패하면 핑계를 만들어 자리를 피하자. 휴대전화가 진동하는 척해서 전화를 받아야 한다고 할 수도 있다. 아니면 예의 같은 건 집어치우자. "미안합니다. 가봐야 해요"라고 말하면 효과가 있다. 무례하게 굴어도 괜찮다. 자만심이 가득한 수다쟁이는 이기적이니 그렇게 해도 된다. 또한 그런 사람은 너무 자기중심적이어서 알아

듣지도 못할 것이다. 만약 눈치채더라도 앞으로 그가 변하는 데 도움이 될 것이다.

몸짓을 활용하라. 몸을 뒤로 젖히거나 살짝 돌리자. 눈을 마주치지 말자. 휴대전화를 꺼내서 보자. 그리 심하지 않은 수다쟁이라면 무슨 뜻인지 알아들을 것이다. 알아채지 못한다면 강도를 올리자. 지금 당신은 권투 선수라고 생각하자. 경기장 줄에 엉켜 꼼짝하지 못하는 신세가 되고 싶진 않을 것이다. 계속 움직여야 한다. 상대방 선수가 원을 그리며 돌게 해야 한다. 그리고 조금씩 뒤로 물러서야 한다.

말을 끊어라. 상대방을 방해하는 사람이 그런 짓을 하지 못하게 할 때 하는 몸짓을 보여주자. 손바닥을 들어 올리고 집게손가락을 세우자.

속도를 줄여라. 불안해하는 수다쟁이들, 다시 말해 사교성이 부족하고 자신을 달래기 위한 수단으로 수다를 떠는 사람들을 상대하고 있다면 당신은 그들의 적이 아니라 도와주는 사람이라고 생각하자. 차분하고 부드럽게 천천히 말해서 그들을 진정시키자. 목소리에 감정을 담지 말자. 그들이 한 말을 먼저 인정한 다음, 다른 방향으로 이끌자. 대화를 완전히 끝내는 게 아니라 속도를 줄일 뿐이다. "정말 재미있네요" 하고 잠시 말을 멈춘다. "그런데 전부터 물어보고 싶었던 게 있어요." 이제 당신은 대화를 통제하게 되었고 당신이 말하는 속도를 그들이 따라오게 유도할 수 있다. 그들에게 하던 일을 멈추고 생각하게 만드는 질문을 던져라. "며칠 전에 이 기사를 읽었어요. 사람들이 원격 근무를 하고 있어서 도시를 많이 떠난다는 내용이었어요. 몬태나의 보즈먼 같은 곳이 아주 인기라네요. 이런 생각이 들었어요. 원하는 어느 곳이든 갈 수 있다면 어디로 이사할까? 그런 생각 해봤어요?"

어디까지 허용되는지 미리 밝혀라. 이 방법은 지옥에서 불쑥 튀어나온 듯 끔찍하게 말 많은 옆자리 승객에게 잘 통한다. 그런 사람은 내버려두면 비행시간 내내 입을 닫는 법이 없다. 망설이지 말고 바로 말하는 게 중요하다. "잠 좀 잘게요!" 또는 "미안합니다. 착륙하기 전에 끝내야 할 일이 많아서요."

잠시 미뤄둬라. 업무 회의에서 수다쟁이가 대화의 주도권을 가로채지 못하게 하는 방법이다. 무슨 논의를 할지 확실히 정하고 회의를 시작하자. 회의 안건과 관련 없는 말이 나온다면? "나중에 다시 이야기하죠"라고 말하자. 이 방법은 입 닥치라는 말보다 상냥한 말이지만 같은 뜻이다.

수다쟁이에게 직접 말하라. 쉽게 고쳐지지 않는 수다쟁이가 친구 또는 가족이라면 상황별로 개입하는 방법만으로는 충분치 않을 것이다. 영원히 해결할 방법이 필요하다. 수다쟁이와 따로 자리를 마련하자. 침착한 목소리로 화내지 말고 문제가 뭔지 알려주고 도와주겠다고 제안하자. 수다쟁이는 변하고 싶어 할 수도 있다. 하지만 기분 나빠하며 당신과 두 번 다시 말하고 싶어 하지 않을 수도 있다. 어떤 경우든 문제는 해결된다.

신호를 만들어라. 한 친구는 사람들이 많이 모인 상황에서 수다 중독 남편을 돕기 위한 신호를 만들었다. 남편의 말이 많아지면 그녀는 남편 손 위에 자기 손을 살짝 얹었다. 나는 이 방법이 무척 마음에 든다. 그녀는 남편을 무안하게 하거나 말이 너무 많으니 주의하라고 하지 않았다. 대신 애정 어린 행동을 했다.

개인 브랜드로서 입 닥치기

10년 전, 어떤 소프트웨어 회사의 공동 설립자는 사람들의 가치를 트위터 팔로워 수로 측정했다고 말한 적이 있다. 그건 누가 봐도 어처구니없는 생각 같았다. 〈포춘〉 선정 500대 기업 CEO들만 봐도 대부분 트위터를 전혀 하지 않았다. 그는 이 CEO들의 가치를 어떻게 평가할까? 0으로 평가할까? 하지만 직원들은 그 말을 진지하게 받아들였고 팔로워들을 모으는 호객꾼으로 변신해 트위터와 페이스북에 게시물을 올리고 그들만의 브랜드를 만들겠다고 야단법석을 떨었다. 최고 마케팅 책임자는 4년 동안 동영상 팟캐스트를 225편이나 제작했지만 아무도 시청하지 않았다.

하지만 그는 더 나아가 오디오 팟캐스트를 녹음했다. 6년이 지나고 그의 팟캐스트는 세계에서 9,090번째로 인기 있는 팟캐스트가 되었다. 소셜 미디어 담당 매니저는 한 시간마다 하루 24번 폭풍 트윗을 날렸다. 그녀가 쌓아 올린 트위터 제국에는 절대로 해가 지지 않았다. 고객 서비스를 담당하는 어떤 팀은 힙합 노래에 맞춰 가사를 새로 썼고 요즘 한참 잘나가는 스타트업 생활을 즐긴다며 랩을 하는 패러디 영상을 만들었다.

우리는 개인 브랜드가 있어야 한다는 생각에 정신이 팔려버렸다. 몇 년마다 직업을 바꾸게 될 세상에 살고 있으니 이런 생각은 어느 정도 말이 되긴 한다. 하지만 우리는 뭔가 단단히 잘못 생각하고 있다. 시끄러운 잡음에 굴하지 않으려 애를 쓰지만 그렇게 할수록 전체적인 소음 강도를 높일 뿐이다.

참신한 아이디어가 하나 있다. 모두가 시끄럽게 떠드는 세상에서 눈에 띌 수 있는 가장 좋은 방법은 입 닥치기일지도 모른다. 차분한 역량과 실질적인 성과로 당신의 브랜드를 만들자. 트위터에서 관심을 받겠다고 난리 치지 말고 당신이 가진 능력에 안심하고 자신감을 보이자.

어떤 대형 소프트웨어 회사에 '최고 디지털 전도사'가 있다. 그는 가끔 단 하루 동안 트윗을 100번 이상 올린다. 그가 트윗하는 내용은 회사 또는 소프트웨어 산업과 관련이 없다. 유명한 사람들이 한 말, 귀여운 동물 영상, 로봇 관련 이야기, 성공에 필요한 자질 목록, 그리고 '직업은 당신이라는 사람을 전부 말해주지 않습니다', '똑똑한 사람들은 간결하게 말합니다'처럼 그가 지어낸 근거 없는 말처럼 재미없고 가짜 영감을 주는 헛소리를 올린다. 그는 끊임없이 트윗을 남발해 트위터 세상의 굶주린 사람들 입속으로 먹을 것을 나눠주는 1인 언론사라고 볼 수 있다. 같은 트윗을 몇 번이고 쏟아내는 걸 보니 어쩌면 자동화 도구를 쓰는지도 모르겠다. 자기 트윗을 리트윗하기도 한다. 트윗 팔로워가 거의 60만 명이며 자신을 '트위터 연예인'이라 부른다. 자신을 '기조연설자, 미래주의자 겸 선동가'라고 소개하는 또 다른 트윗 중독자와 함께 그는 지난 6년간 유튜브 영상을 250편 이상 제작했다. 최근의 한 에피소드는 조회수가 8회였고, 또 다른 에피소드는 22회였다.[18]

이렇게 앞뒤 가리지 않고 관심을 받으려는 노력은 탁구대, 어색하기 짝이 없는 인테리어, 공짜 간식같이 10년 전 미친 듯이 유행했던 괴상망측한 스타트업 사무실처럼 쓸모없고 우스꽝스럽다. 우리는 새로운 것이 더 좋아 보인다는 증후군에 어느 정도 속아 넘어갔다. 인터넷은 우리가 자랑할 수 있는 새로운 수단들을 제공했고 우리는 그 모든 걸 활용하기로 했다. 우리가 더 많이 말할수록, 더 많은 곳에서 말할수록 더 좋다. 혹은 더 좋을 것으로 생각했다.

겸손한 리더들은 겉만 화려한 리더들보다 더 좋은 성과를 낸다. 495명의 직원으로 구성된 120개 팀을 추적 관찰한 연구 결과, 최고의 팀에는 "자기 자신을 인식하고 다른 이들의 장점과 기여를 칭찬하며 피드백을 적극적으로 받아들여 겸손함을 보이는 리더"가 있었다. 겸손한 리더가 이끄는 팀은 스트레스가 75퍼센트 더 적고,[19] 생산성은 50퍼센트 더 높으며, 번아웃에 빠질 확률이 40퍼센트 더 적었다. 회사들은 카리스마 넘치고 관심받기를 원하며 스포트라이트를 갈망하는 사람이 리더라는 생각을 버리고 있으며 대신 조용하고 겸손함을 추구하는 리더십 개념을 받아들이고 있다.

입 닥칠 줄 아는 리더들이 모범을 보이면 지위를 따라 아래로 전파되면서 그들이 속한 회사들도 입 닥치게 된다. 인정사정없이 자기만 홍보하려는 리더들의 시대는 갔다. 답이 없으면 없다고 인정하고 다른 사람들에게 공을 돌리는 사람들의 시대가 왔다. 겸손은 채용 담당자들이 활용하는 인성 평가에 반영될 정도로 인기 있는 기술이 되었다. 훌륭한 기업 문화로 유명한 의류 회사인 파타고니아Patagonia는 입사 지원자들이 얼마나 겸손한지 심사한다. 뭄바이에 본사가 있는 글로벌 럭셔리 숙박 체인[20]인 타지 호텔Taj Hotels

도 마찬가지다.

얼마 안 있어 우리는 지난 15년을 일탈 기간으로 바라볼 수도 있다. 그 기간에는 직장이 잠시 제정신이 아니었다. 매니저들의 관심을 끌고 승진 가능성을 높이고 싶다면 조용히 능력을 발휘하자. 겸손해지자. 요즘 같은 시대엔 보기 드문 자질이다. 팀에서 입 닥칠 줄 아는 사람이 되자.

7장

집에서
입 닥치기

딸아이는 안절부절 어쩔 줄 몰라 했다. 영시를 읽고 이틀 뒤에 보고서를 내야 하는데 쓸 말이 전혀 없다고 했다. 과제를 하지 못하면 0점을 받을 것이다. 영어 과목을 낙제해서 성적이 엉망이 되면 대학에 들어가지 못할 수도 있다.

아이는 열여섯 살, 고등학교 2학년이다. 난 아이를 위해 문제를 해결해주고 싶었다. 예전에 늘 그렇게 했듯이 과제를 어떻게 해야 하는지 알려주고 싶었다. 전에는 어땠는지 궁금한가? 도와주려고 하면 할수록 아이는 불같이 화를 냈다.

이번에는 다른 방법을 시도했다. 입 닥치고 자리에 앉았다. 아이가 하는 말을 듣기만 하고 아이 스스로 문제를 해결할 테니 믿으라고 나 자신을 다독였다. 고통스러웠다. 아이는 불안의 쳇바퀴에 걸려든 듯했고 말을 할수록 상황은 더 나빠졌다. 내 마음속에 가둬둔 수다쟁이는 풀려나고 싶어 죽을 지경이었다. 하지만 나는 끼어들지 않겠다는 결심을 다졌다.

마침내 아이는 내가 말을 한마디도 하지 않는다는 걸 알고 따지듯 물었다.

"뭐 하시는 거예요? 왜 가만히 앉아만 계세요?"

"듣고 있다." 난 아무렇지도 않게 대답했다.

"아닌데요, 휴대전화만 보고 계시잖아요."

"아니야." 나는 테이블에 올려둔 휴대전화를 가리키며 대답했다. 손이 닿지 않는 거리였다.

"절 무시하시는군요."

"무시할 거라면 진작에 여기 없겠지."

"도와주지도 않으시잖아요. 아빤 제 문제에 관심이 없는 것 같아요."

"기분이 좋지 않구나?"

"네, 짜증 나서 미치겠어요."

아이는 이렇게 말하더니 웃었다. 나도 웃었다.

아이는 조금씩 진정되었다. 미친 듯이 돌아가던 불안의 쳇바퀴가 점점 느려지기 시작했다. 그러자 아이는 진짜 문제가 무엇인지 스스로 말했다. 영어 과제 때문이 아니었다. 벌써 열여섯 살이고 너무 빨리 어른이 되는 것 같은데 대부분의 또래 아이들처럼 아직 어른이 될 준비가 되지 않아 두렵다는 게 진짜 이유였다. 이제 곧 대학수능시험을 치르고 대학에 지원할 터였다. 아이는 대학에 들어가지 못하면 어쩌나 두려웠고 입학하더라도 대학 생활을 잘 해내지 못할까 봐 걱정했다.

지평선 너머에 '어른'이라는 드넓은 미지의 세계가 어렴풋이 보인다. 조금 무서워진다. 어렸을 때는 하루라도 빨리 어른이 되어 독립하겠다고 노래를 부른다. 하지만 어느새 어른으로 넘어가는 문턱에 서 있다가 왜인지는 몰라도 너무 늦었다는 생각이 갑자기 든다. 준비되었든 되지 않았든 과거로 돌아갈 수 없다. 그리고 준비된 사람은 아무도 없다.

이런 것들은 내가 해결할 수 있는 게 아니었다. 아이도 내가 해결해주기를 바라지 않았다. 아이에게는 두려워해도 괜찮고 앞으로 인생에 어떤 일이 생겨도 잘 대처할 수 있다는 자신감이 필요했다. 그리고 무엇보다도 아이는 이 세상에 홀로 맞서지 않는다는 확신이 필요했다. 그 점이 가장 중요하다.

당신만의 문제가 아니다

입 닥치면 얻을 수 있는 진짜 강력한 힘은 당신에게 도움이 될 뿐만 아니라 다른 사람들도 나를 도와준다는 점이다. 마찬가지로 당신도 그들이 더 나은 삶을 살아가고 더 행복하게 지내도록 도움을 준다. 입 닥치고 지내면 살아가며 만나는 모든 사람과 더 건전하고 굳건한 인간관계를 맺을 수 있다.

내가 그랬듯이 당신도 강박적으로 튀어나오는 말을 참아서 끔찍한 재앙과도 같은 사건을 피하는 데서부터 시작할 수 있다. 입을 닥칠 수 있으면 여러 가지 좋은 점이 있다. 협상을 더 잘할 수 있고 좀 더 행복하고 건강해지며 똑똑해질 수도 있다.

이제 다음 단계는 입 닥치기 기법을 써서 자녀들이 문제를 해결하고 바람직한 결정을 내릴 수 있는 어른으로 성장하도록 돕거나 힘들어하는 친구 또는 친척을 위로하는 일이다.

내가 딸아이와 나눈 대화처럼 말을 하지 않고 잠자코 이야기를 들을 기회가 있으면 더 깊이 있는 대화를 하고 더 튼튼한 유대감을 쌓을 수 있다. 말을 많이 하지 않는다고 해서 소극적으로 대하는 것이 아니다. 당신은 연구원들이 이름 붙인 '적극적 침묵active silence'을 지키는 것이다. 적극적으로 침묵을 지키면 말을 많이 할 때보다 정보를 더 많이 전달할 수 있다.

인간관계와 관련 있는 입 닥치기 기법은 '전략적'과 '전술적' 두 가지 유형으로 나뉜다. 전략적 대화는 내가 딸아이와 나눈 대화처럼 더 깊고 장기적인 주제를 다룬다. 전술적 대화는 지금 닥친 문제를 해결하려는 대화다. 예를 들어 당신은 아이가 보고서를 잘 쓰도록 도와주고 싶을 때가 있을 것이다. 내 아들은 엄마를 닮아 내성적이다. 하지만 아이에게 자유롭게 답할 수 있는 질문을 하고 간섭하지 않는다면, 일일이 지시하고 싶은 충동을 누르고 아이의 말을 그대로 인정한다면 나는 아이 스스로 말하게 할 수 있다.

"요즘은 뭘 준비하니?" 화요일 아침, 아들을 차로 학교에 데려다주면서 물었다.

아들은 종이 한 장을 들고 중얼거리며 읽고 있었는데 초안이었어도 손볼 곳이 한두 군데가 아니었다.

이 시점에서 예전의 나라면 아들에게 보고서를 쓰는 데 필요한 조언과 전략을 마구 쏟아냈을 것이다. 하지만 그렇게 하는 대신 아들에게 무슨 내용인지 묻기만 하고 아이가 말하게 했다.

아들은 '농경/언어 확산 가설'이라는 개념을 20분 동안 설명했다. 농업이 확산하면서 어족language families도 함께 확대했다는 이론이다. 나는 아들에게 몇 가지 질문을 던졌다. 아들은 질문에 대답하면서 그 내용을 보고서에 어떻게 쓸지 머릿속으로 정리하고 있다는 걸 알 수 있었다. 학교에 내려줄 때가 되자 아들은 문제를 해결했다.

나는 아무것도 하지 않은 것 같았다. 말을 많이 하지 않았기 때문이다. 하지만 적극적 침묵을 실천하려면 노력이 필요하다. 나는 침묵을 지켰고 아들은 혼자 힘으로 문제를 해결할 여지가 있었다.

전술적 대화 중 일부는 전략적 대화로 발전한다. 누군가에게 어떤 말을 하게 하고 뒤로 물러나면 그 사람은 힘들어하면서도 더 어렵고 중요한 사안을 이야기할 때가 종종 있을 것이다. 이때 조언하고 싶은 충동을 참자. 상대에게 나도 비슷한 일을 겪었고 당신에게 도움이 되리라 생각한다면 그 얘기를 들려주겠다고 제안할 수 있다. 하지만 억지로 강요하지는 말자. 상대방이 먼저 물어보게 하자. 물어보지 않으면 뒤로 물러나자.

이 중에서 내게 쉬운 것은 하나도 없다. 살아오면서 잘못한 일들이 넘친다. 옛날에 가족과 함께 촬영한 영상을 보면 민망해서 몸이 움츠러든다. 내 눈에는 아이들을 잔뜩 흥분하게 하는 아빠만 보인다. 아이들이 크는 동안 나는 따분한 설교를 늘어놓고 했던 말을 자꾸 반복하는 아빠였다. 이야기 주제를 마구 바꾸다가 결국 무슨 말을 하던 중이었는지 잊어버리고 이렇게 물었다. "잠깐, 우리 무슨 얘기하고 있었지?"

음, 우린 아무런 얘기도 하지 않았다. 나 혼자 말하고 있었다.

우리 대부분은 아이들에게 말을 너무 많이 하는 함정에 빠진다. 느긋하게 등을 기대고 앉아 아이들의 이야기를 들어야 하는데 몸을 앞으로 기울이고 잔소리를 늘어놓는다. 어떤 연구에 따르면 '조용한' 육아가 가장 효과적이라고 한다. 당신은 모든 현상에 대해 의견이 있어야 할 필요가 없다. 의견이 있더라도 굳이 표현할 필요는 없다. 답을 모두 알아야 할 필요도 없다. 솔직히 우린 답을 전부 알고 있지도 않다.

입을 다물자. 그리고 상상 이상으로 더욱 강력한 사람이 되자. 육아할 때 가장 효과적으로 쓸 수 있는 말을 과감하게 해보자. '나도 모르겠단다.'

입 닥치는 부모가 되자

제설기 부모snowplow parents라는 말을 들어봤을 것이다. 자녀를 위해서라면 물불 가리지 않고 뛰어들어 눈을 쓸어버리듯 장애물을 제거하는 부모를 말한다. 헬리콥터 부모helicopter parents라는 말도 들어봤을 것이다. 자녀 주위를 맴돌며 뭐 하나라도 잘못되지 않게 간섭하는 부모를 말한다. 타이거

맘tiger moms도 있다. 자녀를 절대 혼자 두지 않으며 열심히 숙제하고 하루에 4시간씩 바이올린 연습을 하라고 끊임없이 강요하는 엄마라는 뜻이다.

나는 새로운 유형의 부모인 입 닥치는 부모the STFU parent가 되자고 제안하겠다. 얼마 전까지만 해도 입 닥치는 부모가 우리 사회의 표준이었다. 부모들은 바쁘고 할 일이 많았다. 아니면 누구에게도 방해받지 않고 거실에 편히 앉아 마티니를 마시며 신문을 읽고 싶었는지도 모르겠다. 어쨌든 아이들을 바쁘게 또는 즐겁게 해주려고 일정을 짜서 달력에 가득 적어놔야 한다고 생각하는 부모는 아무도 없었다. 'to parent(육아하다)'라는 말에 쓰인 'parenting'이라는 단어는 1958년 이전에는 사전에서 찾아볼 수 없었고 1970년대 들어서야 널리 사용되었다.[1] 그전에 parent란 단어는 명사였다. 어떤 행동을 말하는 게 아니라 사람 그 자체를 가리켰다.

하지만 그 이후 parenting은 육아라는 뜻을 가진 명사가 되었다. 아마존만 봐도 육아 부문 책들은 6만 권 이상이다. 요즘은 집중 육아intensive parenting가 등장하면서 상황은 훨씬 더 나빠졌다. 피아노, 수영, 축구, 가라테, 팀 여행, 구몬, 칸 아카데미 등이 넘친다. 내가 사는 보스턴에는 정신 나간 부모들(우리 부부도 한때 그랬다)이 러시아수학학교the Russian

School of Mathematics(러시아 수학Russian Math이라고도 알려져 있다)에서 진행하는 저녁 수업에 아이들을 다니게 했다. 너무 심하다. 우린 모두 알고 있다. 하지만 그렇게 하지 않으면 부모인 우리는 두렵다. 세상은 나날이 경쟁이 치열해지고 있다. 가진 자와 못 가진 자 사이의 격차는 어느 때보다도 커졌다. 우린 자녀들이 그 격차에서 유리한 쪽으로 가지 못하면 어쩌나 하고 두려워한다.[2]

우리는 아이들을 돕는다면서 오히려 학대하고 있다. 문제 해결 방법, 혁신하는 방법, 혼자 힘으로 알아내는 방법처럼 어른이 되었을 때 필요한 중요한 기술을 개발하지 못하게 막고 있다. 아이들이 어른이 될 때를 대비하게 한다고 생각하지만 실제로는 아이들을 나약하게 만들고 혼자 힘으로 성장하며 배울 기회를 빼앗고 있다.

우리는 아이들의 창의력도 해치고 있다. 1990년 이후 미국 어린이들의 창의력은, 윌리엄&메리칼리지의 김경희 교수에 따르면 '창의력 위기' 수준으로까지 곤두박질치고 있다. 우리는 표준화된 시험에서 성적을 잘 받기 위한 훈련이 가장 중요한 교육 시스템을 만들고 아이들을 괴롭힌다. 김교수가 말한다. 이렇게 바뀌면서 "아이들의 놀이 시간은 줄어들었고[3] 그 결과 상상력이 억압받고…… 학생들은 생각하거나 여러 개념을 깊이 탐색할 시간이 거의 없습니다."

하지만 창의력은 앞으로 수십 년 동안 아이들이 길러야 할 가장 중요한 기술이다. 창의력은 로봇과 머신 러닝이 대체할 수 없는 중요한 요소다.

참을 수 없는 잔소리는 무의미하다

우리는 원주민 문화에서도 교훈을 얻을 수 있다. 미국 공영방송의 과학 기자인 마이클렌 다우클레프에 따르면 원주민 문화권 부모들은 아이들에게 절대 관여하지 않는다. 그런데도 아이들은 더 잘 자란다고 한다. 우리 아이들은 훨씬 다른 세상에서 자라며 목표와 기대사항 역시 다르지만 다우클레프는 멕시코의 마야 가족, 북극권의 이누이트 가족, 탄자니아의 하드자베 가족에게서 뭔가 배울 수 있다고 굳게 믿는다. 그녀는 이 세 문화권 가족들과 얼마 동안 함께 지냈다. 그들의 아이들은 미국 아이들보다 행복하고 예의 바르게 행동한다. 부모들은 차분하고 느긋하고 유능하며 아이들에게 잔소리하거나 달래거나 소리치는 법이 없다. 이래라저래라 지시하지 않으며 끊임없이 칭찬만 늘어놓지도[4] 않는다.

"다음에 아이가 버릇없이 굴면…… 등 돌리고 자리를 뜨자." 다우클레프는 그녀의 책《아, 육아란 원래 이런 거구나!》[5]에서 이렇게 조언한다. "말싸움과 힘겨루기도 마찬가지다. 아이와 다툴 것 같으면 입을 꽉 다물고 자리를 피하자." 아이들과 말싸움을 하면 아이들은 오히려 말싸움을 즐기는 법을 배운다. 아이와 협상하지 말자. 목소리를 높이지도 말자. 유아 교육자 비키 호플은 바람직한 육아법으로 아이에게 쓸데없는 말을 하지 말아야 한다는 선언문이자 안내서인《부모의 5가지 덫》[6]에서 이렇게 조언한다. "아이를 '단단히 혼내고' 싶어도 그냥 넘어가자. 테이프를 꺼내 당신 입에 붙여버리자. 아이에게 좋은 의도로 알려주려던 핵심은 말을 하면서 사라지고, 아이는 자신이 쓸모없다는 감정에 휩싸이고 만다."

입 닥치는 교사가 되자

메인대학교 교육학 교수이자 미래의 초등 교사들을 교육하는 메리 디킨슨 버드는 "수업 중에 침묵하는 시간이 있으면 해당 과목을 더 깊이 이해하는 데 도움이 됩니다"라고 조언했다. '쓸데없는 말을 아끼고 핵심을 더 많이 말하라Talk less, say more'라는 뉴 잉글랜드 지방 속담에서 영감을 받은 그녀는 학생들을 네 명씩 여러 팀으로 나눈 뒤, 서로 말하지 않고 어떤 문제를 해결하게 했다. 각 팀은 물이 가득 담긴 10리터짜리 통을 하나씩 받았다. 그리고 코르크, 막대기, 고무 밴드, 은박지, 금속 조각, 필름 통, 구슬 등 자질구레한 물건들을 무작위로 나눠 받았다. 팀별로 가진 물건들은 서로 다양했지만 각 팀에는 지름 4센티미터짜리 쇠공이 하나씩 있었다. 팀원들은 그 쇠공을 10리터짜리 통의 한쪽 끝에서 다른 한쪽 끝으로 옮길 방법을 찾아야 했다(그녀는 실렌시아 Silencia 섬에서 플로텐시아 Flotensia 섬으로 옮긴다고 표현했다). 각 팀은 말 한마디 하지 않고 가진 물건들을 서로 바꾸고 다른 팀이 어떻게 하는지 감시했으며 아이디어를 나눴다.

이 수업은 말을 하지 못해 답답하긴 하지만 재미있다. 버드는 "이 수업을 통해 학생들을 변화시킬 수 있다"[7]라고 교육 학술지 〈과학과 어린이〉에 글을 썼다. 수줍음이 많은 아이는 자기 실력을 마음껏 보여줄 기회를 얻는다. 수다쟁이 아이는 입 다물고 다른 사람의 의견을 듣고 받아들일 기회를 얻는다. 교실에 있는 모두가 대인 관계 기술과 집단 관계 역학에 대해 배운다.

버드는 침묵하면 학습에 이르는 새로운 길이 열린다고 생각한다. 그녀의 침묵 수업은 교사, 관리자 또는 비 오는 날 집에 갇혀 징징거리는 아이들과 다투는 부모에게 분명히 도움이 될 것이다. 그녀는 "우리는 쓸데없는 말을 아껴서 정말 더 많이 말했다"라고 학술지에 글을 남겼다.

아이들이 마음껏 놀게 하자

캘리포니아대학교 버클리 캠퍼스의 심리학자이자 아동 발달 전문가인 앨리슨 가프닉은 부모들이 목수형 부모 또는 정원사형 부모가 될 수 있다고 말한다. 목수형 부모는 그들이 가진 비전에 맞춰 자녀를 키우려고 한다. 정원사형 부모는 먼저 입을 닥치고 아이들이 원하는 어떤 방향으로든 자라나도록 공간을 허용한다. 당신은 어느 쪽이 더 바람직한지 알 것이다.

지난 30년 동안 우리는 '육아parenting'를 다른 과제들처럼 어떤 목표와 이정표, 규칙이 있는 과제처럼 바꿔버리는 실수를 저질렀다. 그렇게 하면 효과가 없다. 우리는 아이들을 자유롭게 놓아주고 놀게 해야 한다. 어떻게 배우며, 또 어떻게 하면 혁신적이고[8] 창의적일 수 있는지 스스로 깨닫게 하자.

어린아이들을 비롯해 많은 미국인들에게 사랑받았던 방송인 프레드 로저스는 아이들에게 '시끄러운 세상에서 침묵'[9]하게 하여 가장 훌륭한 유아 교육가 중 한 명이 되었다고 그의 전기 작가가 글을 남겼다. 그는 세상 모든 부모의 본보기였다. 메리 맥나마라 기자는 〈로스앤젤레스 타임스〉에 이렇게 글을[10] 남겼다. "그는 말했던 시간만큼 꽤 오랫동안 아무 말 없이 가만히 있을 때가 많았다. 하지만 그렇게 멈춰 있는 시간은 무의미하지 않았다. 공간으로 가득 차 있었다."

로저스는 아이들뿐만 아니라 부모들도 가르쳤다. 그는 주변 사람들의 장점을 살려주는 차분한 대인 관계의 모범을 보였다. 우리도 마찬가지다. 아이들과 있을 때 말을 줄인다면 아이들에게 모범이 될 수 있다. 로저스는 침묵을 활용해 대단히 인상적인 결과를 끌어냈다. 말 한마디 없이 상대방과 조용히 앉아 있기도 했고 때로는 60초 가까이 침묵을 지켰다.

1997년 에미상 시상식에서 평생공로상을 받을 때, 로저스는 관객들에게 "지금의 여러분이 되도록 도와준 사람들, 당신을 돌봐주고 당신이 인생에서 최고의 결과를 끌어내기를 바란 사람들을 10초 동안 침묵하면서 떠올려보자고 제안했다. 10초가 끝나갈 무렵 관객들은 눈물을 흘렸다. 유튜브에서 이 영상을 찾아볼 수 있다. 울지 말고 당신도 한번 그렇게 해보자. 아이와 함께 해보자. 침묵을 잘 지키면[11] 엄청난 결과를 얻을 수 있다.

아이들이 실패하게 하자

아이들이 힘들어하는 모습을 지켜보는 건 고통스럽다. 도저히 참기 어렵다. 게다가 아이들은 늘 혼자 힘으로 해결하지 못한다. 실패할 때도 있다. 그러면 당신은 죄책감이 든다. 아이들에게 뭘 해야 하는지 어떻게 하면 문제를 피할 수 있을지 말해줄 수도 있었는데 그렇게 하지 않았다, 그냥 앉아만 있었다고 자책한다.

그다음에 당신은 뭘 해야 할까? 선생님에게 전화해서 아이가 수학 시험을 다시 볼 수 있는지 물어봐야 할까? 아이 옆에 교도관처럼 앉아 아이가 숙제를 끝까지 마치는지 감시해야 할까? 아니면 아이 숙제를 대신 해줘야 할까? 축구 코치에게 전화해서 딸이 경기에서 뛰는 시간이 부족하다고 불평해야 할까?

대답이 '아니오'라면 계속 입 닥치고 지내자.

이건 누가 봐도 진짜 어려운 일이다. 당신은 아이들이 뭘 해야 하는지 안다(또는 안다고 생각한다). 게다가 아이들은 당신이 문제를 대신 해결해주길 바랄 때가 있다. 물론 당신이 충분히 할 수 있는 일이다. 하지만 그렇게 해서는 안 된다. 이런 상황에서 억지로 입 닥치고 가만히 있자니 부모로서 무척 하기 힘든 일이다. 정말 싫다.

나는 아이들이 미술 프로젝트 작품을 들고 학교에 오는 모습을 본 적이 있다. 그런데 그건 창의성 넘치는 전문 예술가 팀이 만든 작품으로 보였다. 컵스카우트Cub Scout 학생들이 모형 자동차 경주에 참여하는 모습을 본 적이 있다. 학생들이 가져온 모형 차들은 공대 졸업생들이 제작한 것이었다. 학생들의 부모들은 자신들이 부모 노릇을 잘하고 있다고 생각했을 것이다. 아이가 이기도록 도와주었으니 말이다.

이런 정신 나간 짓은 하지 말자. 차라리 아이가 경주에서 지게 하자. 시험에서 F를 받게 하자. 불편하고 두렵고 걱정되고 실망스럽다는 게 어떤 느낌인지 알게 하자. 이런 일을 겪게 그냥 두자니 두려울 것이다. 하지만 그렇게 하지 않으면 아이들을 잘 키울 수 없다. 우리는 아이들이 주어진 상황에 스스로 대처하는 기술을 배울 기회를 빼앗고 있다. 아이들을 무력하게 만들고 어떤 면에서 보면 아이들을 하찮은 존재로 취급하고 있다.

신경심리학자 윌리엄 스틱스러드와 교육자 네드 존슨은 《놓아주는 엄마 주도하는 아이》[12]의 공동 저자다. 그들은 아이들이 스스로 문제를 해결하게 하면(틀린 부분을 고쳐주거나 도와주고 싶은 충동을 참고 아이들을 칭찬하는 방식에 주의한다면) 아이들을 좀 더 자신감 있게 키우고 아이들이 불안과 스트레스로 고생할 가능성을 줄일 수 있다고 말한다.

난 아이들에게 관심을 끊고 내버려두라고 제안하는 게 아니다. 캘리포니아주와 워싱턴주의 공립학교 네트워크인 서밋 퍼블릭 스쿨의 공동 설립자 다이앤 태브너에 따르면 아이 숙제 대신 해주기와 아이에게 스위스 군용 칼과 성냥한 갑만 쥐여 주고 무인도로 보내기 사이 어딘가에 아이가 실패하고 그 경험에서 배울 수 있는 중간 지대가 있다고 한다. 태브너는 숙제하기 등의[13] 작은 일에서 아이가 실패를 겪어보게 하라고 부모들에게 권한다. "과제 하나든 몇 개가 됐든 그 결과가 아이의 인생을 바꾸지 않는다는 걸 기억하세요." 그리고 당신은 아이의 코치라 생각해야 한다고 조언한다. 답을 알려주지 말고 질문하자. 아이들이 혼자 힘으로 성공할 수 있게 자기만의 기술을 익히도록 도와야 한다.

아이 스스로 성공하게 하자

침묵을 지키고 아이들에게 실패할 여지를 주면 좋은 점이 있다. 아이들이 성공하면 승리는 오롯이 아이들 것이다. 미셸 오바마Michelle Obama는 그것이 바로[14] 오빠와 자기가 어렸을 때 부모님이 주신 최고의 선물이라고 말한다. 미셸은 자신의 어머니 마리안 실즈 로빈슨Marian Shields Robinson을 팟캐스트에 초청해 나눈 대화에서 "어머니는 우리 남매의 성공과 실패를 우리 것으로 만들어주셨어요"라며 고마워했다.

이는 작은 일에서 시작한다. 로빈슨은 아이들에게 제시간에 일어나 학교에 가라고 닦달하지 않았다. 그건 아이들이 알아서 할 일이었다. 미셸 오바마는 그런 작은 일들이 나중에 큰 성공을 가져온다고 믿는다. 그녀는 "아이가 스물한 살이나 스물두 살이 되었을 때 자립하길 바란다면 5세에서 7세 정도 되었을 때부터 연습하게 해야 해요"라고 말했다.

오바마 대통령의 재임 시절, 대통령 부부와 백악관에서 함께 살면서 손녀인 말리아, 사샤를 돌본 로빈슨은 아이들이 성공하게 하려면 부모인 당신도 때로는 뭘 해야 할지 모른다는 걸 인정해야 한다고 조언한다. "부모들은 답을 모두 알고 있어야 한다고 생각하지요. 하지만 답을 다 아는 사람은 아무도 없어요. 전 아무렇지도 않게 '나도 모르겠단다'라고 했어요."

로빈슨은 목수형 어머니가 아니라 정원사형 어머니였다. 그녀는 딸이 의지가 굳세다는 사실을 알았으므로 굳이 바꾸려 애쓸 필요가 없다고 생각했다. 미셸 오바마는 "그건 어머니가 제게 주신 선물이었어요"[15]라고 청중들에게 말한 적이 있다. "부모님은 제 마음속에 타오르는 불꽃을 보셨어요…… 우리는 성격이 무척 활발한 딸들의 불꽃을 꺼 버리려 할 때가 많아요. 하지만 부모님은 그렇게 하지 않으 셨죠…… 두 분은 그 불꽃이 계속 타오르게 하는 방법을 찾 으셨어요. 나중에 제게 그 불꽃이 필요하리란 걸 아셨기 때 문이죠. 딸이 그 불꽃을 꺼트리지 않게 하려면 딸의 의견을 소중히 여기고, 딸이 소리 내어 말하게 하고, 그 불꽃을 활 용하는 법을 배우게 해야 합니다."

미셸 오바마는 자식에게 간섭하지 않는 어머니의 양육 방식을 이어받아 자신의 딸들도 '마음껏 시도하고 실패하 게 하는 방식'으로 키웠다. "엄마가 되려면 아이를 놓아주 는 데 달인의 경지에 와 있어야 해요." 그녀는 영국판 〈보 그〉 인터뷰에서 메건 마클에게 조언했다. "엄마가 되고 나 자[16] 내가 할 일은 아이들이 어떤 사람이 되고 싶은지 탐색 하고 발전하도록 아이들에게 여유를 주는 것임을 깨달았어 요. 제가 아이들에게 되길 바라는 사람, 혹은 제가 그 나이 라면 되고 싶은 사람이 아니라 아이들 내면 깊은 곳에 있는 진실한 사람을 말해요. 내가 할 일은 아이들이 어떤 고난도 겪지 않도록 앞으로 걸어갈 길을 불도저로 밀어주는 게 아 니라는 걸 알았어요. 대신 아이들이 어쩔 수 없이 실패했을 때 올 수 있는 안전하고 한결같은 장소가 되어야 합니다. 그리고 아이들에게 혼자 힘으로 어떻게 일어서는지 몇 번이고 보여줘야 해요."

아이들이 지루해하게 하자

미국의 음악가이자 배우인 린 마누엘 미란다는 지루함의 함을 믿는다. 어릴 때 그는 오후에 늘 빈둥빈둥 공상에 빠져 지낸 덕분에 상상력을 풍부하게 키울 수 있었고, 그로 인해 역사상 가장 크게 히트한 브로드웨이 쇼 중 하나이자 퓰리처상을 받은 〈해밀턴〉이 탄생했다고 한다. "아무것도 쓰여있지 않은 페이지나 텅 빈 침실은 창의력을 자극하는 데 가장 효과가 좋습니다."[17] 미란다는 〈GQ〉와의 인터뷰에서 육아의 핵심은 육아를 조금 덜 하는 것이라고 덧붙였다. 그는 조금 다르게 생각할 수도 있지만 나는 그가 입 닥치는 아빠라는 생각이 든다.

입 닥치는 육아의 한 가지 원칙은 아이들을 즐겁게 해주는 건 부모의 일이 아니라는 점이다. 그건 부모의 의무가 아니다. 사실 부모는 아이들을 지루하게 해야 한다. 지루하다는 건 좋은 점이 많다. 예를 들어, 아이들은 지루하면 창의력을 발휘하고 감정을 더 잘 조절한다는 사실을 보여주는 새로운 연구들이 많다.[18] 아이들이 "심심해요"라고 불평한다. 좋다! 이 우주는 당신과 아이들에게 방금 선물을 건넸다. 아이들의 비어있는 시간을 다른 할 일로 채우고 싶은 충동을 참자. 입 닥치고 아이들이 혼자 힘으로 해결하게 하자.

교육학 및 평생학습 교수이자 지루함과 창의성 사이의 연관성을 연구하는 테레사 벨튼Teresa Belton에 따르면 사람들은 지루해지면 불편하다고 느끼지만 지루해진 뇌는 '내부 자극internal stimulus'을 발달시키고 생각할 거리를 찾는다고 한다. 벨튼은 아이들이 '일어나서 빤히 쳐다보는 시간', 다시 말해 주변 세계를 관찰하며 아이들의 뇌가 공상에 빠져들 시간이 필요하다고 주장한다.[19]

지루해지면 어른들에게도 좋은 점이 있다. 심리학계 연구원들은 창의적인 사고력 시험을 보기 전에 지루한 작업을 한 사람들이[20] 대조군에 속한 사람들보다 성적이 더 뛰어나다는 사실을 알아냈다. 알베르트 아인슈타인은 항상 빈둥거렸다. 아무것도 하지 않고 돛단배에 탄 채 둥둥 떠다니는 동안 최고의 아이디어를 여럿 생각해냈다고 직접 말하기도 했다. 스티브 잡스는 꾸물거리고 일을 미룰 때가 많았다. 유명 시나리오 작가이자 영화감독인 아론 소킨Aaron Sorkin은 샤워할 때 기발한 아이디어가 많이 떠올라서[21] 하루에 샤워를 여섯 번이나 하기도 했다.

그건 정신 나간 짓이다. 하지만 요즘 우리가 아이들을 키우는 방식도 그렇다. 아이들을 지루해하게 만들고 우리는 입을 닥치자.

입술을 꽉 물고 참자

누가 뭐라 해도 고故 엘리자베스 여왕은 입 닥치는 법을 잘 알았다. 옛날 방식으로 입술을 꽉 물고 꿋꿋하게 참는 모습은 그녀의 가장 큰 장점이었다. 그녀만큼의 자제력이 부족한 왕실 가족이 벌인 난장판을 끊임없이 수습하느라 미칠 지경이었다고 나는 확신하지만 그녀는 불만을 드러낸 적이 한 번도 없었다. 왕실 가문인 윈저가The Windsors 일원들은 웃기는 사람들이고 군주제 역시 우스꽝스러운 제도다. 여왕도 그 사실을 잘 아는 듯했다. 하지만 가식적인 영국 왕실이 무너지지 않게 하는 유일한 방법은 여왕이 입을 닥치고 골치 아픈 문제를 피해 다니며 무슨 생각을 하는지 아무에게도 알리지 말아야 한다는 걸 아는 듯했다. 여왕이 유일하게 신경 쓴 존재는 왕실에서 키우는 말과 강아지들뿐이었을지도 모른다.

멋지다. 굉장하다. 우리 모두 엘리자베스 여왕에게서 배워야 한다. 이 세상은 우리가 어떻게 느끼는지 알 필요가 없다. 감정을 억누르면 나쁘다고 들었는데 정말 그럴까? 당신만의 문제와 의견은 당신 혼자 아는 편이 주변 사람 모두에게 마구 쏟아내는 것보다 낫다. 여왕은 이렇게 말했을지도 모른다. '입 닥치고 하던 일을 계속하세요.'

찰스 3세는 어머니인 엘리자베스 여왕이 그리 좋은 어머니가 아니었다고[22] 전기 작가에게 불평한 적이 있다. 여왕은 자신을 차갑고 매정하게 대했으며 왕실 의무에 따라 전 세계를 순방하는 동안 어린아이였던 자신은 늘 유모들에게 맡겨졌다고 했다. 어머니의 애정 부족은 맞는 말일 수도 있다. 티나 브라운이 쓴 《왕실 보고서》[23]에서 밝혔듯이, "안됐지만 찰스는 성격상 여왕이 좋아하는 타입이 아니었다는 게 진실이다." 누가 여왕을 탓하겠는가? 다른 모든 일과 마찬가지로 어머니의 양육 방식에 대한 아들의 불평을 두고 여왕이 보인 반응은 완벽했다. 여왕은 아무 말도 하지 않았다.

찰스가 기후 변화, 축산업, 이라크 전쟁, 교사들의 학급 운영안, 약초, 오래전 지어진 남극의 오두막집, 멸종 위기에 처한 파타고니아 이빨고기의 운명 등 다양한 대의명분을 위해 로비하는 편지들을 의원들에게 마구 보내자 영국 언론은 그를[24] '멍청이', '얼간이', '바보'[25]라고 조롱했다. 그는 사생활이 지저분해서 왕실에 문제를 끝없이 일으켰다. 영망진창이었던 고 다이애나와의 결혼 생활에 이어 더욱 골치 아픈 이혼 과정이 뒤따랐고, 나중에 아내가 된 카밀라와 했던 민망하고 '섹시'한 통화 내용이 공개되기도 했다. 그때마다 여왕은 처음엔 아들이 실패하게 내버려뒀고, 나중엔 아들을 위해 서둘러 상황을 수습했다.

찰스와 다이애나가 별거에 들어간 뒤 여왕은 몇 년 동안 입을 다물었다. 하지만 다이애나는 언론인 마틴 바셔와 함께 BBC에 출연해 남편 찰스와 왕실에 대한 불만을 폭로하며 흐느껴 울었다. 여왕은 분노를 참고 다이애나의 집으로 사람을 보내 편지를 전달했다. 편지 내용을 요약하자면 '이젠 끝이다'였다. 그 뒤 여왕은 찰스와 다이애나가 이혼한다는 짤막한 공개 성명을 발표했다. 그게 다였다. 인터뷰도 하지 않았다. 토크쇼에 출연해 며느리 다이애나가 자기를 얼마나 기분 상하게 했는지 한탄하며 눈물을 쏟지도 않았다. 여왕은 해야 할 일을 했고[26] 그 일에 대해 입을 닫아버렸다.

다이애나가 사망했을 때도 여왕은 아무 말도 하지 않겠다는 신념을 굳게 지킬 것 같았다. 하지만 비통해하는 영국 국민은 그들의 군주가 자신들처럼 슬픔에 젖어있지 않다고 불평하기 시작했다. 여왕은 위기를 피하려고 아무런 감정도 담지 않은 목소리로 BBC에서 3분간 생방송으로 연설했다.[27] 사실 여왕으로서 의무를 수행한 이 연설에서 그녀는 다이애나에 대해 좋은 말을 했고 예를 갖췄으며 어쩌고저쩌고 뭔가 느끼는 척했지만 그렇다고 너무 티 나게 하지는 않았다.

다이애나의 장례식에서 여왕은 관 앞에서 고개를 숙였다. 이는 획기적인 사건이었다. 군주는 다른 사람들에게 고개를 숙이지 않는다는 규칙을 위반했기 때문이다. 하지만 국민의 왕실 지지를 회복하는 훌륭한 홍보 조치이기도 했다. 이것이 바로 입 닥치기의 대표적인 사례다. 여왕은 말 한마디 하지 않고 모든 것을 말했다. 여왕은 고개를 숙이기 싫었을지도 모른다. 혹은 진심이었을 수도 있다. 어쨌든 우린 결코 진실을 알 수 없다. 주변의 다른 모든 사람과는 달리 여왕은 수수께끼 같은 존재로 남을 만큼 똑똑하고 눈치가 빨랐기 때문이다. 브라운이 쓴 표현에 따르면 "국가를 있는 그대로 비춰주는 텅 빈 거울" 같은 존재였다.

찰스와 다이애나에 이어, 이번에는 둘째 아들 앤드루에게서 영국 왕실을 구해내야 하는 성가신 잡무가 여왕에게 떨어졌다. 앤드루는 형보다 훨씬 더 추잡했다. 타블로이드지를 떠들썩하게 달군 결혼과 이혼으로 왕실의 노여움을 샀다. 거기서 그치지 않고 훨씬 더 추악하고 문란한 사건을 저질렀다. 그는 소아성애자로 악명이 높은 제프리 엡스타인과 절친한 사이였고, 엡스타인의 희생자이자 미성년자였을 때 앤드루에게 성적으로 학대를 당했다고 주장하는 여성에게 소송당했기 때문이다. 여왕은 소송 문제를 해결한 뒤 앤드루의 직함을 박탈했고 왕실의 모든 공식 업무에서 평생 사퇴하게 했다. 문제는 해결되었다. 여왕은 이 사건에 대해서도 대중 앞에서 한마디도 하지 않았다.

제멋대로 막 나가는 손자 해리가 대중에게 신세타령하고 오프라 쇼에 출연해 어린 시절이 끔찍했다고 하소연하며 왕실에서 벗어나겠다고 선언하자, 여왕은 해리와 그의 부인 메건 마클이 자신들을 '왕족royal'이라 부를 권리를 박탈했다. 이 사건을 둘러싸고 여왕은 계속 침묵했으므로 이는 더욱 강력한 처벌이었다. 하지만 해리는 할아버지가 병원에서 죽음을 눈앞에 두고 있어도 아무렇지도 않게 왕실에 대한 불평불만을 늘어놓았다. 구식이긴 해도 할아버지의 조언에 귀를 기울였으면 더 좋았을 것이다. "아무렴, TV 인터뷰해도 좋다.[28] 하지만 네 신세 한탄만 늘어놓진 말아라."

"여왕은 감정을 드러내지 않으려 자제하다 보니 문제가 생겼을 수도 있다. 하지만 차라리 그게 자아도취에 빠진 것보다 낫고, 다른 왕실 가족들이 보여준 몰상식한 행동보다 낫다"라고 영국의 역사학자인 마틴 프랜시스Martin Francis는 말했다. 그는 "'입술을 꽉 물고 참는'[29] 시대는 끝나야 한다"라고 말한 윌리엄 왕자를 비판한 적이 있다. 정말 끝나야 할까? 분명 나만의 문제에 대해서는 정신과 의사를 따로 만나 이야기할 수 있다. 하지만 "온 세상에 알리겠다고 TV에 출연해 떠들어대는 건 치료가 아니라 이기적인 행동이다"라고 마틴은 말했다. "입술을 꽉 물고 꿋꿋하게 참는 방식을…… 지금도 적극적으로 추천한다."

그 말에 전적으로 동감한다.

행복한 핀란드 사람들의 육아

2022년, 핀란드는 5년 연속 세계에서 가장 행복한 나라로[30] 선정되었다. 이유야 많겠지만 가장 큰 이유는 핀란드 사람들은 입 닥치는 법을 잘 알고 있기 때문이다. 핀란드 사람들은 세계에서 가장 조용하고 내성적인 민족 중 하나다. 그들은 극단적으로 말수가 적다. 단 몇 초의 침묵도 견디지 못하는 미국인들과는 달리, 핀란드 사람들은 말 한마디 없이 같이 앉아만 있어도 더할 나위 없이 만족해한다. '침묵하면 금이요,[31] 말하면 은이다'라는 핀란드 속담이 있을 정도다. 미국인들은 무엇보다도 개인의 요구사항과 성취를 우선시하는데 핀란드 사람들은 조화와 균형을 중요하게 여긴다.

코로나19로 거리 두기가 시행되어 서로 2미터 간격을 유지해야 했을 때 핀란드에서는 이런 농담이 유행했다. "원래대로 그냥 4미터 유지하면 안 되나요?"[32] 이런 농담도 있다. "핀란드 사람이 당신을 좋아하는지 어떻게 알 수 있을까? 자기 신발 말고 당신 신발을 빤히 쳐다보고 있는지 봐라." 온 나라가 너무 조용해서 핀란드 관광청은 '침묵 여행'[33]이라는 아이디어를 내고 전국적 캠페인을 기획한 적이 있다. 이 여행은 특히 중국 관광객들을 겨냥했다. "너무 조용해서 당신 생각이 들리는 곳으로 떠나고 싶나요?[34] 핀란드 라플란드의 고요한 숲, 한적한 전원 마을, 오래된 성지와 국립공원을 소개하겠습니다."

핀란드 출신이자 포뮬러 원 챔피언인 키미 라이코넨은 트랙을 질주할 때 보여준 뛰어난 기술로 유명했다. 하지만 경기장 밖에서는 거의 입을 열지 않아 더욱 유명했다. 그가 은퇴하자[35] 팀 동료가 아쉬워했다. "그 친구의 침묵이 그리울 겁니다." 라이코넨은 나중에 그에 관한 영화를 제작하는 데 동의할 수는 있지만[36] '무성 영화'로만 한정하겠다고 못 박았다.

핀란드 교육 시스템은 세계 최고 중 하나다(미국 시스템보다 훨씬 낫다). 그들의 교육 시스템은 입 닥치는 자제력의 힘을 보여주는 모범 사례다. 아이들을 압박하지 않는다. 표준화된 테스트가 없다.[37] 아이들은 더 늦은 나이에 학교에 입

학하며[38] 수업일수도 더 짧은 데다 노는 시간이 많다. 하지만 핀란드 아이들의 학업 성취도를 다른 나라 아이들과 비교하면 항상 최상위에 가깝다. 미국 아이들보다 훨씬 앞서 있다.

핀란드 부모들이야말로 입 닥치는 부모들이다. 앨리슨 가프닉은 그들을 목수형 부모라기보다는 정원사형 부모라 부를 것이다. 그들의 양육 방식은 미국인들과 전혀 딴판이다. 헬리콥터 부모나 타이거 맘 같은 사람들이 없다. 핀란드 사람들은 아이들이 매일 몇 시간씩 놀게 하고 자기 속도에 맞춰 배우게 한다. 그리고 독립심과 자립심, 예의범절과 다른 사람들을 배려하는 것에 높은 가치를 둔다. 핀란드 아이들은 집에 와서 점심을 만들어 먹고 혼자 숙제한다.[39] 핀란드 가족들은 뒷마당에 레이키모키leikimokki라는 놀이용 작은 오두막집을 지으며[40] 아이들은 그 안에서 친구들과 놀고 여름에는 잠도 잔다.

핀란드의 환경은 행복하게 지내기 어려운 조건인데 핀란드 사람들은 그렇지 않다. 핀란드 날씨는 비참한 수준이다. 겨울에는 낮에 고작 몇 시간만 햇볕이 들며 헬싱키 주변 남쪽에는 겨울이 100일, 북쪽에는 200일 동안 계속된다. 어쨌든 그들은 행복하게 지낸다. 나는 그들이 입 닥치는 법을 알고 있고 서로를 귀찮게 하지 않기 때문이라고 생각한다. 핀란드 사람들은 사교성이 부족하지 않다. 그들은 벌거 벗고 친구들과 사우나에서 어울리기를 무척 좋아한다. 잡담을 좋아하지 않을 뿐이다. 굳이 말로 하지 않더라도 서로 소통할 수 있다.

일본 부모들의 조용한 육아

일본에서는 말없이 소통하는 기술을 하라게이, 즉 '무언의 말belly talk'이라고 부른다. 그것은 큰 소리로 말하는 대신, 표정을 바꾸고 어깨를 으쓱하며 눈을 움직이고 또 다른 비언어적 신호를 써서 의견을 나타내거나 생각을 전달하는 능력을 말한다. 입으로 소리 내서 말한다기보다는 몸으로 말한다고 보면 된다. 이 방법은 일본에서 잘 통한다. 일본은 '고맥락high-context' 문화, 즉 사람들이 서로를 이해하며 드러내놓고 말할 필요가 없는 집단주의 사회이기 때문이다. 일본인들은 대화하는 중에 침묵하는 시간이 미국인들보다 보통 두 배 더 많다.

일본인들에게는 또한 이신덴신以心伝心이라 불리는 개념이 있다. 이것은 '텔레파시'라고 번역할 수 있으며, 상대방이 말하지 않더라도 그 사람을 이해할 수 있는 능력을 뜻한다. 손타쿠라는 말도 있다. '숨어있는 속뜻을 읽는다'[41]라고 해석할 수 있겠다. 모두 일본인들에게 섬세하고 교묘하며 효율적인 의사소통 방법들이다. 일본인들은 침묵이 흘러도 미국인들처럼 불안하다며 호들갑을 떨지 않는다. 침묵을 존경의 표시로 여긴다. 대화 중에 침묵하면 그건 상대방이 방금 한 말을 조용히 생각한다는 뜻이다. 또한 침묵은 지적 능력을 나타낸다. 일본에서는 속마음을 숨기지 않거나 말이 너무 많으면 평범하고 유치하며 멍청하다고 여긴다.

침묵은 일본인들의 육아에도 큰 역할을 한다. 이를 통해 왜 그들이 미국인들보다 훨씬 더 침묵을 잘 지키는지 설명할 수 있다. 어린아이들을 데리고 일본에 온 서양인들은 두 살배기가 음식점과 공공장소에서 떼쓰지 않고 얌전히 앉아있는 모습을 보고 깜짝 놀란다. 일본 부모들은 아이들 앞에서 모범을 보임으로써 억제하고 절제하며 예절을 지키는 법을 가르치는 조용한 육아의 달인[42]이기 때문이다.

미국의 소설가 케이트 루이스Kate Lewis는 어린 딸과 아들을 데리고 일본에서 지낼 때, 말 안 듣고 시끄럽기 짝이 없는 그녀의 아이들과 차분한 일본 아이들이 너무 비교되어 당황했다. 그녀는 일본 부모들의 훈육 방식은 다르다는 사실을 알아냈다. 시츠케라고 부르는 방식은 '훈련' 또는 '양육'으로 번역된다. 시츠케를 직역하면 '조용한 방식'이다.

일본 부모들은 놀이터나 쇼핑몰에서 아이에게 소리 지르지 않고 기다렸다가 (당신은 아이에게 소리 지르는 부모를 얼마나 자주 봤는지, 당신도 아이에게 얼마나 많이 소리를 질러댔는지 생각해보라) 나중에 사람들이 없는 데서 아이와 조용히 대화한다. 루이스는 〈도쿄 소식통〉에 기고한 글에 이렇게 썼다. "어딜 가도 그 모습이 눈에 들어왔다.[43] 부모들은 기차역 기둥 뒤나 공원 가장자리에 쭈그리고 앉아 아이와 차분하게 대화했다."

하지만 주목할 점이 있다. 행복한 핀란드 사람들과는 달리, 일본은 행복한 정도를 매년 순위로 매기는 설문 조사에서 주로 바닥권에 있다. 2019년 29개국을 대상으로 한 조사에서 일본은 23위였다. 2020년 발표된 〈유엔 세계행복보고서〉[44]에서 일본은 62위였다. 하지만 그건 아마 일본 국민이 생각하는 행복이라는 개념이 서양 여론조사기관들이 찾는 게 아니기 때문일 것이다. 서양인들은 행복이란 잔뜩 신나고 큰 승리를 거두며 훌륭한 과업을 성취하는 것으로 여긴다. 일본인들은 더 조용한 것들을 가치 있게 여긴다.[45]

또한 일본은 세계에서 가장 장수하는 나라다. 음식과 유전 영향이 크겠지만 '이키가이' 때문일 수도 있다. 이키가이는 '항상 바쁘게 살면서 얻는 행복'으로 번역되는데, 실제로는 목적과 의미가 있는 삶을 산다는 뜻이다. 이키가이는 서양인들이 열정적으로 탐구하는 주제다. 이키가이에 관한 책도 많이 출판되었고 테드 강의도 많다.

오키나와섬의 오기미 마을은 100세 이상 노인 비율이 세계 어느 곳보다도 많으며 이키가이 또한 평균보다 훨씬 높은 수준이라고 헥토르 가르시아와 프란체스크 미랄레스가 밝혔다.[46] 이들은 오기미 마을을 방문해 노인들을 인터뷰한 사람들이다. 애리조나대학교 심리학자 마티아스 멜은 '의미 있고 실질적인 대화'가 더 바람직한 정신 건강과 더 튼튼한 면역 체계의 핵심이라는 점을 알아냈는데, 이키가이는 이 '의미 있고 실질적인 대화'와 공통점이 상당히 많다. 내 말을 줄이고 다른 사람의 말을 더 많이 듣는다. 잡담을 피하고 진정한 대인 관계를 맺는다. 이렇게 매우 간단한 방법이다.

입 닥치기는 다른 사람들을 위한 것이기도 하다. 입을 닥치면 주변 사람들에게서 최선의 결과를 끌어낼 수 있다. 누군가의 말에 귀를 기울이고, 당신 말고 다른 사람들에게 온 힘을 다해 집중하면 마법 같은 일이 벌어진다. 윈스턴 처칠의 어머니 제니 제롬은 영국의 거물 정치인 윌리엄 글래드스턴과 벤저민 디즈데일리와 저녁 식사를 했을 때 두 사람의 차이를 명확하게 설명했다. "글래드스턴 씨 옆에 앉았다가 음식점을 떠났을 때, 난 그가 영국에서 가장 똑똑한 남자라고 생각했지요. 하지만 디즈데일리 씨 옆에 앉아 있었을 때 내가 영국에서 가장 똑똑한 여자가 된 느낌이었어요."

당신이 살아가면서 만나는 모든 사람들에게 그런 긍정적인 영향을 줄 수 있다고 상상해보자. 아이들이 더 행복하게 지내고 자기 일을 스스로 알아서 하며 성공할 수 있게 해준다고 상상해보자. 아이들이 창의력을 마음껏 발휘할 수 있게 해서 세상에서 가장 어려운 문제들을 해결하게 한다고 상상해보자. 친구들과 친척들, 또는 일상에서 마주치는 낯선 사람들에게서 최선의 결과를 끌어낼 수 있다고 상상해보자. 우리 아이들과 친구들, 친척들도 당신처럼 주변에 긍정적인 영향을 끼쳐서 선한 기운이 더 넓은 세상으로 퍼져나간다고 상상해보자. 입 닥친다는 말은 말을 더 적게 해서 더 많이 얻고자 하는 것 그 이상이다. 입 닥치는 법을 배우는 사람이 많다면 우린 모두를 위해 이 세상을 좀 더 나은 세상으로 바꿀 수 있다.

8장

사랑하는 사람에게
입 닥치기

아내와 나는 오랫동안 부부 상담을 받았다. 무뚝뚝한 중년 남자 상담사는 입이 떡 벌어질 정도로 비싼 비용을 청구했다. 그는 우리 부부를 소파에 나란히 앉게 하더니 내게 집에서 요리를 더 많이 하라고 조언했다. 카디건 스웨터와 해리스 트위드 재킷 차림의 어떤 나이 많은 남자 상담사는 친절하고 나긋나긋한 말투로 우리 부부에게 둘만의 데이트를 즐겨야 하며 로맨틱한 주말을 보내라고 권했다. 찰랑거리는 귀걸이를 하고 양말에 샌들을 신은 어떤 60대 여자 상담사는 우리 부부에게 호흡 연습을 하게 했으며, 찰랑거리는 귀걸이를 하고 양말에 샌들을 신은 또 다른 60대 여자 상담사는 상담 같은 건 집어치우고 당장 갈라서라고 딱 부러지게 말했다.

그래서 우리 부부는 별거에 들어갔다. 당시 코로나19로 봉쇄가 된 때였는데 집을 따로 얻어 지내면서 혼자 멍하니 앉아 있다가, 가족을 잃는 걸 비롯해 지금까지 닥친 나쁜 일은 대부분 내가 입만 닥쳤더라면 피할 수 있었겠다는 생각이 퍼뜩 들었다. 그때가 바로 어떻게 하면 입 닥칠 수 있을지 고민하기 시작한 순간이다.

몇 년간 다양한 상담사를 만나 부부 상담을 받았지만 우리 부부에게는 아무런 도움이 되지 않았다. 사실 아내와 나는 대화를 할수록 사이가 더 나빠졌다. 우리 부부가 정말로 해야 할 일은 말을 줄이고 지금은 세상을 떠난 루스 베이더 긴즈버그 대법관의 조언에 귀를 기울여 '약간 귀머거리처럼' 지내는 것이었다. 이 방법으로 긴즈버그와 그녀의 남편 마틴Martin은 우리 대부분이 꿈만 꾸는 완벽한 결혼 생활을 즐길 수 있었다. 함께 나이가 들어도 결코 사랑이 식지 않는 결혼 생활을 유지하는 탁월한 방법이었다. 그녀의 표현에 따르면 '남들과 비교할 데 없이 뛰어난 56년 동안의 결혼 파트너십'이었다.

약간 귀머거리처럼 지내기에 덧붙여 약간 벙어리처럼 지내도 도움이 된다. 하지만 말을 강제로 하지 못하게 할 방법은 없으니 머릿속 생각을 불쑥 내뱉는 걸 도저히 막을 수 없었다. 나는 가족과 떨어져 혼자 살게 된 후, 입 닥치는 방법을 개발하는 데 집중했다. 정신과 의사에게 귀가 닳도록 들었던 "자나 깨나 아무 말도 하지 마세요"를 끈기 있게 실천했다. 누가 당신의 감정을 상하게 하더라도 반응할 필요가 없다. 사실 어떤 상황에서든 입을 열고 말할 필요가 전혀 없다. 존 프랜시스라는 환경 운동가는[1] 17년 동안 말하지 않고 지내며 박사 과정을 마쳤고 유엔 친선대사로 임명되었다. 나는 우리가 그 정도까지 해야 한다고 주장하지 않는다. 다만 그런 일도 가능하다는 말이다.

나는 가능한 한 언제 어디서든 입 닥치는 연습을 매일 했다. 우리 문화가 상담 치료라는 행위에 얼마나 빠져 있는지 분명히 보여주는 증거로, 우리 부부에게 결혼 문제 상담사를 또 만나보라는 사람도 있었다. 이번에는 관계 회복이 아니라 어떻게 하면 서로 원만하게 헤어질 것인지에 관해서였다. 하지만 우리 부부는 말로 하는 상담 치료만큼은 무슨 일이 있어도 피하고 싶었다. 당시 우리 부부에게 정말 필요했던 건 말이 필요 없는 치료였다.

우리 부부는 아이들이 있었으므로 계속 연락을 주고받았다. 하지만 가능한 한 조용히 소통하려고 노력했다. 물론 화가 나서 문자를 주고받거나 통화를 하다 어느 한쪽이 전화를 일방적으로 끊어버리기도 했다. 그래도 우리는 긴즈버그의 두 번째 조언을 따르려고 애썼다. "생각 없이 말을 내뱉거나 불친절하게 말하면 무시하는 게 최고입니다. 화내거나 짜증 낸다고 설득력이 좋아지지 않습니다."

커플들은 제대로 싸우는 법을 배울 필요가 있다고[2] 정신과 의사들은 말한다. 하지만 난 긴즈버그의 조언대로 처음부터 싸우지 않는 법을 배우는 게 더 낫다는 생각이다. 아내와 나는 말싸움으로 끝장을 보거나 해묵은 논쟁거리를 다시 꺼내지 않았다. 우린 상대방의 결점을 비난하지 않았다. 그대로 뒀다. 그러자 나는 함부로 말을 툭 내뱉지 않게 되었다. 조금 두렵긴 했다. 하지만 우리 부부는 말수를 줄이고 각자 함께 시간을 보내기 시작했다. 지금까지 받은 치료법과 달랐던 조용한 치료법이었다. 화가 잔뜩 나서 상대방을 괴롭힐 때 쓰던 방법이 아니었다. 우리는 강아지를 데리고 숲속을 산책했고 밖에서 만나 함께 저녁을 먹기도 했다.

아내가 기다리는 음식점에 들어가기 전에는 차 안에서 심호흡을 여러 번 하고 입 닥치기 체크리스트를 훑어봤다. 저녁 식사를 하는 동안 거의 말하지 않고 아내의 말에 귀를 기울였다. 나 혼자 떠들어대지 않고 아내에게 질문했고, 대화를 하다 말이 잠시 끊어져도 가만히 있었다. 식사 시간 내내 아내가 한 말을 그대로 받아 말하기만 했다. 내가 하려는 이야기 주제 같은 건 생각하지 않았다. 그저 "응" 또는 "그거 재미있네"와 같은 추임새만 넣었다.

우리는 다시 꿀 떨어지듯 알콩달콩 살겠다거나 처음 만났을 때 열정을 되살려 다시 사랑에 빠지려 애쓰지 않았다. 아무 말 없이 함께 앉아 있을 때도 있었다. 입 닥치기를 실천하기 전에 이렇게 했더라면 답답해서 미쳐버렸을 것이다. 하지만 이젠 대화의 공백을 서둘러 채우려 하지 않고 불안한 느낌이 저절로 사라질 때까지 마주하는 법을 배웠다. 시간이 흐르면서 불안한 느낌을 참기 쉬워졌다. 몇 달 뒤, 우리는 서로의 차이점을 그대로 두고 다시 합쳤다.

이렇게 아무 말도 하지 않는 치료법이 당신에게도 효과가 있다고 장담할 수는 없다. 하지만 '약간 귀머거리처럼' 지내는 방법은 긴즈버그 부부에게 효과가 있었고 우리 부부도 좋은 결과를 얻었다. 이 방법은 시도해볼 만하다.

제발 조용히 좀 해줄래요?

우리처럼 시끄러운 문화권에서는 말하기를 중요시한다. 우리는 여러 사안을 철저하게 논의하고 의견을 주고받으며 대화로 풀어나간다. 그런데 그 결과는 어떤가? 부부들의 거의 절반이[3] 부부 문제로 상담을 받지만 초혼의 절반이 실패한다. 재혼과 삼혼은[4] 실패율이 훨씬 더 높다. 상담 치료를 받는 커플의 25퍼센트는[5] 전보다 사이가 더 나빠진다. 이걸 성공이라 부를 수 있을까?

미네소타대학교 심리학자 윌리엄 도허티에 따르면 커플

간 문제를 상담하고 해결하는 일 자체가 상당히 어렵고, 치료사들 대부분은 해결 방안에 대한 전문 교육을 받지 않았다는 사실이 문제의 일부 원인이라고 한다. 그는 〈상담 치료는 건강한 결혼 생활에 어떻게 위험할 수 있는가〉[6]라는 글에서 "소비자 관점에서 보면 커플 상담 치료를 받겠다는 건 정형외과 과목을 배우지 않고 건너뛴 의사에게 부러진 다리를 맞춰 달라고 맡기는 것과 같다"라고 썼다. 하지만 더 큰 문제가 있다. 정신과 의사 앞에서 결판을 내겠다고 부부가 말싸움을 벌이는 것 자체가 처음부터 잘못된 생각일 수도 있다. 50분 동안 불만을 줄줄 늘어놓는 시간은 이미 생겨버린 나쁜 버릇을 오히려 악화시킬 수도 있다.

네덜란드 흐로닝언대학교[7] 연구원들은 커플들이 아무 말 없이 함께 시간을 보내면 사이가 더 좋아진다는 사실을 알아냈다. 트라우마를 회복하려는 커플들을 상담하는 심리학자 수잔 필립스는 '그저 함께 있기만 해도 효과가 있다'라고 믿는다. 이는 비언어적 신호에 초점을 맞추면 사람들은 자기도 모르는 사이에 서로 연결된다는 생각에 근거한다. 필립스는 고객들에게 시간을 내서[8] 함께 명상하거나 자연 속을 걷거나 드라이브를 하는 등 아무 말 없이 시간을 보내라고 조언한다. "어떤 커플이 서로 유대 관계를 유지하면서 각자 침묵할 수 있다면 그건 유대 관계가 탄탄할 뿐만 아니라 각자 독립심도 강하다는 사실을 보여줍니다."

이렇게 아내와 나는 입 닥치기 치료법을 실천했고, 몇 년 간 받았던 값비싼 상담 치료로 결코 해소할 수 없었던 문제를 해결할 수 있었다. 우리 부부는 다시 합쳤다. 이후 나는 집에서 계속 입 닥치며 지내고 있다. 그러자 모든 상황이 변했다.

입 닥치면 사랑에 빠진다

1967년, 심리학자 아서 아론은 처음 만난 두 사람이 사랑에 빠지게 만드는 마법의 주문을 개발했다. 단, 그 주문이 효력을 발휘하려면 먼저 서로에게 36가지 질문을 해야 한다. 이 질문들은 뒤로 갈수록 개인적인 내용으로 바뀐다. 질문을 다 마치면 마지막으로 서로의 눈을 4분 동안 말없이 바라본다. 그러면 이 마법의 주문은 봉인된다. 두 사람은 사랑에 빠진다.

뉴욕주립대학교 스토니브룩 캠퍼스 교수인[9] 아론은 이 방법이 누구에게나 효과적인 완벽한 방법이라고 주장하지는 않는다. 상대방과 어느 정도 공통점이 있어야 하고 기본적으로 서로에게 끌려야 한다. 이 전제조건에 둘 다 부합하는 상황이라면 그 질문들에 답하고 서로를 말없이 바라보면 사랑에 빠지는 결정적 계기가 될 수 있다고 말했다. 또 그게 가장 중요한 것일 수도[10] 있다고 덧붙였다. "사랑은 인간의 삶에서 중심 역할을 합니다. 인간관계의 질은 행복을 가장 크게 좌우합니다. 엄청난 재산이나 화려한 성공보다 더 중요하지요. 사랑은 건강의 중요한 예측 변수이기도 합니다. 우리가 얼마나 오래 살 것인지는 흡연이나 비만보다 인간관계의 질을 보고 더 정확하게 예측할 수 있습니다."

아론이 만든 방법은 꽤 효과가 있어서 다른 연구원들은 그 방법을 '친밀한 관계 유도 기법'[11]이라 부르며 실험에 활용하고 있다. 대학에서 작문을 가르치는 맨디 렌 캐트런은 아는 사람과 함께 아론의 방법을 실천했고, 그 결과 그 남자와 사귀게 되었다. 캐트런은 이 이야기를 〈뉴욕 타임스〉에 기고했고 《누구와도 사랑에 빠지는 방법》[12]이란 책을 펴냈다. 캐트런은 그 사람과 바에 앉아 맥주를 마시며 아론의 36가지 질문을 서로 끝까지 묻고 답했다. 질문할수록 두 사람은 점점 더 속마음을 터놓았고, 보통 상황에서는 몇 달은 걸렸을 친밀감을 불과 몇 시간 만에 발전시켰다. 질문을 다 마치고 두 사람은 다리 위에 서서 서로의 눈을 4분 동안 바라봤다. 캐트런은 〈뉴욕 타임스〉에 쓴 글에서[13] 그 순간을 "내 인생에서 가장 조마조마하고 무서웠던 경험 중 하나"라고 묘사했다. "그 순간의 핵심은 내가 누군가를 진실로 바라보고 있다는 사실뿐만 아니라 나를 진실로 바라보고 있는 누군가를 내가 바라보고 있다는 사실이었다." 효과가 있었다. 그들은 사랑에 빠졌고 사귀기 시작했다.

질문과 4분간의 침묵 중에서 어느 쪽이 더 중요한지는 말하기 어렵다. 둘 다 다른 하나 없이는 작동하지 않을 것이다. 하지만 아무 말 없이 상대방을 바라본 4분이라는 시간은 그 자체로 엄청난 힘이 있다. 몇 년 전 유럽으로 난민들이 쏟아져 들어오던 때, 국제사면위원회 Amnesty International는 난민들과 유럽인들을 서로 맞은편에 앉게 하고 4분간 침묵하며 서로의 눈을 바라보는 실험을 진행했다. 이 실험의 목표는 논쟁을 불러일으키는 문제를 놓고 의견이 다른 사람들이 서로 공감하게 하는 것이었다. 실험 결과를 5분 동영상으로[14] 확인하자 어느새 내 눈에 눈물이 고였다. 사람들은 미소 짓고 있었다. 울거나 웃거나 서로 안아주는 사람들도 있었다. 행사 진행자들은 "4분간 서로의 눈을 바라보는 것만큼[15] 사람들을 더 가까워지게 하는 건 없습니다"라고 강조했다.

이 방법의 힘은 서로의 눈을 바라볼 때뿐만 아니라 침묵할 때도 생겨난다. 이는 말로 표현하지 않아도 어떻게 의미를 더 많이 전달하는지 보여주는 또 다른 사례다. 파트너들은 4분 동안 서로를 바라본 뒤 대화를 시작했고 그들의 대화는 열정이 넘쳤다. 이미 사랑에 빠진 남녀가 연인 관계를 향해 나아가고 있는 듯했다. 서로를 말없이 바라본 4분은 허무하게 보낸 4분이 아니었다. 바로 적극적 침묵이었다. 그들은 침묵 속에서 소통했고 대화로 할 수 있었던 것보다 더 깊고 강한 유대 관계를 형성했다. 침묵한다고 해서 소통하지 않는다고 할 수 없다. 침묵에도 의미를 충분히 담을 수 있다. 프랑스의 마임 배우 마르셀 마르소는 이런 말을 남겼다. "음악과 침묵은 강하게 결합합니다. 음악은 침묵으로 만들어지고 침묵은 음악으로 가득 차 있기 때문입니다."

60 대 40 법칙

마이클 비티는 수다 중독 원인을 알아낸 커뮤니케이션 학과 교수로, 마이애미대학교에서 '로맨틱한 의사소통'이라는 과정을 가르치고 있다. 기본적으로 이 과정은 연애 관계에서 언어적, 비언어적 의사소통의 역할을 다룬다. 비티는 학생들에게 도파민과 세로토닌에 관해 설명하지만 학생들이 가장 궁금해하는 내용은 마음에 드는 이성과 두 번째로

데이트하려면 첫 번째 데이트에서 어떻게 소통해야 하는가
다. 이 과정은 수강을 원하는 학생들로 늘 넘친다.

비티는 로맨틱한 의사소통에서 가장 중요한 요소는 균형
이며, 이를 '60 대 40 법칙'이라 부른다. 그는 내게 "데이트
에 성공하려면 어느 한쪽도 데이트 시간의 60퍼센트보다
많거나 40퍼센트보다 적게 말을 해서는 안 됩니다. 혼자서
말을 다 해버리면 상대방은 움츠러듭니다. 하지만 그렇다
고 아무 말도 하지 않으면 상대방은 너무 큰 부담을 느낍니
다. 어느 쪽이든 원하는 결과를 얻지 못할 겁니다"라고 설
명했다.

데이트에 대해 말하자면 수다 중독자들은 운이 상당히
나쁘거나 적어도 매우 불리한 위치에 있다. 말수가 적은 사
람들은 그 나름대로 이성의 마음을 더 잘 끌어들인다. 말이
적어서 자신감이 넘쳐 보이기 때문일 것이다. 비티는 제임
스 본드를 예로 든다. 숀 코너리든 다니엘 크레이그든, 누가
그 역할을 맡든 제임스 본드는 늘 말이 적다. "긴 대답보다
짧은 대답이 더 좋습니다. 한 단어로 대답하면 가장 바람직
하겠죠. 그런데 본드는 대답만 짧게 하지 않습니다. 짧은 대
답에 덧붙여 표정이 중요합니다. 본드는 말할 때 이가 거의
보이지 않습니다." 그건 영장류의 특성이라고 비티가 말했
다. 이를 보인다는 건 복종한다는 뜻이다. "톰 크루즈는 이

를 훤히 드러내지요. 그래서 여자들은 그를 진짜 사나이로 생각하지 않습니다. 어린아이로 여기지요."

그런데 거기서 60 대 40 법칙은 어떤지 물었다. 제임스 본드는 40퍼센트보다 훨씬 적게 말해도 여자들은 그를 거부하지 못한다. 어떻게 그게 가능할까?

비티의 대답은 간단하다. "그 남자는 제임스 본드니까요. 당신은 아닙니다."

더 좋게 말하는 방법

두 번째 데이트의 가능성을 높이는 또 다른 방법이 있다. 상대방에게 질문하라. 하버드 비즈니스 스쿨의 앨리슨 우드 브룩스 교수는 비즈니스 환경에서 대화의 기술을 연구한다. 하지만 그녀가 한 실험 중에는 스피드 데이트(싱글 남녀들이 마음에 드는 이성을 찾을 수 있도록 여러 사람을 잠깐씩 돌아가며 만나 대화하게 하는 행사 – 옮긴이)를 하는 사람들을 대상으로 한 연구가 있다. 브룩스는 더 좋게 말하는 방법이라는 과정을 가르치며, 그녀가 TALK(주제 선택Topic selection, 질문하기Asking questions,[16] 적당한 유머Levity, 친절Kindness)라고 이름 붙인 대화 기술을 실천하라고 사람들에게 널리 알리고 있다. '더 좋게 말할' 수 있으면 MBA 학생들은 회사에서 높은 자리로 승진하는 데 도움이 될 것이다. 그런데 브룩스의 방법은 로맨틱한 파트너를 찾는 데에도 도움이 된다.

브룩스와 하버드대학교 연구원 몇 명은 스피드 데이트 실험 결과를 연구했다. 그들은 대학원생들을 강당에 모이게 한 뒤 24분 동안 빠르게 스피드 데이트를 하게 했다. 그렇게 스피드 데이트를 마친 대학원생들에게 그들이 만난 사람들과 두 번째로 데이트할 것인지 질문했다. 4분간 데이트에서 질문을 가장 많이 한 사람들이 두 번째 데이트 신청을 더 많이 받았다. "사실 새로운 사람을 만날 때마다 질문을 하나씩 더 하면 참가자들은 (20명을 만나는 동안) 그 사람이 다시 데이트 신청을 받아들이게 할 수 있었다"라고 브룩스는 〈하버드 비즈니스 리뷰〉에 기고했다.[17]

또 다른 연구에서 하버드 연구원들은 실험 참가자들에게 테스트 주제에 관해 15분 동안 온라인 대화를 나누게 했다. 몇 명에게는 질문을 9회 이상 하게 했고, 다른 몇 명에게는 질문을 4회 이하로 하도록 지시했다. 이번에도 질문을 많이 한 사람들에게 호감을 더 많이 보였다.

하지만 이 실험에는 한계가 있었다. 질문 세례를 받으면 심리적으로 움츠러들 수 있어 오히려 역효과가 난다. 균형을 적절히 맞춘다면 다시 말해 질문하고 귀 기울여 듣는 입 닥치기 기법을 터득한다면 당신은 이상형을 찾을 수 있을 것이다.

7-38-55 법칙

파트너에게 말할 때 기억해야 할 사항이 또 하나 있다. 당신이 전달하고자 하는 의미는 당신이 사용하는 단어만으로는 거의 전달되지 않는다. 50년 전 UCLA 심리학자인 앨버트 메라비언이 진행한 연구에 따르면 약 7퍼센트에 불과하다. 나머지는 메라비언의 7-38-55 법칙에 따라 목소리 톤으로 38퍼센트, 몸짓으로 55퍼센트[18] 전달된다.

메라비언은 1971년 출간한 책 《침묵의 메시지》[19]에서 7-38-55 법칙을 설명했다. 이 책은 비즈니스 코치에서 크리스 보스 같은 FBI 인질 협상가에 이르기까지 모든 사람이 활용하고 있다. 보스는 상대방의 비언어적 신호를 읽고, 상대방이 하는 말과 상대방의 몸짓으로 전달되는 내용 사이의 불일치 또는 모순(다른 말로는 상반된 메시지)을 찾아내어 협상에 유리해질 수 있다고 말한다.

메라비언은 '꿀honey', '어쩌면maybe', '짐승brute' 같은 단어들을 호감을 주는 어조, 중립적 어조, 불쾌한 어조로 각

각 녹음해 학생들에게 들려주는 동시에 이 세 가지 감정 상태를 나타내는 사진들을 보여주는 실험을 진행했고 이렇게 결론을 내렸다. 또한 실험 결과를 통해 시각적 이미지들이 의미를 더 잘 전달한다는 사실을 밝혀냈다.

하지만 메라비언의 연구 방식은 비판받았다. 메라비언도 자신이 내린[20] 결론을 사람들이 오해하고 있으며 실험 당시 정황을 고려하지 않고 있다고 주장하기도 했다. 당신은 7-38-55라는 숫자를 보고 이게 맞냐 틀리냐 트집 잡을 수 있다. 10-20-70 또는 30-20-50일지도 모른다. 하지만 비언어적 신호가 입으로 하는 말보다 더 많은 내용을 전달한다는 일반적인 생각은 무시하기 어렵다.

7-38-55 법칙은 파트너와 소통하기 위한 효과적인 도구가 된다. 파트너가 당신에게 정말 말하려고 하는 것 또는 숨기려는 것을 알아내고, 당신이 명확하게 소통하게 해주는 도구를 말한다. 만약 파트너가 필요 이상으로 말이 길어지거나 어젯밤 어디 있었는지 말하는데 평소보다 더 힘주어 변명한다면 좀 더 캐묻고 싶을 것이다. 이런 걸 알아내려면 당신은 입 닥치고 파트너가 말하게 해야 한다. 편하게 앉아 질문하고 중간에 대화가 오랫동안 끊겨도 그대로 두자. 그리고 가장 중요한 것은 관찰이다. 파트너의 몸짓을 자세히 살피고 목소리 톤에 귀를 기울이자. 목소리 톤은 침

착하게 유지하고 조절하자. 몸짓은 숨기지 말고 솔직하게 드러내자. 파트너를 다그치지 말자. 말싸움하거나 심문하듯 윽박지르지 말자. 말을 적게 할수록 더 많이 알아낼 것이다.

일상 대화를 한다거나 두 사람의 관계와 당신의 감정에 대해 마음을 터놓고 대화할 때처럼 논쟁이 벌어질 소지가 약한 상황에서는 7−38−55 법칙을 가장 중요하게 여기자. 당신이 입으로 하는 말은 중요하긴 해도 생각하는 만큼 중요하지 않으며 많이 할 필요가 없다. 대신 전달하는 말투에 집중하자. 몰아붙이거나 지나치게 자기주장을 한다는 인상을 준다면 파트너가 당신의 말을 이해할 가능성만 줄어들 뿐이다. 당신의 몸짓은 어떤지 생각해보자. 계속 파트너의 눈을 바라보고 중립적인 표정을 짓자. 열린 자세를 유지하자.

4대 재앙을 경계하라

말하는 방식은 애정 관계의 성공과 매우 밀접하게 관련 있다. 정신과 의사들은 당신이 어떻게 대화하는지만 들어도 나중에 당신이 이혼할지 알 수 있다. 워싱턴대학교 심리학자 존 가트맨John Gottman은 신혼부부가 서로 말하는 방식에 근거해[21] 나중에 그들이 이혼하는지를 거의 90퍼센트의 정확도로 예측하는 방법을 개발했다.

그는 먼저 52쌍의 부부를 인터뷰했다. 서로 어떻게 만나 사귀고 결혼했는지 대답할 때 그들이 보인 행동을 유심히 관찰했다. 그 대화를 근거로 가트맨은 어떤 부부가 헤어질지 예측했다.[22] 3년 뒤 이들의 결혼 유지 유무를 확인해보니 그의 예측은 거의 완벽하게 맞아떨어졌다.

부부가 소통하는 방식을 연구해 이혼 가능성을 예측할 수 있다면 나중에 이혼하지 않거나 적어도 별거를 하지 않도록 '더 좋게 말하는' 방법을 알려줄 수 있을 것이다. 가트맨 박사는 자신의 연구를 통해 부부 치료법을 개발했고 가트맨 연구소로 성장했다. 가트맨은 40권의 책을 쓰거나 공저자로 이름을 올렸다.[23] 그의 생각을 중심으로 전체적인 산업이 구축되었고, 그의 조언에는 다양한 입 닥치는 방법이 포함되어 있다.

가트맨은 이혼하는 부부 사이에서 흔히 볼 수 있는 네 가지 부정적 상호작용 방식을 찾아냈다. 비난criticism, 경멸contempt, 방어defensiveness, 도피(담 쌓기)stonewalling로, '네 가지 재앙'이라고 부른다. 경멸은 최악의 재앙이고, 나머지 세 개가 악화하면 경멸이 된다. 가트맨은 파트너가 경멸하거나 비난

해서 움츠러드는 느낌을 '감정의 홍수flooding'라고 부른다.

가트맨은 대화 치료법이 중요하며 '싸우는 법을 배워야'한다고 말한다. 나는 '대화로 해결하는 방법'을 그리 좋아하지 않지만 가트맨의 방식에는 타당한 측면이 있다. 예를 들어, 감정의 홍수에 휩싸이는 듯한 느낌이 들면 당장 입 닥치고 자리를 피해야 한다.

20분간 쉬자. 마음이 차분해지는 일을 하자. 산책하러 나가자. 시간을 내서 마음을 가라앉히면 이런 대화를 할 필요가 전혀 없다고 확신할 수도 있다. 아까 하던 대화를 다시 이어가더라도 당신의 마음 상태는 이전보다 나아져[24] 좀 더 차분하게 대화할 것이다. 또한 당신의 마음을 가라앉힐 수 있다면 파트너의 마음도 차분하게 가라앉힐 수 있을 것이다. 파트너도 당신을 진정으로 대한다면 서로 돌아가며 선순환을 만들 수 있다.

가트맨은 대화를 시작하는 방법으로 '거친 시작harsh start-ups'과 '부드러운 시작soft startups'이 있다고 설명한다. 빈정대거나 부정적으로 대화를[25] 시작하면 일이 잘 풀리지 않는다. 부드럽게 시작한다는 말은 목소리를 낮추고 대화가 잠시 끊어져도 그대로 두고 목적을 갖고 천천히 말하되 길게 말하지 않고 상대방의 말에 귀 기울이는 등 입 닥치기 전략을 사용한다는 뜻이다.

가트맨의 또 다른 조언이 있다.[26] 내려놓자. 모든 일을 전부 해결할 수 없는데 왜 굳이 나서서 고생하는가? 어떤 것은 있던 자리에 그대로 있고 앞으로도 계속 거기 있을 것이다. 어쩌면 당신의 배우자는 블렌더, 믹서기, 두꺼운 냄비, 밥솥, 토스터, 주전자, 도마 등의 주방 기기와 도구 들을 항상 조리대에 잔뜩 늘어놓고 사는 사람일 수도 있다. 어떤 도구들은 거의 쓸 일이 없는 데다 안 그래도 좁아터진 부엌을 더욱 너저분하게 보이게 해도 말이다. 잔뜩 어질러진 부엌을 보면 답답해서 속이 터질 듯하다. 이 잡동사니들을 치워도 당신의 파트너는 다시 꺼내 조리대에 늘어놓는다(어느 집 얘기인지 감이 올 것이다). 이런 게 바로 당신이 해결하지 못할 문제다. 이런 문제 때문에 헤어지고 싶은가?

타협하는 법을 배우고 타협의 진정한 의미가 무엇인지 깨닫자. "타협은 한 사람이 변하는 게 아닙니다. 타협이란 서로를 받아들이는 방법을 협상해서 찾아내는 것입니다. 파트너의 결점을 받아들이지 않으면 타협은 불가능합니다"라고 가트맨협회는 조언했다.

부엌에 어질러진 잡동사니는 무시하자. 어느 정도는 귀머거리와 장님처럼 사는 법을 배우자. 입 닥쳐야 한다는 걸 잊지 말자.

STOP 기법을 배우자

존 카밧 진은 MIT에서 분자 생물학 박사 학위를 받았다.[27] 하지만 이후 불교를 공부했고, 매사추세츠 의과대학의 마음챙김mindfulness 교수이자 스트레스 감소 클리닉 설립자가 되었다. 카밧 진은 'STOP' 기법을 개발했다.[28] 이 기법은 인지 행동 치료에 널리 쓰이며 관계 개선에 탁월한 효과가 있다. 골치 아픈 일에 빠지거나 나중에 후회할 말을 꺼내려는 순간 입 닥치게 하는 데 도움이 될 수 있다.

STOP 내용은 다음과 같다.

Stop(멈춰라): 하던 일을 멈추자. 무슨 말을 하려 했든 말하지 말자.

Take a breath(숨을 쉬어라): 숨을 쉬면 감정적으로 안정된다.

Observe(관찰하라): 당신 안에서 무슨 일이 일어나고 있는가? 몸 상태는 어떤가? 왜 그런 기분이 드는가?

Proceed(진행하라): 하려던 말을 하는 게 여전히 중요하거나 꼭 필요하다고 생각한다면 말하는 의도를 잘 생각하며 말하자. 그렇지만 내려놓고 그 생각을 말로 꺼내지 않아도 된다.

이 작은 연습은 터무니없이 간단하지만 지독하게 어렵

다. 멈추는 법을 배우려면 자제력이 필요하고 끊임없이 연습해야 한다. 나는 아내와 다시 합치고 1년 반 동안 이 기법을 꾸준히 실천한 덕분에 내가 인정하고 싶은 시간보다 더 많은 시간을 절약할 수 있었다.

신호등 규칙

심리학자이자 경력 개발 코치이며 미국 공영 방송 진행자인 마티 넴코에 따르면 사람들은 30초만 지나면 당신에게 주목하지 않는다고 한다. 그래서 조금 전 데이팅 앱에서 연결된 사람을 만나 커피를 마실 때 60 대 40 법칙을 고집해서 두 사람의 대화 균형을 맞추기만 해서는 충분치 않다. 당신이 하는 말을 작은 덩어리로 나눠야 한다.

넴코는 '신호등 규칙'을 개발했다. 초록불이 켜진 처음 30초 동안 당신은 마음껏 말할 수 있다. 하지만 30초가 다 되면 노란불로 변한다. 파트너의 관심이 다른 데로 쏠리기 시작하거나 더 나쁘면 이만 여기서 대화를 마무리하길 바랄 수도 있다. 노란불 신호에도 하던 말을 계속할 수는 있다. 하지만 상대방의 표정과 몸짓을 읽은 후에 신중하게 진행해야 한다. 만약 따분하다는 눈빛이 보이면 이후엔 어떻게 할지 상대방이 결정하게 하자.

1분이 되면 빨간불로 바뀐다. 데이팅 앱에서 만난 상대방은 이젠 당신 말을 듣지 않고 카페 안쪽에 있는 다른 사람에게 관심을 보인다. 그래도 말을 계속한다면 상대방은 휴대전화를 꺼내 데이팅 앱을 열고 누구와 또 연결되었는지 확인할 것이다.

"'상대방의 마음이 딴 데 있을 때처럼 빨간불인데도 말을 계속해야' 하는 상황은 거의 없습니다[29]"라고 넴코가 말했다. "하지만 보통, 말하는 시간이 1분이 넘으면 1초씩 초과할 때마다 듣는 사람은 점점 지루해지고 당신을 수다쟁이, 떠버리, 허풍쟁이로 여기고 맙니다."

넴코는 파트너가 더 듣고 싶어 하는지 알아보려면 30초쯤에서 말을 멈추라고 제안한다. 파트너는 그다음 얘기가 궁금하다면 질문할 것이다. 하지만 그런 경우는 거의 없다. 1분 이상 걸리는 얘기를 해야 한다면 넴코는 그 얘기를 30초짜리로 나눈 뒤 한 부분 얘기를 마치고 이렇게 질문하라고 권한다. "무슨 말인지 아시겠죠? 어떻게 생각하세요?"

넴코의 친구이자 동료이며 신호등 규칙 지지자인 마크 고울스톤은 이렇게 30초씩 잘라 말하는 방법은 과학적 근거가 있으며, 그중에서도 신경 생리학, 호르몬과 관련이 있다고 말한다. 고울스톤은 정신과 의사이자《뱀의 뇌에게 말을 걸지 마라》의 저자로, 일단 말을 시작하면 기분 좋게 해주는 호르몬인 도파민이 뇌에서 다량 분비된다고 한다. 당신은 도파민이 계속 분비되길 바란다. 그 결과, 외부를 잘 의식하지 못하는 상태가 된다고 고울스톤은 설명한다.[30] "내가 하는 말에 빠져들어 귀가 잘 안 들리는 거죠."

문제는 도파민이 생성되는 동안 당신은 상대방이 코르티솔을 분비하게 만든다는 사실이다. 코르티솔은 기분 나쁘고 투쟁 도피 반응을 할 때 생성되는 호르몬으로, 상대방은 스트레스를 받고 분노하는 상태가 된다. 대화 중 한 사람만 주저리주저리 떠들면 기분이 어떤지 생각해보자. 불안해지면서 폐소 공포증까지 느낀다. 당장 그 자리를 피하고 싶어진다. 더 중요한 것이 있다. 그런 느낌이 얼마나 빨리 드는지 주목하자. 넴코가 말했듯이 아마 30초 안에, 확실히 1분 이내에 그렇게 될 것이다. 문제는 내가 말할 때만큼은 시간은 재미있게 흐른다. 말할 때 30초란 시간은 3초처럼 짧게 느껴진다. 하지만 상대방의 이야기를 들을 때는 3분처럼 길게 느껴진다.

꿀팁을 전하겠다. 스마트워치로 연습하자. 30초 또는 60초가 되면 타이머가 손목에서 부르르 떨리게 설정하자. 전화 통화나 줌 회의를 할 때도 상대방이 타이머를 보지 못하게 한 뒤 연습해보자. 버튼을 조심스럽게 누르면 주위를 의식하지 않고 할 수 있다. 몇 번 해보면 30초나 60초가 어느 정도인지 감이 와서 타이머가 필요하지 않을 것이다. 다른 사람이 말하는 걸 들을 때도 마찬가지다. 당신이 슬슬 짜증 나기 시작하는 데 얼마나 걸리는지도 타이머로 알 수 있다. 심장 박동 수를 추적해 짜증 나는 정도를 측정할 수도 있다.

넴코는 말을 짧게 하긴 어렵다고 인정하면서도 신호등 규칙을 지키는 일은 마음이 넓다거나 예의를 지키는 게 전부가 아니라고 강조한다. 당신은 상대방이 아니라 당신 자신을 돕고 있다. "말 많았던 옛 모습을 버리고 다른 사람의 말을 진정으로 잘 듣는 사람이 된다면 원하는 것을 더 많이 얻을 것입니다."

내 생각에 신호등 규칙은 데이팅 앱 프로필에도 적용할 수 있다. 완벽한 프로필을 만드는 법에 대해 틴더Tinder 창업자 션 래드는 이렇게 조언한다. "짤막하고 달콤하게 쓰세요."[31] 그는 〈GQ〉와의 인터뷰에서 이렇게 말했다. "아무도 소설처럼 긴 프로필을 읽겠다고 화면을 넘기지 않습니다. 500자 제한이 있는 것도 다 이유가 있습니다."

500자는 단어로 치면 100개가 조금 넘는다. 읽는 데 20초가 조금 넘게 걸린다. 500자보다 훨씬 더 적게 제한을 두는 편이 낫겠다. 현실 세계에서 만나 대화해야 할 이유를 만들기 위해 프로필에 다 밝히지 않고 누군가의 관심을 유도하기 위해서다. 실제로 대화를 나누게 되면 신호등 규칙을 지키고 입 닥쳐야 하는 걸 잊지 말자.

9장

침묵은 힘이 세다

만약 당신이 콘데 나스트Condé Nast에서 일하다 어떤 동료가 마음에 들지 않는다고 애나 윈투어Anna Wintour에게 이메일을 보내면 그녀는 어떻게 반응할까? 〈보그〉 편집장이자 콘데 나스트에서 발간하는 모든 잡지의 콘텐츠 책임자인 윈투어는 야만스러운 조치를 할 것이다. 답장은커녕 그 이메일을[1] 당신이 불평했던 당사자에게 그대로 보낼 것이다. 이런 일을 겪는다면 누구도 같은 실수를 하지 않을 것이다. 윈투어는 이메일에 제목도 쓰지 않는다.[2] 왜 그런 일에 시간을 낭비하는가?

아마존 창업자 제프 베이조스는 '베이조스 물음표 방식'을 쓴다. 회사 내부 또는 외부 누군가가 그에게 이메일로 불만 사항을 보내면 그는 그 이메일에 '?'만 추가해[3] 담당자에게 전송한다. 직원들은 까다롭기로 악명 높은 상사에게 물음표 이메일을 받을까 봐 두려워하며 일한다.

이것은 조용한 힘이다. 베이조스와 윈투어는 목소리를

높일 필요가 없다. 말할 필요조차 없다. 클릭 몇 번에 사람들은 벌벌 떤다. 그들의 영향력과 힘이 막강하고 무섭다는 사실도 한몫한다. 둘 다 공포정치를 하듯 회사를 운영하며 사람들을 울리는 초인적 능력이 있다. 게다가 제임스 본드에 맞서는 악당처럼 생겼다. 윈투어는 영국인이며 큼직한 선글라스로 얼굴을 가린다. 조그맣고 면도날처럼 날카로운 치아를 입속에 숨기고 있을지도 모른다. 윈투어의 잔인하고 무자비한 업무처리 방식은 전설처럼 전해 내려오고 있다. 베이조스도 마찬가지다. 그는 고위 임원에게 대놓고 모욕을 준다. 소문에 의하면 순자산이 1,000억 달러가 넘는데도 아마존에서 일하고 있으니 직원들에게 돈을 받아야겠다고 말했다고 한다.[4] 한때 별 볼 일 없는 괴짜였던 베이조스는 억만장자가 된 후 닥터 이블Doctor Evil로 변신했다. 머리를 삭발하고 값비싼 슈퍼 요트를 사들였고 남자 성기 모양의 우주선을 쏘아 올리고 특이한 모양의 재킷을 입는다.

윈투어는 20대 초반에 신입으로 일할 때부터 런던의 영향력 있는 신문사 편집장인 아버지처럼 거의 말을 하지 않아 오히려 눈에 띄었다. 저녁 식사 때도 말이 없었다. "당시 패션 보조였던 애나가 가진 힘은[5] 침묵이었어요." 윈투어의 지인 중 한 명은《애나 윈투어 전기》작가인 에이미 오델과의 인터뷰에서 당시 기억을 떠올렸다. 또 다른 사람은 윈투어가 있는지 없는지 모를 정도로 과묵했다며 놀라워했다. "머릿속에 생각이 무척 많았지만 다른 사람에게 드러내지 않았죠." 회의하러 가는 길에도 말을 한마디도 하지 않아 옆에 있던 동료가 물었다고 한다. "얘기 안 해요?" 윈투어가 대답했다. "전 친구들하고 얘기해요."

베이조스와 윈투어는 힘을 얻으려는 목적이 아니라 힘을 유지하기 위해 침묵을 활용한다. 그들은 이미 필요한 것들을 모두 가지고 있다. 침묵은 힘이며 힘은 침묵이라는 중요한 사실도 잘 알고 있다. 입을 열면 힘을 낭비하게 된다. 완전히 충전한 배터리로 시작해서 말을 한마디씩 할 때마다 힘이 조금씩 빠져나간다. "힘 있는 사람들은 말을 적게 해서 깊은 인상을 주고 사람들을 위협한다." 베스트셀러 작가 로버트 그린은 권력을 당신에게 유리하게 휘두르는 법을 알려주는 지침서인 《권력의 법칙》에서 이렇게 강조한다. "말을 많이 할수록 당신은 평범해 보인다." 그가 제시한 48가지 법칙 중 세 번째를 보자. "의도를 숨겨라." 네 번째를 보자. "필요한 것보다 더 적게 말하라."

말을 적게 할수록 당신은 더욱 불가사의한 존재가 된다. 불가사의하면 큰 힘을 발휘한다. 앤디 워홀Andy Warhol은 그의 미술 작품에 관해 설명하기를 거부했고 질문을 받으면 기이하고 애매하게 대답해서 인터뷰하는 사람들을 답답하게 했다. 한번은 〈머브 그리핀 쇼〉에 출연해 말없이 고개를 끄덕이며 옆 사람에게 귓속말을 하면서 "네", "아니오"로만 대답했다. 이 영상을 보면 시선을 다른 데로 돌릴 수 없다. 워홀은 "입 다물면 힘이 더 많이 생긴다는 사실을 알았습니다"[6]라고 말하기도 했다.

힘 있는 사람들은 주변 사람들보다 항상 말을 적게 한다. 그래서 힘 있는 사람 중에는 말 많은 사람이 없다. 수다쟁이들은 나약하고 무능하고 자신감이 없어 보이지만 말이 적은 사람들은 강하고 신비롭고 자신감이 넘쳐 보인다. 영화 〈더티 해리〉에 출연한 클린트 이스트우드Clint Eastwood와 〈에이스 벤추라〉에 출연한 짐 캐리Jim Carrey의 차이점을 생각해보자. 그들은 각각 형사, 탐정 역할을 맡았다. 한 사람은 매력이 철철 넘치는 상남자지만 다른 한 사람은 우스꽝스러운 어릿광대다. 한 사람은 여자들을 여럿 만났지만 다른 한 사람은 스파이크라는 원숭이와 함께 산다.

세상에서 가장 강력한 권총을 휘두르며 범죄자들을 직접 처단하는 샌프란시스코 형사, 아랫사람들을 위협하며 독재자처럼 군림하는 패션지 편집장, 로켓을 타고 우주여행을 떠나는 기술 업계 억만장자가 되길 바라지 않더라도 우리는 힘이 필요하다. 힘은 우리가 살아남는 방법이다. 힘은 우리가 사는 세상, 다시 말해 일상적이고 사소한 일부터 인생을 바꿀 만한 중요한 결정에 이르기까지 모든 일을 통제하는 방법이다. 우리의 뇌는 통제하고 있다는 느낌을 간절히 바라며[7] 어쩔 수 없다거나 무력하다고 느끼길 두려워한다. 코로나19로 인해 봉쇄 조치가 취해졌을 때 수많은 사람을 미치기 일보 직전으로 몰아간 건 바로 그런 느낌이다.

우리 대부분은 알지 못하는 사이에 크든 작든 끊임없이 힘을 낭비한다. 지금까지 살아오면서 어떤 커다란 실수를 저질렀는지 떠올려보자. 돌이켜보면 너무 민망해서 온몸이 움츠러드는 일, 후회하거나 처음부터 다시 했으면 하는 일들을 말한다. 어떤 식이었든 문제는 주로 당신이 힘을 낭비했기 때문에 시작되었다. 당신은 통제력을 잃고 장점을 포기했으며 입 닥치지 못했다.

루이 14세는 원래 지독한 수다쟁이였다. 하지만 입 닥치는 법을 연습해서 주변 사람들에게 권력을 행사했다. 자신은 아무 말 하지 않고 다른 사람들이 말하게 했고, 루이는 그들에 대한 모든 정보를 손에 넣었다. 하지만 그들은 왕의 속마음을 전혀 파악하지 못했다. 그린은 그의 저서에 "루이는 침묵했으므로 주변 사람들은 두려움에 떨었고 그의 손아귀에서 벗어날 수 없었다. 루이의 침묵은 그의 권력 기반 중 하나였다"라고 썼다.

간결하게 말하기도 힘이다

강력한 의사소통의 비밀을 소개하겠다. 말할 때 단어를 적게 사용할수록 각 단어는 더 큰 영향을 준다. 존 F. 케네디 대통령의 베를린 장벽 연설('나는 베를린 시민입니다' 연설)은 10분도 채 걸리지 않았다. 프랭클린 델라노 루스벨트 대통령의 '치욕의 날' 연설은 6분 30초였다. 윈스턴 처칠의 '절대로 포기하지 마십시오' 연설은 4분이었다. 당신은 지도자들이 온 국민을 감동하게 하는 데 걸린 시간보다 더 빨리 아침 회의를 끝낼 수 있다.

먼저 이메일부터 시작하면 좋다. 힘 있는 사람들은 이메일을 길게 쓰느라 시간을 낭비하지 않는다. 이메일에도 회의할 때와 같은 규칙을 적용한다. 조금 쓰고 짧게 끝내라. 이메일을 적게 보내고 사용하는 단어 수를 줄일수록 당신은 더 힘 있는 사람으로 보일 것이다.

마케팅 전문가인 가이 가와사키는 완벽한 이메일은[8] 다섯 개 문장으로 이뤄졌다고 말한다. 문장이 더 적어도 괜찮지만 더 많이 쓰지는 말자. 이메일을 길게 쓰면 생산성이 떨어지고 받는 사람에게 부담을 준다. 맥킨지 컨설팅에 따르면 근로자들은 하루 평균 28퍼센트[9]를 이메일을 확인하는 데 쓴다고 한다. 쓰레기 같은 이메일이 이미 넘쳐나는데 왜 길게 쓰는가?

전 〈뉴요커〉 편집장 티나 브라운은 애나 윈투어만큼 무시무시한 사람이다. 한때 두 사람은 너무 악명이 높아서 '못돼먹은 콘데Condé Nasty'라고 불릴 만큼 분위기가 사악한 콘데 나스트에서도 누가 가장 성질이 나쁜지를 놓고 경쟁하기도 했다. 윈투어처럼 브라운도 강렬한 메시지 작성에 뛰어났다. 직원들 사이에 전해지는 전설 같은 일화를 소개하겠다. 브라운이 편집자에게 보낸 인상적인 문자 메시지에 얽힌 이야기다(어쩌면 사실이 아닐 수도 있다). 너새니얼 픽이라는 작가가 누구인지 묻는 문자였다. 브라운의 질문은 간결했다. "씨발, 픽이 누구?"

이메일을 짧게 쓰면 상대방에게 당신은 바쁜 사람이며 지금 무슨 말을 하는지 잘 안다는 인상을 준다. 주절주절 이메일을 길게 쓰면 당신이 지금 뭘 하는지 모르고 충분히 생각하지 않았으며 다른 사람들의 시간을 존중하지 않는 것처럼 보인다.

50퍼센트 규칙을 활용해보자. 이메일을 쓴 뒤 단어 수를 센다. 다음으로는 그 단어 수의 절반만 써서 이메일을 다시 쓴다. 더 짧게 쓰는데 시간은 더 걸린다. 하지만 전달하고자 하는 메시지는 더 강력해질 것이다. 메시지가 짧을수록 사람들이 끝까지 읽을 가능성이 커진다. 다음 글을 마음에 새

기자. 링컨의 게티즈버그 연설은 272개 단어로 이루어졌다. 마케팅 계획 업데이트 보고서인데 그보다 길게 써야 할까?

이메일에 쓸 가장 바람직한 단어 수는 0이다. 이메일을 보내지 말라는 뜻이다. 다른 사람이 보낸 이메일에 반드시 답장할 필요는 없다. 미국의 유명한 싱어송라이터이자 작가인 데이비드 번의 말을 들어보자. "할 말이 없으면 입을 열지 않습니다." 당신은 생각보다 더 자주, 잘 해낼 것이다.

스티브 잡스는 만들지 않기로 한 제품도 자신이 만든 제품만큼 자랑스럽다고 말한 적이 있다. 나도 내가 보내지 않은 문자와 이메일에 대해 같은 생각이다.

스트라이샌드 효과

2003년, 배우이자 가수인 바브라 스트라이샌드는 한 사진작가를 고소했다. 사진작가가 그녀의 말리부 저택을 찍은 항공 사진을 자신의 웹사이트에 올렸기 때문이다. 그녀는 그 사진들이 사생활을 침해했다고 주장했고 당장 사진을 내리라고 요구했다. 하지만 그녀가 낸 소송은 역효과를 가져왔다. 바브라 스트라이샌드가 어디 사는지 궁금했던 수십만 명의 사람들이 사진을 보려고 사진작가의 웹사이트에 방문했다. 그녀는 숨기려고 노력했지만 오히려 더 많은 관심을 끌고 말았다. 이 현상은 이후 '스트라이샌드 효과'로 알려졌다.

여기서 알아둬야 할 교훈이 있다. 갈등을 겪을 때 침묵은 최고의 해결책일 때가 있다. 갈등을 해결하겠다고 대책없이 말을 하거나 행동하면 힘을 키우기는커녕 낭비하고 말 것이다. 당신은 말을 하면 할수록 약해진다. 어디선가 경찰차가 나타나 차를 세우라고 하면 어떻게 해야 할까? 가능한 입을 다물어야 한다. 말을 해서 좋을 게 없다. 미란다 원칙을 고지받지 못했더라도 어떤 말을 하던 당신에게 불리하게 작용할 수 있고 또 그렇게 될 것이다. 인터넷에서 댓글 싸움에 휘말린다면? 2018년 버지니아의 어떤 음식점은 도널드 트럼프Donald Trump 전 대통령의 공보담당 비서 새라 허커비 샌더스Sarah Huckabee Sanders를 쫓아내 인터넷에서 누리꾼들의 공격을 받았다. 음식점의 공동 소유주인 내 친구는 자신을 방어하고 싶었지만 위기를 넘기기 위해 침묵으로 일관했다. 이 방법은 쉽지 않았다(그녀는 검투사처럼 억센 사람이다). 하지만 말하기를 거부하자 그녀는 강력해졌다. 그 사건이 일어나고 1년 뒤 사업은 다시 번창했다.

똑똑하고 눈치 빠른 변호사들은 상대편의 메시지에 응답하지 않음으로써 유리한 상황을 만들기도 한다. 어떤 상황에서는 아무 말도 하지 않는 편이 최선이다. 변호사인 브렛 라파포트는 동료 변호사들에게 상대편과 소통할 때 '의미를 전달하는 침묵' 전략을 쓰라고 충고한다. 즉, 답변하길 거부해도 많은 의미를 표현할 수 있다. 라파포트는 언어학자 윌리엄 사마린의 말을 인용했다. 사마린은 침묵을 단순히 아무 말도 하지 않는 상태 이상의 것으로 여긴 학자 가운데 한 명이다.[10] "침묵은 의미가 있을 수 있다. 수학에서 0처럼 침묵은 어떤 기능이 있는 '부재 상태'를 말한다." 체 게바라Che Guevara가 남긴 유명한 말도 있다. "침묵은 다른 방식으로 펼친 주장이다."

마법의 숫자 7

힘 있고 소통을 잘하는 사람들은 단어만 적게 사용하지 않는다. 그들은 긴 문장을 띄엄띄엄 끊어서 작은 덩어리로 나눈다. 이는 우리 뇌가 작동하는 방식을 최대한 활용한 방법이다.

50여 년 전, 하버드대학교 심리학자 조지 밀러는 심리학 역사상 가장 유명한 논문 중 하나인 〈마법의 숫자 7, 더하거나 빼기 2〉를 발표했다. 밀러는 우리 뇌가 한 번에 다섯 개에서 아홉 개 사이의 정보를 단기 기억에 저장하고, 줄줄이 이어진 단어나 숫자 들을 덩어리로 나눈다는 사실을 알아냈다. 밀러의 법칙(7, 더하거나 빼기 2)을 잘 지키면 당신이 하는 말은 영향력이 더욱 커질 것이다. 중간중간 끊고 덩어리지어 말하자. 오바마 전 대통령의 연설 영상을 자세히 살펴보면 이 법칙을 확인할 수 있다. 당신은 오바마 전 대통령이 수천 명 앞에서 연설할 때처럼 오래 끊었다가 말할 필요는 없다. 티 나지 않게 할 수 있다. 이렇게 끊어 말할 때 좋은 점은 하나 더 있다. 나중에 후회할 말을 꺼내기 전에 참을 수 있다는 것이다. 속사포처럼 말을 쏟아내지 않고 좀 더 의도를 갖고 말할 수 있다.

CEO와 기업사냥꾼

인드라 누이는 지난 20년 동안 가장 위대한 대기업 CEO 중 한 명이다. 세계에서 가장 영향력이 큰 여성들의 순위가 발표될 때마다 누이는 항상 최상위권에 있었다. 하지만 당신은 누이에 대해 들어본 적이 거의 없을 것이다. 그건 누이가 실리콘 밸리의 유명한 기술 대기업이 아니라 펩시코 PepsiCo를 이끌었기 때문일 수도 있다. 그리고 기술 업계에서 유명한 남자 기업인들과는 다르게 누이는 세상의 관심을 끌지 않으려 노력했기 때문이기도 하다.

펩시코는 SNS가 매력적이지도 않고 자율주행 자동차도 만들지 않지만 거대한 글로벌 기업이다. 연간 매출액이 800억 달러나 되며, 이는 테슬라와 트위터를 합친 것보다 많다. 타코벨, 피자헛, KFC, 프리토레이Frito-Lay, 트로피카나, 퀘이커 오트Quaker Oats, 게토레이 같은 브랜드를 수십 개 소유하고 있거나 소유한 적이 있다. 100년이 넘는 대단히 복잡한 조직이며 27만 명을 고용하고 있다. 그들의 생계는 CEO가 옳은 결정을 내리느냐에 달려 있다.

〈포춘〉 선정 500대 기업 중 하나를 맡는 일은 누구에게나 엄청난 도전이지만 그 험난한 산을 오르는 여성들은 어려운 문제를 또 마주해야 한다. 2006년 누이가 펩시코 CEO에 취임했을 당시 〈포춘〉 선정 500대 기업 중 CEO가 여성인 기업은 단 10곳이었다. 〈포춘〉 선정 1,000대 기업 전체를 보더라도 20개 회사에 불과했다.

누이는 자신을 떠들썩하게 홍보하지 않았다. 언론을 피하진 않았지만 일부러 환심을 사려 하지도 않았다(수많은 대기업 CEO들이 잡지 표지에 실리고 싶어 얼마나 안달복달하는지 알면 당신은 충격받을 것이다). "나는 늘 조심했다." 누이는 자서전에서 이렇게 회상했다. 누이는 성격이 사근사근하고 늘 환하게 미소 지으며 유머 감각도 뛰어나다. 게다가 강하고 똑똑하다. 학부 시절 물리학과 화학, 수학 세 가지를 전공했으며 예일대학교에서 경영학 석사 학위를 받았다. 이런 그녀를 과소평가하면 큰 실수일 것이다. 그런데 그녀가 펩시코 CEO가 되었을 때 그녀를 얕본 사람들이 있었다.

그중에서 가장 눈에 띄는 사람은 넬슨 펠츠라는 기업사냥꾼이다. 펠츠는 영화에나 나올 법한 피도 눈물도 없는 사람이다. 그는 브루클린에서 자랐고 가족이 운영하는 농산물 도매 회사의 트럭을 몰았다. 대학은 마치지 못했다. 현재 그는 화려하고 번쩍거리는 1억 달러짜리 팜비치 저택에서 전직 모델인 세 번째 부인과 살고 있다. 2016년, 그는 절친한 도널드 트럼프를 위해 많은 기금을 모았다.

이제 그가 어떤 사람인지 감이 올 것이다.

펠츠는 거의 협박하다시피 해서 여러 회사를 조각조각 나누고 매각해 재산을 쌓았다. 그는 대기업을 목표로 했다. 패트리샤 셀러즈는 그가 누이의 회사를 목표로 삼기 전에 몬델레즈 CEO 아이린 로젠펠드와 듀폰 CEO 엘렌 쿨먼을 괴롭혔던 일을 예로 들며, 그는 "여성이 경영하는 〈포춘〉 500대 기업에 집착하는 듯했다"라고 〈포춘〉에 기고했다.

누이는 펩시코 CEO로 취임한 뒤 회사를 새로운 방향으로 이끌겠다고 선언했다. 그녀는 제품군에 건강식품을 추가할 생각이었다. 당시 펩시코는 환경 보호와 지속 가능성 문제에 대처하는 업계 리더가 되려 하고 있었다. 여성과 가족들에게 지원을 더 늘릴 계획이었고 이는 중요한 의미가 있었다. 그저 착한 기업이 되려는 건 아니었다. 경쟁력을 확보하기 위해서였다. 하지만 이 계획은 효과가 바로 나타날 수 없는 계획이었다. 누이는 성과를 올리는 데 10년은 걸리리라 예상했다. 하지만 성공한다면 펩시코는 다음 100년 동안에도 번창할 것이었다. 누이는 단기적 성과에 집착하지 않고 장기적 관점을 택했다. 또한 커다란 위험을 감수하고 있었다. 월 스트리트는 인내심을 갖고 기다려주지 않는다. 하지만 누이는 옳은 일을 하고 있다고 확신했다.

트집거리를 찾아낸 펠츠는 펩시코 주식을 대량으로 사들여 적대적 인수를 준비했다. 그는 펩시코에 이사회 의석을 달라고 요구했는데 누이를 협박해 사업부를 매각하게 만들어 주식으로 단기간에 큰돈을 벌겠다는 생각이었다. 그는 언론을 이용해 누이를 공격했다. 누이의 모든 사업상 결정을 비판했고 사소한 실수 하나도 그냥 넘어가는 법이 없었다. 누이의 뒤통수를 치고 펩시코 이사회에 접근해 그녀를 CEO 자리에서 쫓아내라고 로비를 벌였다. 하지만 누이는 전혀 흔들리지 않았다. 펠츠가 누이에게 회의를 요청할 때마다 누이는 시간을 내 만났고 펠츠를 존중하며 그가 하는 말을 주의 깊게 들었다. 누이는 "회사에 도움이 될 훌륭한 아이디어가 있다면 기꺼이 듣겠습니다. 하지만 저는 훌륭한 회사를 망치고 싶지 않습니다"라고 펠츠에게 말했다.

펠츠는 자신의 계획을 월 스트리트가 지지해주길 희망하며 펩시코를 계열별로 분리하자는 제안을 담은 37페이지짜리 공개서한을 발표했다. 그리고 투자자들끼리 뭉쳐서 펩시코에 대항하면 돈을 더 많이 벌 수 있다고 주장했다.

펩시코는 그에게 회사에 관심을 보여줘서 감사드리며 이사회가 그의 제안을 검토했지만 누이의 장기 계획을 계속 추진하기로 했다는 내용의 공개서한을 발표해 응답했다. 이후로도 펠츠는 누이를 3년간 계속 공격했다. 주의를 딴 데로 돌릴 이슈를 만들고 싶어 했다. 누이를 자신의 전략을 방어하는 데 급급하도록 몰아넣고 일에 집중하지 못하게 해서 회사 운영이 아닌 그와 싸우느라 실수하게 만들고 싶었다. 하지만 펠츠가 아무리 시끄럽게 떠들어도 누이는 반격하지 않았다. 왜 그래야 하는가? 그녀는 보이지 않는 곳에서는 이사회의 압력을 막아내고 있었을 수도 있지만 사람들 앞에서는 펠츠에 대한 일이라면 돌덩이처럼 꿈쩍도 하지 않고 조용했다. 그 역시 의미를 전달하는 침묵이었다. 누이 때문에 펠츠는 미칠 지경이었을 것이다.

마침내 누이가 추진하던 혁신 계획이 효과를 내기 시작

했다. 매출이 증가하고 주가도 올랐다. 펩시코는 계속해서 투자자들에게 배당금을 후하게 지급했다. 펠츠는 멍청이 같았다. 하지만 누이는 망신당한 펠츠를 보며 고소해하지 않았다. 오히려 그가 체면을 구기지 않고 원만히 항복하게 했다. 누이와 펠츠는 마침내 휴전을 선언했다. 누이는 펠츠의 고문 중 한 명인 윌리엄 존슨에게 이사회 의석을 주기로 동의했다. 여기에 반전이 있다. 존슨은 한때 하인즈Heinz CEO였으며 CEO로 재직하는 동안 펠츠와 주주위임장을 놓고 벌인 진흙탕 싸움에서 패배했다. 누이가 펠츠에게 보낸 메시지는 이런 뜻이었을 것이다. '알겠어요. 이사회 자리 하나 내드리죠. 하지만 당신에게 맞설 배짱이 없었던 사람에게만 주겠어요.' 누이는 펠츠에게 '건설적 논의'와 '소중한 의견'에 감사한다는 성명을 발표했다. 펠츠는 펩시코 주식을 팔고 떠났다.

누이는 남몰래 기뻐하거나 자랑하지 않았다. 그럴 필요가 없었다. 사람들은 모두 누가 이기고 졌는지 알고 있었다. 누이는 3년 뒤인 2018년에 은퇴했다. 12년 만에 그녀는 펩시코의 시장 가치를 900억 달러에서 1,800억 달러로 두 배올려서 당시 가장 좋은 실적을 올린 CEO 중 한 명이 되었다. 〈포브스〉는 그녀를 비즈니스 업계에서 두 번째로 막강한 영향력을 갖춘 여성으로 선정했다. 2021년에 자서전을

냈는데 펠츠 관련 내용은 고작 두 페이지뿐이었다. 펠츠가 그녀를 어떻게 대했는지는 전혀 유감이나 분노를 표현하지 않았다. 하지만 그녀의 계획이 성공한 덕분에 펠츠는 펩시코 주식을 팔아 상당한 이익을 얻었다고 강조했다.

이것이 바로 조용한 힘이다.

마피아에게서도 배운다

〈대부II〉에서 로버트 드 니로Robert De Niro가 연기한 젊은 시절의 비토 콜레오네는 이웃 집주인 로베르토에게 어떤 세입자 여인을 아파트에서 쫓아내지 말라고 부탁한다. 로베르토는 콜레오네에게 당장 꺼지라고 욕하며 "시칠리아 촌놈 자식, 널 길거리로 내동댕이치겠어"라고 위협한다. 얼마 안 있어 콜레오네의 사무실에 로베르토가 나타난다. 이웃 사람들이 그에게 콜레오네가 어떤 사람인지 알려줬고 이제 그는 겁에 잔뜩 질려있다. 그는 부들부들 떨며 떨리는 목소리로 실수했다고 말한다. 물론이죠, 그 여자는 아파트에 계속 살아도 됩니다! 콜레오네는 10초 동안 아무 말이 없다. 여자의 집세를 5달러 올리고 싶었던 로베르토는 새로운 제안을 한다.

"집세 올리지 않을게요."

콜레오네는 여전히 아무 말이 없다.

"5달러 내릴게요."

집세를 내리겠다고 말하지만 콜레오네는 아무런 반응이 없다.

"10달러 깎을게요, 비토 형님."

바로 그거였다. 거래는 끝났다.

"10달러? 고맙소." 콜레오네가 그제야 입을 연다.

두 사람은 악수한다. 로베르토는 계속 횡설수설하며 문 밖으로 뛰쳐나간다.

콜레오네가 우월한 입장이며 상황을 장악하고 있다. 말 한마디 없이 흥정한다. 아무 말 없이 가만히 있을수록 거래 조건을 더 까다롭게 만든다.

영화 〈대부II〉는 상영 내내 강렬한 침묵이 흐른다. 아들인 마이클 콜레오네는 아버지만큼 침묵의 순간을 능숙하게 다룬다. 침묵은 영화에만 있지 않다. 마피아들은 실제로 오메르타omertà 규칙, 즉 침묵의 계율을 지킨다.

당신은 루 와서먼이란 이름을 들어본 적이 한 번도 없을 것이다. 하지만 당신이 1950년과 1990년 사이에 할리우드에서 일했다면 그를 두려워하며 살았을 것이다. 찰턴 헤스턴은 그를 '영화업계의 대부'[11]라고 불렀는데 그렇게 부른 의도가 있었다. 와서먼은 조직폭력배들과 어울렸기 때문이다.

와서먼은 영화사와 음반 회사를 소유한 엔터테인먼트 대기업 MCA를 경영했고 라디오와 TV에도 영향력을 행사했다. 영화 산업 로비스트 잭 발렌티 Jack Valenti는 이런 말을 남겼다. "할리우드가 올림퍼스산이라면 루 와서먼은 제우스 신이다." 영화사 고위 간부들은 와서먼을 너무 무서워해서 그가 화를 퍼부으면 기절하거나 토하는 사람도 있었다.

하지만 와서먼의 진정한 성공 비결은 입 닥치는 법을 알았기 때문이다. 아무도 그가 무슨 생각을 하는지 몰랐다. 그는 사람들이 계속 추측하게 했다. 인터뷰도 거의 하지 않았다. 아무도 믿지 않았고 아무것도 문서로 남기지 않았다. 주변에 있던 모든 사람들의 정보를 수집했지만 자신의 정보는 알려주지 않았다. 와서먼은 그의 멘토이자 영화사 사장인 줄스 스타인에게서 그렇게 처신하라고 배웠다. 와서먼의 전기 작가 코니 브럭이 쓴 《할리우드에 왕이 있었을 때》[12]에도 나와 있듯이, 줄스 스타인은 "말 한마디 할 때마다 돈이 나간다는 듯이 단어 선택에 유달리 신중했던" 사람으로 잘 알려졌다.

대화는 거래이며 정보 교환이다. 힘 있는 사람들은 침묵함으로써 더 많이 얻는다.

말을 적게 하는 사람을 환영하자

권력과 입 닥치기 사이의 연관성을 가장 잘 증명한 사람은 조 바이든 대통령이다. 바이든은 미국 대통령이 되기 위해 지난 30년 이상 무진 애를 썼다. 그는 1988년 처음 대선에 나섰으며 대권 경쟁에 나설 때마다 끔찍한 실수를 저질러 거의 자폭하다시피 했다. 엉뚱한 말실수에 있어서 그를 따라올 사람이 없었다.

2008년 바이든은 인도계 기자를 만난 자리에서 이렇게 말했다. "델라웨어에는 인도에서 이주한 인도계 미국인이 급격히 늘어나고 있습니다. 세븐일레븐이나 던킨도너츠에 가면 인도 억양을 살짝 써야 한다는데 내 말이 맞습니까?" 사우스캐롤라이나에서 열린 집회에서 그는 주 상원의원에게 외쳤다. "일어나세요. 사람들이 당신을 볼 수 있게 하십시오." 그때 바이든은 그 의원이 하반신 마비여서 휠체어에 앉아있다는 사실을 퍼뜩 깨달았다. "아, 이럴 수가! 내가 무슨 말을 한 거지?"

2008년 바이든은 선거 유세를 다닐 때마다 끊임없이 말실수를 하고 망쳤기 때문에 공화당 전국위원회는 '조 바이든 실수 시계'를 만들어 웹사이트에 띄우기도 했다. 오바마가 바이든을 러닝메이트로 지목하자 바이든은 오바마를

'버락 아메리카'라고 부른 일도 있었다. 〈뉴욕 타임스〉는 바이든을 "방정맞게 떠들어대는 철거 업자"[13]라고 불렀으며 "선거 유세장에서 듣는 사람을 민망하게 만드는 실수가 없는 하루는 보기 드문 축복이다"라고 평했다.

바이든은 헛소리를 남발하는 바보 멍청이여서 정치학자 스티븐 프랜치치는 2012년 정치판의 어이없는 실수를 다룬 책을 출간했을 때 바이든을 표지에 올렸다. 그리고 바이든이 대통령이 되는 데 필요한 절제력을 키우리라고는 상상도 하지 못하겠다고 평했다. 8년 뒤 2020년, 바이든은 이번에도 실패할 운명 같았다. 첫 번째 민주당 공개토론회에서 그는 말실수하고 토론을 망쳤으며 다른 후보들에게 완패했다. 하지만 이후 기적이 일어났다. 그는 예전과는 거의 딴판인 사람으로 변했다. 짧게 대답했고 횡설수설하지 않았다. 그의 참모들은 기자들이 가까이 오지 못하게 했다. 어쩌다 언론 관계자와 이야기할 때는 질문을 몇 개만 받고 대답을 길게 하지 않았으며 재빨리 자리를 떴다.

바이든의 변신은 "의지력이 그만큼 강하다는 걸 보여줍니다"라고 프랜치치는 내게 말했다. "바이든에게는 유능한 조언자들이 있었습니다. 사람들이 그를 가르친 거죠. 바이든 또한 불필요하게 말 많은 성향은 극복해야 할 장애물이란 사실을 깨달았습니다. 대통령이 되길 간절히 바랐으니 해낼 수 있었습니다." 바이든과 함께 일했던 조언자들에 대해서는 "바이든에게 말을 잘하는 법을 가르치는 동시에 말을 하지 못하게 하기도 했습니다"라고 평했다.

바이든은 대통령에 당선된 이후에도 계속해서 침묵을 무기로 휘둘렀다. 2021년 초 바이든은 외국 지도자들과 통화했지만 이스라엘의 벤저민 네타냐후Benjamin Netanyahu 총리는 제외했다. 이는 네타냐후의 정책에 대한 불쾌감을 나타내고 선거 전에 네타냐후의 지지 세력을 약하게 만들려는 바이든의 방식이라고 해석하는 사람들이 있었다. 백악관은 바이든이 네타냐후를 무시한다는 추측을 부인했다. 그렇지만 몇 달 뒤 2021년 6월, 네타냐후는 12년간 이스라엘을 이끈 후에 총리직에서 물러났다.

당신은 잭 케네디가 아닙니다

내가 기억하기에 정치판에서 가장 결정적인 타격은 짧고 간결한 몇 마디 말이었고 전달하는 데 10초밖에 걸리지 않았다. 그래서인지 효과가 있었다.

1988년 부통령 토론회에서 민주당 로이드 벤슨Lloyd Bentsen 상원의원은 공화당 댄 퀘일Dan Quayle 상원의원과 맞붙었다. 당시 벤슨은 67세였고, 1940년대부터 의원 생활을 한 키 큰 텍사스 사람이었다. 퀘일은 41세였고 정치적 역량이 충분하지 않은 경험이 부족한 경량급 선수였다.

사회자는 토론회 중에 퀘일에게 만약 대통령직을 맡아야 한다면 그 직무를 수행할 자격이 있다고 생각하는지 질문했다. 퀘일은 발끈했고 거의 2분에 걸쳐 자격이 충분하다고 주장했지만 별로 설득력이 없었다. 그는 존 F. 케네디가 대통령에 출마했을 때만큼의 정치 경력을 자기도 갖췄다고 강조했다.

그 말을 듣자 벤슨은 막다른 곳으로 쥐를 몰아넣은 의기양양한 고양이처럼 보였다. 퀘일이 말을 마치자 벤슨은 몸을 돌려 퀘일을 똑바로 바라보며 말했다. "상원의원, 난 잭 케네디(존 F. 케네디)와 함께 군 복무를 했습니다. 잭 케네디를 잘 알았죠. 잭 케네디는 내 친구였습니다." 그러고 나서 2초 동안 말을 멈췄다가 결정타를 날렸다. "상원의원, 당신은 잭 케네디가 아닙니다."

쾅! 청중들은 일제히 박수쳤다. 떠나갈 듯한 박수 소리가 15초 동안 계속되었다. 퀘일은 큰 충격을 받고 숨이 턱 막힌 듯했다.

어쨌든 퀘일은 부통령이 되었지만 이날 받은 모욕은 평생 그를 따라다녔다. 마치 벤슨이 그의 뺨을 철썩 때려 생긴 손바닥 자국이 영원히 얼굴에 남은 듯했다. 〈새터데이 나이트 라이브〉는 퀘일을 대통령의 무릎에 앉아있는 어린 아이로 묘사했다. 그날 있었던 일은 일종의 문화 현상이 되어 TV 코미디와 영화 장면에 불쑥불쑥 등장했다. 유명한 헤비메탈 밴드는 노래에 샘플링하기도 했다. 심지어 위키 피디아 페이지도 따로 있다.

벤슨의 재치 있는 대답은 말을 적게 하면서 더 큰 힘을 발휘하는 방법을 알려주는 대표 사례다. 벤슨은 케네디와 퀘일의 차이점을 놓고 쓸데없는 설명을 줄줄 늘어놓지 않았다. 그는 퀘일의 정치 경험이 케네디가 출마했을 때만큼 충분치 않다는 걸 증명하려고 언쟁을 벌이거나 일일이 설명하지 않았다. 그는 짧고 간결한 문장으로 전달했을 뿐이다. 그는 더 적게 말하고 더 많이 얻었다.

과소평가되어도 힘이 있다

독일 총리 앙겔라 메르켈Angela Merkel은 지난 15년 동안 세계에서 가장 힘 있는 여성이었다. 그리고 가장 재미없는 여성이었을 것이다. 그녀는 사적인 자리에서는 농담하길 즐겼다. 다른 나라 지도자들 흉내를 내기도 냈다. 하지만 공적인 자리에서는 그런 모습을 숨겼다. 냉정하고 완고하며 흔들리지 않았다. 감정을 내보이지 않고 철저하게 입 닥쳤다. 미국의 저명한 저널리스트인 조지 패커George Packer는 〈뉴요커〉에 "메르켈은 정치 활동 내내[14] 적당한 시기가 오기를 기다리며 입 다물고 지냈다"라고 소개하고 그녀를 '조용한 독일인'이라 불렀다.

이기심으로 똘똘 뭉치고 권력을 쥔 남성 경쟁자들이 거드름을 피우고 우쭐대며 앞에 나가 연설했던 반면 메르켈은 나서기를 자제하고 자기가 무슨 생각을 하는지 아무도 알지 못하게 했다. 그녀는 자신에 대해 아무것도 알리지 않으면서 상대방을 지켜보며 기다리고 연구해 권력을 잡았다. 한 정치평론가가 말했다. "그녀는 카리스마가 없어서 오히려 카리스마가 넘칩니다."

메르켈은 사람들을 곯아떨어지게 하려는 듯 웅얼거리며 연설해서 정치인들에겐 인간 수면제 같은 존재였다. 카리스마가 부족하다 보니 사람들은 그녀를 과소평가했다. 하지만 지루해 보이는 겉모습 이면에는 냉혹한 모습이 숨겨져 있었다. 그녀는 헬무트 콜Helmut Kohl 총리가 그녀를 자기 편으로 끌어들여 내각에 발탁했을 때 처음으로 큰 변화를 겪었다. 그리고 적절한 시기에 콜 총리를 언론을 통해 비판하고 9년 뒤 자신이 당 대표 자리를 차지함으로써 두 번째로 큰 변화를 겪었다.

메르켈은 물리학 박사 학위가 있는 전직 과학자이며 주변 사람들보다 더 똑똑했고 멀리 앞서 있었다. 하지만 그녀는 대화할 때 다른 사람들이 주로 말하게 했다. 잡담을 무척 싫어했고 바보 같은 사람들을 못마땅해했으며 신뢰를 저버린 사람들을 내쫓았다. 총리로서 메르켈은 소셜 미디어를 절대 하지 않았고[15] 인터뷰를 피했으며 전기 작가와의 협업도 거부했다.

"메르켈만큼 다른 사람들의 말을 잘 듣는 사람은 없습니다." 한 동료가 이렇게 말했다. "대화를 할 때 그녀는 20퍼센트, 상대방은 80퍼센트 정도 말합니다. 모든 사람에게 당신이 하려는 말을 잘 듣고 싶다는 인상을 줍니다. 하지만 메르켈은 대화를 시작하고 3분 안에 더 들을지 판단합니다. 때로는 18분 더 대화하면 시간 낭비라고 생각합니다. 마치 컴퓨터 같습니다. 이건 가능한 걸까? 상대방이 제안하는 내용이 터무니없는 생각인지 아닌지 무척 빠르게 알아냅니다."

메르켈은 버락 오바마의 능수능란한 말솜씨를 불신했고 사적인 자리에서는 그와 함께 있는 걸 불편해했다. 오바마도 메르켈처럼 속마음을 남에게 보이지 않았고 메르켈은 그의 생각을 읽을 수 없었기 때문이다. 그녀는 러시아의 블라디미르 푸틴Vladimir Putin 대통령처럼 마초 기질이 강하고 입이 험한 지도자들을 다루는 법은 알았지만 말이 없고 지적이며 대중 앞에서 터프한 척하지 않는 오바마는 수수께끼 같은 존재였다. 메르켈의 측근에 따르면 오바마와 메르켈은 "같은 방 안에 있는 두 명의 청부살인업자 같았습니다. 두 사람은 말할 필요가 없습니다. 둘 다 조용한 살인자입니다."

사실 오바마는 메르켈을 짜증 나게 하는 법을 알았고 그녀처럼 침묵을 무기로 사용했다. 2011년과 2012년, 유럽에 부채 위기가 발생하자 미국 행정부는 메르켈이 고집부리며 유럽을 포함한 전 세계를 엉망으로 몰아간다고 판단했고, 오바마는 메르켈과의 대화를 중단했다. 메르켈의 참모들은 대화를 요청했지만 백악관은 답신하지 않았다. 메르켈에게 보내는 크고 분명한 메시지였다. 부채 위기 때 있었던 격한 회의에서 오바마는 메르켈을 너무 화나게 하는 바람에[16] 메르켈은 눈물을 보였다고 한다. 이를 통해 오바마가 침묵의 힘을 원하는 대로 활용할 수 있다는 사실을 알 수 있다.

메르켈은 아무 말도 하지 않는 편이 최고의 선택이며, 힘이 있으면 공격에 대응할 필요가 없다는 점을 잘 알고 있었다. 그녀는 아무 말 없이 상대편 정치인들이 자기들끼리 싸우도록 내버려뒀다. 한번은 좌파 군소 야당의 한 정치인이 하원에서 메르켈 총리가 '무자비한 옛날 독일 스타일'로 정치하는 파시스트라며 대놓고 비난하는 연설을 한 적이 있다. 그 여성 정치인은 메르켈을 사실상 나치라고 부르는 것과 다름없었다. 매우 자극적인 공격이었다. 특히 독일에서는 더하다.

메르켈의 동료들은 격분했다. 곧이어 여기저기서 고함이 터져 나왔다. 하지만 메르켈은 이 모든 상황을 무시했고 지루한 듯 보였다. 그녀는 아무 말 없이 이 메시지를 전달하고 있었다. '마음대로 악을 쓰고 떠들어보라지. 그래도 난 총리야. 다음 선거에서 당신네 별 볼 일 없는 정당은 표를 더 잃을 테니 나야 무척 고맙지. 잘했어.'

공격에 일일이 대응하지 않으면 마법 같은 일이 벌어진다. 상대방이 악을 쓰며 소리 지를수록 그들의 입지는 좁아진다. 그들은 당신에게 달콤한 마시멜로를 던지는 셈이다. 마침내 그들은 아기가 울며불며 떼쓰듯이 우스꽝스러워 보이기 시작한다. 당신이 발끈하길 바라며 상처를 주는 끔찍한 말을 퍼붓겠지만 그런 말들을 무시하고 하던 일에 집중하자. 그들이 더 많이 말할수록 당신은 그들과의 관계에서 힘이 더욱 커진다. 이 흥미로운 쇼를 즐기자.

스티브 잡스, 컬트 리더

나는 〈뉴스위크〉에서 일할 때 기술 관련 기사를 썼다. 유명한 CEO들을 직접 만나 취재하려면 애를 써야 한다. 그러다 보면 사람들의 힘을 빠르게 측정하는 일에 익숙해진다. 누군가가 당신과 이야기하고 싶지 않을수록 그들은 당신보다 힘이 더 강하다는 사실을 알려주는 매우 정확한 지표가 있기 때문이다.

마크 저커버그나 제프 베이조스 같은 사람들을 인터뷰하는 일은 거의 불가능했다. 인터뷰를 하겠다고 해도 그들은 대본으로 미리 작성한 듯 짧고 준비된 답변을 내놓았다. 하지만 애플 CEO 스티브 잡스만큼 언론을 마음대로 주물렀던 사람은 없었다. 그는 입 닥치는 힘이 남달리 뛰어난 사람이었으므로 그렇게 할 수 있었다. 마음을 터놓고 입만 연다면 잡스는 당신이 지금까지 만난 사람 중에서 가장 매력적이고 뛰어나며 흥미로운 사람일 것이다. 그는 정말 사람을 미치게 했다. 잡스는 말을 적게 할수록 더 강력해졌다. 그 때문에 잡스는 비즈니스 업계 기자들이 숭배하는 존재가 되었다. 기자들은 잡스와 일생에 단 한 번뿐일 인터뷰를 하길 간절히 바랐다.

애플은 잡스의 비밀스러운 이미지를 바탕으로 세워진 회

사다. 이 회사는 홍보하지 않았다. 오히려 홍보를 반대했다. 언론에 실리려고 애쓰기는커녕 기자들을 멀리했다. 나는 애플의 홍보팀 사람들은 세상에서 가장 쉬운 일을 한다고 생각하곤 했다. "노 코멘트"라고 두 단어만 말하면 끝이기 때문이었다.

애플은 새로운 맥 컴퓨터나 아이팟을 출시할 때면 신중하게 뽑은 리뷰어 몇 명에게 초기 제품을 써보라고 제공했다. 리뷰어들은 제품을 좋은 말로 칭찬하지 않으면 나중에 리뷰어 후보 목록에서 제외된다는 사실을 알고 있었다. 그래서 애플은 나쁜 리뷰가 거의 없었다. 엉망인 제품을 내놓아도 (자주는 아니지만 가끔 발생했다) 기자들은 애플 편에 서서 대신 변명하느라 무진 애를 썼다.

이 모든 건 잡스 머릿속에서 나왔다. 사람들을 조종하고 통제하는 데 있어서 그를 따라올 사람이 없었다. 그는 CEO이면서 컬트 리더이기도 했다. 지난 몇 년 동안 애플이 아이폰 신제품을 내놓으면 고객들은 3일 전부터 줄을 서서 기다린다. 그들은 길바닥에서 밤잠을 자기도 한다. 애플 말고 어떤 회사가 고객들을 미친 듯이 열광하게 할 수 있을까?

잡스는 몇 년에 한 번씩 은둔생활에서 벗어나 인터뷰를 허락했다. 무슨 말을 해야 할지 정확히 알고 있을 때, 주로 신제품을 홍보할 때만 그렇게 했다. 그리고 인터뷰 진행 방식을 철저히 통제했다.

신제품을 홍보하고 싶은 CEO라면 대부분 홍보 투어에 나서거나 온종일 회의실에 앉아 기자들과 차례로 이야기를 나눌 것이다. 잡스는 그렇게 하지 않았다. 느릿느릿 걸어 다니며 기자들과 이야기하고 홍보전문가들을 고용해 기자들에게 제품의 장점을 설명하고 홍보하는 일만으로는 부족하다고 깨달았기 때문이었다. 그런 방법들은 너무 흔하고 평범했다.

언론에 실리는 것은 은행에서 대출받을 때와 같다. 필요하지 않을 때 더 쉽게 받을 수 있다. "어떻게 하면 〈찰리 로즈〉 토크쇼에 출연할 수 있어요?" 한 기술 기업 CEO가 내게 물었다. 난 모호하게 얼버무렸지만 말로 하지 못한 진실은 다음과 같다. "이런 질문을 한다는 자체가 당신이 출연할 수 없는 이유입니다."

잡스는 자신의 인터뷰가 잡지에 실리면 날개 돋친 듯 팔린다는 걸 알았다. 그래서 그는 잡지사들이 서로 싸우게 만들어 통제권을 손에 넣었다. 오직 한 잡지만 그를 인터뷰할 수 있었다. 하지만 그를 가까이서 인터뷰할 특권을 누리려면 치러야 할 대가가 있었다. 애플은 〈타임〉과 〈뉴스위크〉를 놓고 저울질했고 편집장들과 협상했다. 누구나 탐내는 인터뷰를 하려면 잡스 사진이 표지에 올라간다고 확실히 보장해야 했다. 하지만 애플은 항상 더 많이 요구했다. 어떤 조건에 동의하겠는가? 기사에 몇 페이지를 할애하겠는가? 뭐라고 말할 것인가? 기본적으로 애플은 죄다 통제하고 싶어 했다. 해당 잡지를 애플 제품의 홍보 책자로 만들고 싶어 했다.

말도 안 되는 요구사항이었다. 애플이 이렇게까지 요구한다니 충격적이고 터무니없으며 상상할 수 없었다. 기자들은 취재 대상이 취재 조건을 좌지우지하게 놔두지 않으며 잡지사들은 편집권을 기사의 주인공에게 넘기지 않는다.

하지만 애플이었다. 실리콘 밸리의 예수님 같은 존재인 스티브 잡스였다. 그리고 잡스가 직접 내세운 조건들이었다. 내가 〈뉴스위크〉에 다니는 동안 우리는 잡스와 인터뷰를 한 적이 한 번도 없다. 하지만 다른 잡지사들은 인터뷰에 성공했다. 그를 인터뷰하기 위해 무엇을 포기했는지는 전혀 모르겠다.

내 말이 깨달음을 주지 않고 혼란스럽게 한다면

대법원이 2015년 오버거펠 대 호지스 소송에서 동성결혼을 합법화하는 판결을 내렸을 때, 루스 베이더 긴즈버그 대법관은 그 판결에 동의했으나 다수 의견을 작성한 앤서니 케네디 대법관의 논거에는 완전히 동의하지 않았다. 그런 상황이면 대법관들은 해당 소송에 대한 자기 생각을 설명하기 위해 보충 의견을 쓸 때도 있다. 하지만 긴즈버그는 쓰지 않았다.[17] 판결을 둘러싸고 말이 많아지면 해당 판결이 미치는 영향력을 약화시킨다고 믿었다. "하나의 같은 의견이어야 파급력이 더 강합니다." 판결 직후 그녀는 듀크대학교 강단에 서서 청중들에게 말했다. "저는 여왕 같은 존재가 아닙니다. 다수의 생각이 내 생각과 상당히 비슷하다면…… 그렇다면 저는 그 의견을 꼭 써내야 할 필요가 없습니다."

긴즈버그는 먼 옛날 루이스 브랜다이스 대법관이 집필했으나 공개하지 않은 반대 의견서를 책꽂이에 꽂아두었다. 때로는 목소리를 내지 않는 편이 낫다는 사실을 잊지 않으려는 의도였다. 오버거펠 소송에서 판결에 반대하는 대법관 네 명은 반대 의견을 작성했다. 긴즈버그는 그런 의견들이 '혼란을 퍼뜨릴 것'이라 생각했으므로 더 혼란스럽게 만들고 싶지 않았다.

긴즈버그는 향후 수십 년 동안 제기될 다른 여러 소송에서 변호사, 판사 들이 오버거펠 사건을 선례로 인용하리라는 점을 잘 알고 있었다. 그녀는 오버거펠 소송을 미래 법학자들 관점에서 생각했으며 자신의 목소리와 아이디어가 배제되더라도 판결 내용이 가능한 한 분명하고 확실하게 전해지기를 바랐다.

이 사례에서 기억해둘 만한 교훈이 두 가지 있다.

첫째, 말을 덧붙이면 메시지에 힘이 더해지지 않고 오히려 빠져나간다. 둘째, 말을 하거나 글쓰기 전에 미래를 그려본 뒤, 당신이 한 말이 미래에 어떻게 보일지 생각하자. 길게 보면 하고 싶은 말 중에서 많은 내용을 생략할 수 있다.

힘을 키우는 방법

우리 대부분은 대법관이나 억만장자 CEO가 될 수 없다. 하지만 우린 힘 있는 사람들에게 배울 수 있고 그들의 기법을 따라 해서 더 강해질 수 있다. 도움이 될 만한 몇 가지 방법을 소개하겠다.

말을 돈이라고 생각하라. 할리우드의 대부 루 와서먼, 그리고 그의 멘토이자 '말을 꺼낼 때마다 돈이 나간다고 여겼던' 줄스 스타인에 관한 일화를 읽은 후, '말을 돈으로 여기자'라는 게임을 생각해냈다. 당신이 하는 대화는 거래이고, 당신의 목표는 돈

(말)을 쓰는 것보다 더 많이 얻어내는 것이라 가정하자. 상대방에게 질문하고 정보를 얻되, 나를 향한 질문을 피하고 나에 관한 정보는 가능한 조금만 공개하자.

쓸데없는 말을 덧붙이지 말라. 어쩌면 우리는 공손하게 보이고 싶거나 자신감이 없어서 메시지를 약하게 만드는 쓸데없는 표현을 덧붙인다. 다음 두 문장의 차이를 잘 생각해보자. "이 차에 돈을 그렇게 많이 쓸 수 있다고 생각하지 않아요"와 "이 차에 돈을 그렇게 많이 쓸 수 없어요"라는 두 문장이다. 쓸데없이 더한 말을 '언어 유출verbal leaks'이라고 한다. 이 말은 당신이 어떤 사항을 상대방에게 유출하거나 누설함으로써 힘의 균형을 상대방에게 유리하게 기울인다는 뜻이다. 속마음을 드러내지 말자. 다른 사람의 말을 들을 때 '언어 유출'이 일어나는지 잘 살피자. 당신은 이제 유리한 위치에 설 것이다.

제프 베이조스의 질문 방식을 써라. 이메일에 말을 추가하지 않고 응답하거나 전달할 기회를 찾아보자. 당신은 거만하게 보이지 않을 것이다. 바빠 보일 것이다.

사람들이 당신을 과소평가하게 하라. 당신이 얼마나 똑똑한지 모두에게 보여주려는 함정에 빠지지 말자. 앙겔라 메르켈처럼 조용하고 겸손하게 행동하자. 이 방법은 결국 당신에게 유리하게 작용할 것이다.

화가 나도 티를 내지 말라. 누군가 당신 앞에서, 또는 이메일이나 문자로 화를 버럭버럭 낸다고 맞받아 소리치지 말자. 그러면 상대방은 더욱 화낼 것이다. "적이 쉽게 화내는 기질이라면 자극해서 화나게 하라"라고 손자가 말했다. 마음을 가라앉히자. 상대의 화를 돋워서 말을 마구 쏟아내게 하자. 메르켈이 하원에서 자신을 공격한 정치인에게 했듯이 멍한 표정으로 앉아있자. 신경 쓰지 마라! 화난 건 그들이지 당신이 아니다. 당신은 이미 이겼다.

트위터에서 사람들과 싸우지 말라. 트위터에서 싸운다고 똑똑하거나 말솜씨가 좋다거나 힘 있어 보이지 않는다. 철학 토론에 참여한 지성인처럼 보이지도 않는다. 동물원에서 원숭이들과 똥덩어리를 던지며 싸우는 사람처럼 보인다. 그런 싸움에선 이길 수 없다. 당신을 어리석고 나약하게 만들 뿐이다. 무시하고 넘어가자.

모호하게 말하라. 연구원들은 힘 있는 사람들이 좀 더 추상적인 언어를 쓰며[18] 세세한 내용에 집착하지 않는다는 사실을 알아냈다. 사실을 깊게 파고 들어 수치를 하나하나 제시한다고 해서 똑똑해 보이지 않는다. 오히려 약해 보인다. 오바마의 2008년 슬로건 'Yes We Can', 스티브 잡스의 대표적인 홍보 문구인 'Think different'를 잘 생각해보자. 무슨 뜻이었을까? 당신이 생각하기 나름이었다. 모호하게 말하면 사람들은 의미가 비어 있는 부분을 자신의 희망과 욕망으로 채운다. 그리고 사람들이 호기심을 품게 하고 당신과 가까워지게 한다.

윗사람들 눈에 들려면 침묵을 활용하라. 지위 높은 사람이 말을 마친 후 잠시 기다렸다가 말하면[19] 그 사람에 대한 존경심을 나타낸다. 잘 알아차릴 수 없는 행동이지만 당신이 자신의 위치를 잘 안다는 사실을 상대에게 알게 모르게 전달한다. 상대는 당신을 조금 더 마음에 들어 할 것이다. "윗사람들이 늘 기분 좋게 우월하다고 느끼게 하라." 로버트 그린은 권력에 관한 그의 책 《권력의 법칙》에서 조언한다. "윗사람들이 실제보다 더 뛰어나 보이게 하자. 그러면 당신은 권력의 절정에 이를 것이다." 침묵으로 거부 의사를 나타낼 수도 있다.[20] 멍청이 래리 서머스(하버드대학교 총장이었으나 성차별 발언으로 구설에 올랐다. – 옮긴이)가 회의에서 성차별 농담을 꺼냈다고 치자. 그와 싸늘하게 대립각을 세우고 싶진 않지만 그렇다고 그냥 넘어가지 않겠다면 모두 입을 다물어버리자. 래리가 말을 마치면 어색하고 불편한 침묵이 흐르게 하자. 당신은 침묵의 힘으로 그를 자리에 앉게 하고 부끄럽게 만들 것이다. 그런 게 힘이다.

10장

이젠 듣자,
들어야 산다

콜로라도 볼더의 어느 상쾌한 가을 오후, 나뭇잎이 노랗게 물들어가고 멀리 보이는 산 정상에 쌓인 하얀 눈이 새파란 하늘을 배경으로 반짝인다. 오늘 처음 만난 기술 스타트업 창업자 15명은 과제를 받고 짝을 지어 숲속으로 향한다. 팀 사람들이 당신에 대해 알기 바라는 한 가지를 서로 돌아가며 말하라는 과제다. 들을 차례가 되면 그냥 들어야 한다. 상대방의 말을 끊지 말고 질문도 하지 않아야 한다. 상대방에게 뭔가 해보라고 해서도 안 된다. 그저 입 닥치고 들어야 한다.

일론 머스크, 마크 저커버그 같은 CEO가 되길 간절히 바라는 15명은 1만 달러라는 거금을 들여 제리 콜로나가 운영하는 극기 훈련소에서 3일간 훈련을 받는다. 콜로나는 실리콘 밸리에서 매우 유명한 이들과 일했던 임원 코치로, 'CEO 조련사', '실리콘 밸리의 요다 스승'으로 불리기도 한다. 아주 오래전 콜로나는 승승장구하는 벤처 투자가였지만 어느 날 불현듯 2주간 비전 퀘스트를 떠났다. 식량도 없이 유타 사막에서 벌거벗은 채 헤매다 전혀 다른 사람이 되어 돌아왔다. 그는 월 스트리트를 떠나 볼더로 이사하고 불교를 받아들였다. 그리고 실리콘 밸리 거물들에게 자신의 감정과 소통하는 법을 가르치는 스승 겸 주술사로 자신을 재창조했다.

콜로나가 이끄는 15명은 3일간 훈련이 진행되는 동안 마음속에 숨겨둔 두려움과 수치심을 털어놓다가 그만 흐느껴 울고 말 것이다. 하지만 이들이 여기 온 가장 큰 이유는 입 닥치고 듣는 방법을 배우기 위해서다. 대부분은 그 방법을 자연스럽게 터득할 수 없다. 기업가들과 CEO들은 남의 말을 경청하는 기술이 형편없다. 보통 사람들보다 훨씬 더 실망스러운 수준이다. 그들은 누구의 말에도 귀 기울여 들은 적이 전혀 없다. 성격이 급하고 자만심이 가득한 수다쟁이들이다. 모든 사람에게 자기가 얼마나 똑똑한지, 자기 아이디어가 왜 훌륭한지 평생 자랑하며 살아간다. "그런 사람들은 자기애성 성격 장애가 아주 심하진 않을 수도 있어요"라고 앤디 크리싱어가 말했다. 그는 콜로나의 회사인 리부트reboot에서 코치로 일하며 경청 기술을 가르친다. "하지만 그런 증세를 보이죠." 지금까지 기업가들과 CEO들이 불쾌하게 우쭐대는 모습은 그들이 가진 힘을 과시하기 위한 행동이었다. 파워포인트 발표자료만 들고 투자자들이 기다리는 회의실에 들어와 말 같지도 않은 말을 지껄이다 수천만 또는 수억 달러의 투자를 약속받고 회의실을 나설 만큼 자만심이 가득한 사람은 많지 않다. 하지만 일단 많은 돈을 투자받으면 상황이 바뀐다. 이제 그들은 회사를 세워야 한다. 즉, 직원들을 채용하고 관리해야 한다. 하지만 대부분은 사람을 관리하는 기술을 잘 모른다. "지금까지 그들은 그들이 가진 강력한 힘으로 사람들과 소통하며 원하는 것을 이뤄냈습니다. 하지만 이젠 조용히 지내는 기술을 배워야 합니다. 좋은 질문을 하고 잘 듣는 것 말이죠"라고 크리싱어는 말했다.

그래서 콜로나와 코치들은 그 부분을 가르치기로 했다. 크리싱어는 경청 교육과정을 개발했다. 3일 만에 마법 같은 일이 벌어지지는 않지만 젊은 창업자들은 뭔가 배우고 여길 떠난다. "남의 말을 잘 듣는 일은 쉽지 않아요. 하지만 연습하면 누구나 쉽게 배울 수 있습니다." 크리싱어가 말했다.

경청하는 법을 배우려면 어린 시절부터 지금까지 받아왔던, 말을 많이 해야 한다는 압박감에서 벗어나야 한다. 우리는 학교 다닐 때 여러 활동에 적극적으로 참여하면 점수를 받았지만 다른 사람들의 말을 잘 들으면 0점을 받았다. "우린 어렸을 때 잘 듣는 법을 배우지 않습니다. 잘 듣는다고 보상을 받지도 않았고요." 크리싱어는 계속 말을 이었다. "게다가 우리는 한 번도 겪지 못한 정보 과잉 시대에 살고 있습니다. 콘텐츠를 제작해서 홍보하고 개인 브랜드를 만들고 밀어붙여야 하죠. 우리 자신을 세상에 내놓아야 합니다."

우리 대부분은 실리콘 밸리의 요다 스승으로 불리는 콜로나에게 3일 훈련받겠다고 1만 달러씩이나 낼 여유는 없다. 그래서 콜로나는 경청 기술을 가르치는 6일짜리 온라인 강의를 무료로 진행한다. 아름다운 풍경을 즐기거나 낯선 사람들 앞에서 흐느껴 울 기회는 얻지 못하겠지만 그가 고객들에게 알려주는 경청의 기술을 몇 가지 연습해볼 수 있다.

콜로나는 워낙 집중해 잘 듣는 사람이어서 그를 인터뷰하기란 거의 불가능했다. 줌 화상 회의 중에 그에게 질문하자, 그는 내게 메모하지 말라고 하더니 오히려 나를 인터뷰하기 시작했다. 나는 경청의 달인인 그의 행동에 넘어가지 않으려고 애썼지만 어쨌든 그는 내가 말하게 하는 데 성공했다.

처음 예정했던 인터뷰 시간인 30분이 지나자 나는 그에게 질문을 하나도 하지 못했다는 사실을 깨달았다. 콜로나는 다음엔 진짜 인터뷰를 하자며 시간을 다시 정하자고 했다. 나는 물론 그렇게 하겠다고 답했지만 그의 마법 같은 화술에 또 넘어가지 않을 작정이었다. 게다가 다시 인터뷰할 필요도 없었다. 그는 내게 일일이 설명하지 않고 직접 보여줌으로써 적극적 경청의 힘을 이해하게 했다.

당신의 뇌는 듣고 싶어 하지 않는다

사람들은 대부분 상대방의 말을 경청하는 일에 대단히 서툴다. 인구의 약 10퍼센트만[1] 상대방의 말을 잘 새겨듣는다. 평균적으로 우리는 들은 내용의 약 25퍼센트만 기억하며[2] 들은 내용의 최대 절반은 처음 듣고 나서 8시간 이내에 잊어버린다. 이상한 점이 하나 있다. 우리 대부분은 남의 말을 보통 이상의 수준으로 잘 듣는다고 여기며 잘 들을 수 있도록 도움이 필요한 건 다른 사람들이라 생각한다는 사실이다.

귀 기울여 듣는 일은 신체 생리학적으로 어렵다. 우리 뇌는 너무 빨리 작동한다. 인간은 1분에 125개의 단어를 말할 수 있지만[3] 인간의 뇌는 1분에 800개의 단어를 처리할 수 있다. 그래서 처음 얼마 동안은 집중해도 우리 뇌는 가만히 있지 못하고 다른 생각에 빠져든다. 휴대전화를 만지작거리고 노트북 화면에 눈길이 간다. 주말에 놀러 갈 계획을 세운다. 아니면 상대방이 무슨 말을 하든 (솔직히 지금 귀에 들어오지도 않는다) 일단 말을 멈추기만 하면 뭐라고 대꾸할지 생각한다.

나는 경청에 관한 내용을 이 책의 마지막 부분에서 다루기로 했다. 입 닥치고 사는 모든 방법 중 상대방의 말을 적극적으로 듣는 방법이 뭐니 뭐니 해도 가장 어렵기 때문이다. 가능한 아무 말도 하지 않거나, 어색하더라도 침묵을 참고, 침묵하며 시간을 보내고, 소셜 미디어를 피하는 등 다른 방법들은 경청을 가능하게 하는 기반이다. 다른 어려운 도전들을 먼저 극복하지 않으면 다른 사람의 말을 적극적으로 잘 들을 수 없다.

적극적 경청 Active Listening 은 사람을 지치게 한다. 잘 듣기 위해서는 엄청나게 집중해야 하며 정신이 딴 데 팔리지 않도록 우리 뇌를 통제하는 일도 쉽지 않다. 사실 우리 뇌는 산만해지려는 욕구가 있어 진화할 수 있었다. 그런 욕구가 있었으므로 우리에게 많은 도움이 되었다. 만약 우리 뇌가 딴생각에 빠지지 못했다면 문명도 발달하지 못하고 과학도 발전하지 못했을 것이다. 베토벤 교향곡을 감상하지도, 리얼리티 쇼도 즐기지 못했을 것이다.

적극적으로 경청한다는 것은 뇌가 하도록 설계하지 않은 일을 뇌에게 하라고 강요한다는 뜻이다. 그 욕구를 억제하는 일은 강박적인 수다쟁이들에게는 특히 힘들다. 그들의 뇌는 다른 사람들보다 불안정하며 약의 도움을 받아도 주의력결핍 과다행동장애ADHD를 앓는 사람은 어려움을 겪을 것이기 때문이다. 나 같은 사람들은 전화 통화를 하면서 뭔가 다른 일을 해야 한다. 통화하면서 문자를 보내고 이메일을 읽으며 〈뉴욕 타임스〉 웹사이트 기사 제목을 재빨리 훑어본다. 그렇게 하지 않으면 마음이 초조하고 불안하다. 몸도 불편하다. 이 나쁜 느낌을 없애고 싶어서 노트북을 열거나 리모컨을 잡는다.

나는 지난 1년 동안 경청 기술을 배웠고 지금은 전보다 훨씬 나아졌다. 하지만 간혹 마음이 딴 데 가버릴 때가 있다. 화상 회의를 할 때 계속 집중하기란 거의 불가능하다. 여러 사람이 연결되어 있을 때 특히 더하다. 굳이 변명하자면 줌으로 회의를 하는 동안 누구도 집중하지 못할 듯하다. 그런 현상을 가리키는 '줌 피로Zoom fatigue'란 용어도 등장했다. 아마도 이런 일은 전에는 뇌가 몸짓과 표정 신호를 보고 무의식적으로 알아냈던 정보를 확보하려고 과하게 작동하기 때문일 것이다.[4]

또 다른 문제가 있다. 적극적 경청은 절대 쉽지 않다. 자전거 타기와는 다르다. 자전거 타는 법은 일단 배워두면 다음부터는 자연스럽게 탈 수 있다. 하지만 적극적 경청은 근력 운동에 더 가깝다. 시간이 갈수록 힘이 세지지만 반드시 노력해야 한다.《초우량 기업의 조건》의 공저자이자 비즈니스 전문가인 톰 피터스Tom Peters는 30분 동안 적극적으로 듣고 난 뒤 지쳐 탈진하지 않는다면 제대로 경청하지 않은 것이라고 말한다. 피터스는 전에 만났던 훌륭한 비즈니스 리더들 거의 모두 (그들은 피터스의 연구 대상이었고 피터스가 자문해준 사람들도 있었다) 올림픽에 나가도 될 정도로 '공격적 경청aggressive listening'을 할 수 있는 뛰어난 기량을 갖췄다고 말한다.

반에서 1등 증후군

경청하는 법을 배운다면 〈포춘〉 선정 500대 기업 중 하나를 이끄는 리더가 되지는 못하더라도 업무를 더 잘 처리하고 승진 가능성을 높이는 데 도움이 될 것이다. 더 똑똑해지고 인기가 많아질 것이다. 게다가 역설적이게도 사람들은 당신을 활기차게 대화를 즐기는 사람으로 여길 것이다.

하지만 상대방의 말을 귀 기울여 듣지 않으면 끔찍한 결과를 맞이할 수 있다. 다른 사람의 말을 잘 듣지 않아 세상에서 가장 악명 높은 사람 중에서도 최고가 되어야 할 사람들이 있다. 바로 의사들이다. 의사들은 평균적으로 18초 만에 환자의 말을 끊는다. 이 놀라운 수치는 2007년 제롬 그루프먼 박사가 자신의 저서 《닥터스 씽킹》에서 처음 발표했다.

혹시 아는 의사가 있다면 당신은 그들이 왜 그렇게 경청하는 기술이 형편없는지 알 것이다. 내겐 의사 친구들이 있고 가족 중에도 의사들이 있다. 난 그들을 무척 사랑하지만 '반에서 1등 증후군'에 빠진 의사들이 많다. 그들은 어렸을 때 반에서 항상 1등이었고 교사와 부모에게 칭찬만 들으며 살아왔다. 그러다 반에서 1등만 했던 다른 똑똑한 아이들과 같이 의대에 들어간다. 게다가 도움을 받으러 찾아오는 사람들보다 늘 더 많이 알 수밖에 없는 일을 하며 살아간다. 그러다 보니 의사들은 어떤 환경에서도 자기가 주변 모든 사람보다 더 똑똑하다고 생각하는 성향이 있다. 어떤 이유에서인지 이 모든 상황은 의료 분야에 종사하려는 사람들이 IQ는 높아도 EQ, 즉 '감성 지수'는 낮으므로 더 나빠진다. 그들은 사람을 치료하는 방법은 알아도 그들의 말에 귀를 기울이는 방법은 모른다. 자, 지금 진료실에 들어간다고 상상해보자. 어디가 아픈지 설명하지만 의사는 당신의 말을 중간에 잘라버린다. 그는 뭐가 잘못되었으며 어떻게 고쳐야 할지 이미 알기 때문이다. 문제는 약 20퍼센트의 병명이 잘못 진단된다는 점이다. 심장마비 증상인데 의사들은

위산 역류라 진단하고 제산제를 처방해 집으로 돌려보낸
다. 이럴 수가!

그루프먼의 '18초 법칙'은 널리 인용되었고 의료 종사자
들에게도 경종을 울렸어야 했다. 하지만 15년이 흘렀어도
불합리한 의료보험제도 때문에 크게 달라지지 않았다. 사
실 가능한 한 많은 환자를 짧은 시간 내에 진료해야 한다는
의사들의 부담만 더 커졌다. 과거에는 18초였지만 지금은
12초 만에 환자의 말을 끊을지도 모른다.

환자들이 말을 너무 많이 해서 진료가 느려진다는 두려움
은 대부분 근거가 없다. 연구원들은 의사들이 말을 자르지
않아도[5] 환자들이 쓸데없는 말을 길게 늘어놓지 않는다는
사실을 알아냈다. 평균적으로 90초에 불과하다. 이는 환자
의 병명을 잘못 진단하지 않기 위해 치러야 할 작은 대가다.
다른 연구들에 따르면 환자들에게 공감하고 경청하면[6] 그들
이 통증과 고통에서 회복하는 데 도움이 된다고 한다. 위약
placebo을 처방받았어도 간호사나 의사와 몇 분이라도 대화
한 환자들은 허리나 다리 통증이 줄었다고 말한다.

의료계는 적어도 표면적으로는 경청의 중요성을 인정했
다. 의사와 간호사를 대상으로 환자의 말에 귀 기울이는 법
을 가르치는 프로그램들이 우후죽순처럼 많이 생겨났다.
하지만 현실은 크게 달라지지 않았다. "여러 활동을 했으니

그들은 환자의 말을 더 잘 듣는다고 생각합니다. 하지만 의대와 간호대는 환자들의 말을 듣는 태도를 바꿔줄 기술을 가르치지 않습니다"라고 의료 종사자들의 경청 기술을 전문적으로 다루는 연구원인 헬렌 멜드럼이 말했다. 의사소통 기술은 헛소리이거나 시간 낭비라 생각하는 의사들이 많다. 의사가 되기 위한 훈련 과정을 거치는 동안 그런 생각은 더욱 굳어진다. 의대에 입학했을 때보다 공감력이 더 약해져서 졸업하는 의사들이 많다.[7]

다음에 진료받을 때 휴대전화에 타이머를 맞춰놓자. 당신이 하고픈 말을 의사가 하게 한다면 아주 좋다. 하지만 18초 이내에 말을 끊어버린다면 다른 의사를 찾는 편이 좋을 것이다.

악마는 프라다를 입는다. 그리고 경청하지 않는다

〈보그〉의 편집장이자 독불장군처럼 군림하는 애나 윈투어가 2020년 뼈저리게 느꼈듯이, 상대방의 말을 잘 듣지 않으면 큰 대가를 치를 수 있다. 윈투어는 침묵할 수 있어서 권력을 쌓았지만 오히려 그 권력과 주변 사람들의 조언을 받아들이지 못하는 무능력 때문에 직장 생활을 거의 끝장낼

뻔했다.

사람들 말에 따르면 윈투어는 무시무시한 사람이다. 별명이 '핵 윈투어Nuclear Wintour(핵전쟁 이후 나타나는 추위인 핵겨울Nuclear Winter과 발음이 비슷하다. – 옮긴이)'라니 말 다 했다. 영화 〈악마는 프라다를 입는다〉에 등장하는 못된 상사는 그녀를 모델로 해서 만들었다. 윈투어의 전기 작가[8]에 따르면 그녀는 '마음속 생각이나 감정을 숨기려고' 얼굴의 반은 가릴 듯한 커다란 선글라스를 실내에서도, 심지어 인터뷰를 할 때도 쓴다. 아이들 만화에 나오는 악당 같은 모습이다. 또한 그 선글라스는 누가 무슨 말을 하든 전혀 관심 없다고 이 세상에 선언하는 듯하다. 리더가 보낼 수 있는 최악의 메시지다.

윈투어는 30년 이상 〈보그〉를 이끌었다. 콘데 나스트가 발행하는 모든 출판물의 총괄 편집장인 그녀는 미디어 사업과 패션 업계에서 가장 힘 있는 사람 중 한 명이기도 하다. 직원들은 그녀를 너무 무서워해서 그녀가 먼저 말을 붙이지 않으면 감히 말을 걸거나 쳐다볼 엄두도 내지 못한다.

과거 기업들은 경청하지 않는 리더들을 모르는 척 그냥 넘어갔다. 하지만 새로운 시대 직원들은 목소리를 더 크게 낸다. 〈보그〉 직원들도 마찬가지다. 윈투어의 전기 작가 에이미 오델이 썼듯이 "애나가 일하는 방식은…… 직원들이 받아들일 만한 게 아니었다".

2020년 경찰이 브레오나 테일러와 조지 플로이드를 사망하게 했을 때, 〈보그〉 직원들은 윈투어가 흑인들의 권익을 옹호하는 데 최선을 다하지 않았고, 흑인 직원들을 충분히 고용하지 않았으며, 흑인들에게 상처를 주는 사진들을 잡지에 실었다며 공개적으로 불만을 드러냈다. 윈투어는 흑인의 목숨은 소중하다는 'Black Lives Matter' 운동을 대외적으로 지지했고 사내에 다양성과 포용 위원회도 두었다. 하지만 일부 직원들은 그녀가 콘데 나스트 내부에서 보여준 행동이나 〈보그〉 잡지를 보면 그녀의 말을 뒷받침하지 않는다고 생각했다. 오델은 윈투어의 "경영 스타일을 보면 이러한 진보적인 견해와 일치하지 않았다"라고 썼다.

윈투어는 몇 년 동안 사람들의 불만이 들끓을 조짐이 보이며 세상은 변하고 있으므로 〈보그〉도 그에 맞춰 변해야한다고 경고받았다. 하지만 윈투어는 이 경고들을 무시하고 계속 실수를 저질렀다. 오델이 쓴 책을 보면 정체성과 인종 등이 다양한 모델들과 일하라고 권고받자 그녀는 "'이번에 실린 걸 보면 게이 모델이 충분하지 않아요?' 또는 '남자 모델이나 레즈비언 모델, 흑인 모델도 이 정도면 충분하지 않아요?'라며 불평했다." 2017년 윈투어는 에디터들의 조언을 무시하고 슈퍼모델 칼리 클로스Karlie Kloss를 게이샤로 분장해 촬영을 밀어붙였고 그 사진이 커다란 논란을 불러일으키자 몹시 당황한 듯했다. 얼마 안 있어 〈보그〉는 운동복 차림의 모델 지지 하디드Gigi Hadid 뒤에 흑인 농구선수들을 배경 소품처럼 서있게 한 뒤 화보를 촬영했다. 오델은 이를 두고 "놀랍게도 2017년 당시 분위기를 전혀 파악하지 못한 결정이었다"라고 썼다. "애나 윈투어가 인종에 관한 한 무엇이 문제가 될지 제대로 파악하고 있었는지 불분명했다. 그녀의 경영 스타일은 이 시기만큼 엇박자를 낸 적이 없어 보였다." 또 그녀의 독재자 같은 스타일은 "이제는 골칫거리였고 아마 처음부터 계속 그렇게 보였을 것이다". 갑자기 사람들은 천하무적 애나 윈투어가 자리에서 물러나야 한다는, 도저히 상상할 수 없었던 주장을 펼쳤다. 〈뉴욕타임스〉는 "애나 윈투어가 사회 정의 운동에서 살아남을 수 있을까?"9라며 궁금해했다.

콘데 나스트는 윈투어에게 사직을 강요하지 않았다. 회사 직원 중 감히 그런 시도를 할 만한 사람이 있는지는 잘 모르겠다. 모두 윈투어를 무서워한다. 그때 다시 한번 상황이 비교적 가볍게 정리되었다. 윈투어는 실수했다고 인정하며 그에 대한 책임을 지겠다고 사과하는 이메일을 직원들에게 보냈다. 그녀가 잘못을 공개적으로 뉘우치자 경청이라는 마법의 단어가 등장했다. 그녀는 이메일에 "경청하고 있습니다"라고 썼다. "여러분의 피드백과 조언을 듣고 싶습니다."

맞다. 그렇다. 애나 윈투어는 당신의 피드백을 듣고 싶어 한다. 그녀는 당신을 뚱뚱하다거나 멍청하다거나 입은 옷을 보고 조롱하지 않겠다고 약속한다. 당신을 해고하지 않겠다고 맹세한다. 자, 누가 먼저 하겠는가?

윈투어는 이메일을 보낸 직후 팟캐스트에 출연해 사람들의 말에 귀 기울이겠다는 메시지를 다시 한번 강조했다. "리더로서 해야 할 일은 다른 사람들의 말을 일단 듣는 것입니다. 귀담아듣고 또 듣고 행동해야 하지요. 그동안 전 듣지 않았습니다. 충분히 잘 듣지 않았습니다. 이제는 경청하는 사람, 그리고 불평이나 질문, 제안이 얼마나 많든 잘 듣는 사람으로 보이는 것이 중요하다고 생각합니다."

잘 모르고 있을까 봐 알려주겠다. 그녀는 경청하고 있다. 아니면 적어도 경청하는 사람으로 보이길 바란다.

윈투어는 겸손한 리더가 될 생각을 하니 분명 고통스러웠을 것이다. 윈투어가 경청하는 법을 조금이라도 배우겠다고 한 것은 그녀가 인도 빈민굴에서 고아와 나병 환자들을 헌신적으로 돌보는 일만큼 가능성 있어 보인다. 하지만 그녀는 무슨 말을 해야 하는지 알았고, 실제로 그 말을 했다. 그것만 봐도 발전한 게 아닐까?

팀 쿡, 조용한 CEO

애플 CEO인 팀 쿡은 세계에서 가장 훌륭한 리더로 손꼽힌다.[10] 다른 사람의 말에 귀를 가장 잘 기울이는 사람 중 하나이기도 하다. 그는 이 막강한 능력을 자신에게 유리하게 활용한다.

겉보기에 쿡은 내성적이고 부드럽게 말하는 남자다. 앨라배마 출신이며 말할 때 남부 억양이 살짝 들린다. 하지만 말을 많이 하지 않는다. 애플의 공동 창업자이자 전임 CEO인 스티브 잡스와는 성향이 극과 극을 달린다. 잡스는 사람들의 적대감을 불러일으키길 즐겼다. 그리고 이 말을 입에 달고 다녔다. "그 아이디어는 쓰레기야. 지금까지 들은 말 중에서 가장 바보 같다고." 잡스는 격렬하고 떠들썩하게 토론을 하게 하면 최고의 정보를 얻을 수 있다고 믿었다. 그는 회의 시간에 시끄러운 말다툼, 뛰어난 사고력이 필요한 말다툼을 하도록 유도해서 각자 내놓은 아이디어를 각자 방어하게 하고 싶어 했다. 잡스에게 맞설 수 없으면 끝장이었다.

반면 쿡은 자리에 가만히 앉아서 사람들이 자유롭게 말하게 하면 더 좋은 정보를 더 많이 얻을 수 있으리라 믿는 듯하다. 그는 예의 바르게 보이려고 그렇게 하는 게 아니다.

그렇게 하면 사람들이 쿡에게 말하고 싶지 않은 내용을 무심결에 드러낼 때가 있기 때문이다. 쿡은 잡스처럼 진실을 얻으려 하고 있다. 다른 방법을 택할 뿐이다.

사람들은 그의 흑마술에 빠지지 않게 방어 준비를 철저히 해도 쿡은 워낙 재주가 좋아서 몸짓과 표정만으로, 고개를 끄덕이거나 적절한 때에 추임새를 넣기만 해도 그들이 계속 말하게 할 수 있다.

실리콘 밸리에서 임원 코치로 일하는 내 친구 킴 말론 스콧은 애플에서 면접을 보며 쿡을 만났을 때 그 사실을 알았다. "팀 쿡을 만나러 가기 전에 친구가 경고했어." 스콧이 내게 말했다. "그 친구가 이러는 거야. '있잖아, 팀은 진짜 말이 없어. 네가 하고 싶지 않은 말을 하도록 분위기를 몰고 갈 거야. 그러니 조심해.'"

스콧은 사람들과 어울리기 좋아하고 살짝 수다쟁이 기질이 있지만 면접을 볼 때는 꼭 참기로 단단히 마음먹었다. 면접 전 쿡의 사무실 밖에 앉아 있을 때, 조심해서 대답하자고 한 번 더 다짐했다. '먼저 생각하고 나서 말해', '횡설수설하지 마', '집중해'. 숨겨야 하는 깊은 비밀은 없었지만 쿡에게 좋은 인상을 주고 싶었다.

두 사람은 푹신푹신한 의자에 마주 앉아 잠시 가벼운 애기를 주고받았다. 그다음 쿡은 질문을 하나 했다. "직업을 바꾸기로 하다니 대단하다고 생각합니다. 왜 바꾸려고 합니까?" 쿡이 한 말은 그게 다였다. 그는 의자에 편히 앉아 귀를 기울였다. 지나치게 친절하진 않았지만 불친절하지도 않았다. 속마음을 헤아리기 어려웠다.

스콧은 그가 집중하고 있다는 건 알았어도 무슨 생각을 하는지 알 수 없었다. 그래서 일단 입을 열었다. 계속 말했다. 몇 분이 지났는데 아직도 말하고 있다는 걸 뒤늦게 깨달았다. 게다가 더 나쁜 것은, 무슨 영문인지 모르겠지만 스콧은 구글에서 일할 때 저지른 큰 실수를 쿡에게 설명하고 있었다. "재빨리 정신 차리고 말을 멈추고 생각했어. '잠깐, 왜 이 얘기를 하는 거지? 어쩌다 이 지경이 됐지? 당장 입 닥치지 않으면 면접을 망칠 거야.'"

스콧은 쿡이 어떻게 그녀에게 마법을 걸어 줄줄 말하게 했는지 아직도 모른다. 그녀는 입 닥치고 조심하자고 생각하면서 면접을 봤지만 친구가 경고했듯 불리한 상황에 놓이고 말았다.

다행히 쿡은 스콧을 마음에 들어 했고 면접을 통과했다. 훨씬 더 좋은 소식이 있다. 이 일을 계기로 스콧은 경청의 힘에 관한 가르침을 얻었다. 이제 그녀는 사람들을 다룰 때 그 가르침을 활용한다. 자리에 편히 앉아서 사람들이 자유롭게 말하게 두면 그들은 결국 당신에게 진실을 말할 것이다. "그러면 사람들이 당신에게 말하고 싶어 하지 않는 것을 알게 될 것이다. 때로는 당신이 알고 싶지 않은 것도 알게 될 것이다."

나중에 스콧은 직장에서의 대인 관계를 주제로 책을 두 권 냈다. '완전한 솔직함radical candor'이라고 이름 붙인 관리 개념도 개발했다. 이는 그녀가 쓴 책의 제목이기도 하다(국내에서는《실리콘밸리의 팀장들》이란 제목으로 출간되었다. – 옮긴이). 그녀는 직장 사람들에게 딱 부러지게 대하고 솔직해야 한다고 생각한다.

스콧은 입 닥치기와 관련 있는 또 다른 조언을 했다. "매일 세 가지씩 중요하지 않은 것들을 말하지 말고 내버려두세요." 이 조언은 직장뿐만 아니라 연인 관계에도 적용된다. "굳이 말로 꺼내지 않으면 흠 잡힐 일이 없습니다. 우리의 생각은 필터 역할을 합니다. 중요하지 않은 것들을 무시하기로 하면 더 행복해집니다."

경청하는 지도자들

J. W. '빌' 메리어트 주니어J.W. Bill Marriott Jr.는 메리어트 호텔의 억만장자 회장으로, 호텔업에 대해 그보다 많이 아는

사람은 세상에 없을 것이다. 그는 메리어트 호텔을 설립한 아버지에게 호텔업을 배웠고 평생 이 사업에 종사했다. 메리어트는 전문 지식이 많은데도 사람들에게 질문하고 귀 기울여 들으며 주로 시간을 보낸다. 그가 입에 달고 다니는 말은 무엇일까? "영어에서 가장 중요한 네 가지 단어는 'What do you think(어떻게 생각해)?'입니다."

오바마 전 대통령은 지역사회 조직가로 일할 때 처음 배운 사실에 대해 이렇게 말했다. "어떤 동네를 처음 방문하면[11] 당신은 본능에 따라 먼저 그곳 사람들이 무엇에 관심을 가져야 하는지부터 말해줘야겠다는 생각이 듭니다. 그들이 진짜 무엇에 관심이 있는지 처음 6개월 동안 그들의 말을 경청해서 알아낼 생각을 하지 않습니다."

버진 그룹 설립자인 리처드 브랜슨은 똑똑한 사람들을 채용하고 그들과 고객들의 말을 경청해 수십억 달러를 벌었다. 런던에서 레코드 가게를 운영했던 초창기 시절부터 레코드 회사 대표일 때도 브랜슨은 사람들의 말을 잘 듣고 그들이 무엇을 원하는지 알아내는 뛰어난 재주가 있었다. 덕분에 그의 제국을 항공사, 철도, 우주여행과 기타 사업들로 확장할 수 있었다.

대외적으로 보이는 그의 모습은 영혼이 자유롭고 대담무쌍한 사람이다. 자기 과시형 체질이고 자기 자랑이 철철 넘치며 긴 금발에 영화배우 같은 인상적인 외모 때문에 약간 오해를 불러일으킨다. 하지만 사적인 자리에서 그는 다른 사람들이 이야기하게 하고 집중해서 듣는다. 그는 어쩔 수 없이 사람들의 말을 잘 듣게 되었다고 한다. 난독증이 있어서 읽기보다는 듣는 방식으로 공부했기 때문이다.

크게 성공한 기업가 중에는[12] 난독증이 있는 사람들이 많다. 내 생각에 그들은 브랜슨처럼 어렸을 때부터 매우 효과적인 경청 기술을 개발했고 그런 능력이 있었으므로 비즈니스 세계에 진출할 때 크게 도움이 되었을 것이다. 그는 사람들을 관리하는 방법에 관한 책 《버진이 일하는 방식》에서 내용의 3분의 1은 경청 기술을 다뤘다. 인상 깊은 문장을 하나 인용하겠다. "내가 하는 말만 들어서는 아무것도 배우지 못한다."

브랜슨의 또 다른 경청 비결은 메모하기다. 그는 늘 노트를 가지고 다니며 직원들에게도 그렇게 하라고 권한다. 메모하면 지금 들리는 말에 주목할 수밖에 없다. 또 말하고 있는 사람에게도 지금 당신의 말에 집중하고 있고 당신이 하는 말에 관심이 있다고 알려줄 수 있다.

경청하는 변호사들

스티븐 A. 캐시는 뉴욕에서 지방 검사 보조로 일할 때 얻은 두 가지 격언이 있다고 내게 말했다. '타이어는 지나간 흔적을 남긴다'와 '입 다무는 사람은 아무도 없다'이다. 첫 번째는 말 그대로 범죄를 저지를 때 차를 이용하면 반드시 잡히고 만다는 뜻이다. 두 번째는 검사가 편히 앉아 경청하기만 해도 자백을 받아낼 수 있다는 뜻이다. 캐시는 용의자들이 '늘 말하고 싶어 하기 때문'이라고 설명했다. "용의자들은 누구든 저에게 말했습니다. 미란다 원칙을 불러줄 때도 '변호사를 불러주시오. 당신과 말하기 싫소'라고 말하는 사람은 아무도 없었죠. 용의자들을 심문할 때 '자, 무슨 일이 일어났는지 말해주세요'라고만 말할 때가 많았습니다. 녹음기를 틀고 편히 앉아서 가끔 '네, 알았어요'라고 답했지요. 전 그 사람들이 하는 말을 잘 듣기만 했어요. 입 다무는 사람은 아무도 없었습니다." 영화에 나오는 변호사들을 보면 말솜씨가 뛰어나며 자리에서 일어나 감동적인 최종 변론을 진행한다. 하지만 실제 변호사 업무는 경청이 가장 중요하다.

캐시는 용의자가 아침 식사를 언제 했는지, 무엇을 먹었는지, 어떤 베이글을 먹었는지 등의 일상 얘기를 하게 해서 납치 사건을 해결한 적이 있다. 용의자는 처음엔 범행을 부인했다. 그런데 말할 때 특이한 말버릇이 드러났다. 그 사람은 문장을 마칠 때마다 '붐boom' 하고 덧붙여 말하는 버릇이 있었다. "그래서 난 가게에 가서 신문을 샀다고요, 붐. 집에 와서 베이글 먹었고요, 붐." 몸값을 요구하는 전화 녹음을 검사들이 들었을 때 납치범에게도 같은 말버릇이 있었다. 납치범도 문장 끝마다 '붐'을 붙였다. 그 특이한 입버릇을 제외하고 "우린 그 녀석에 대한 정보가 많지 않았습니다"라고 캐시는 회상했다. "하지만 녀석은 감옥에 오래 갇혀 있을 겁니다." 캐시는 나중에 미국 중앙정보부CIA 정보요원으로 일할 때도 경청 기술이 굉장히 유용했다고 한다. 자세히 알려주지는 않았지만 그가 하는 일에서 상대방의 말에 귀 기울여 듣고 사람들이 말하도록 하는 일이 얼마나 중요한지는 쉽게 알 수 있다.

현재 캐시는 기업 변호사로 일한다. 배심원단이나 판사 앞에서 증언하거나, 미국 연방수사국FBI에 진술하거나, 민사 소송에서 증언할 사람들을 준비시키고 코칭하며 바쁘게 지낸다. 그가 가르치는 핵심은 질문을 잘 듣고 그 질문에만 답하는 방법이다. "굉장히 조심하고 집중해야 합니다. 사람들은 자신에게 하는 질문을 제대로 듣지 않을 때가 많습니다. 질문을 끝까지 잘 듣지 않고 어떤 내용일지 혼자 생각하고 대답하려 하죠."

거짓말을 하라는 말이 아니다. 필요 이상의 정보를 주지 않고 사실대로 대답하는 방법을 찾으라는 뜻이다. 대부분의 사람들은 이렇게 하기가 대단히 어렵다고 생각한다. 우리가 일상에서 말하는 방식이 아니기 때문이다. 캐시는 한 가지 예를 들었다. 누군가 "지금 몇 시인지 아세요?" 하고 물었다 치자. 일상 대화에서는 "네, 3시입니다"라고 정중하게 답한다. 하지만 증인으로 설 때는 "네"로 답해야 한다.

경청하는 교수

나는 많은 영감을 받은 후, 입 닥치는 법과 경청하는 법을 가르쳐줄 사람을 찾아봤다. 그러다가 뉴저지 킨대학교에서 경청 과목을 가르치는 산드라 보딘 러너라는 사람을 알아냈다. 그녀는 자신의 강의가 흔치 않은 과정이라고 인정했다. "잘 듣는 법을 가르친다고 하면 사람들은 늘 이렇게 반응해요. '네? 뭐라고요?' 그런 농담 많이 들어요." 이런 반응도 많다. 아내들은 남편들이 그 강의를 듣길 바라고 남편들도 마찬가지다. "다들 같은 생각이라는 게 너무 뻔해요. 그렇죠?" 보딘 러너가 말했다. "자기만 빼고 다른 사람들 모두 경청 기술이 형편없다고 생각하죠. 우리도 대부분 형편없다는 사실을 깨닫지 못하고 있어요."

우린 줌으로 만나 이야기했는데 화상 회의를 하면 계속 집중하기 힘들다는 걸 알고 있었다. 그래서 시작하기 전에 사전 준비 의식을 간단하게 치렀다. 심호흡을 하고 상대의 눈을 계속 바라보며 집중하자고 다짐했다. 그리고 메모하느라 산만해지지 않으려고 통화를 녹음했다.

안타깝게도 난 회의를 망쳐버렸다. 집중력이 흐트러진 게 아니라 내 입을 닥칠 수 없었다. 녹음한 내용을 문서로 변환해 읽어봤다. 한 시간 동안 대화를 했는데 내가 한 말이 대화의 80퍼센트나 차지했다. 대화록에는 내가 횡설수설하는 부분들이 큼직큼직하게 보였다. 내가 말한 내용을 문서로 읽는 건 전혀 즐겁지 않다. 하지만 이건 해도 해도 너무 심했다. 나는 보딘 러너에게 이메일을 보냈다. 첫째, 너무 창피해서 몸 둘 바를 모르겠습니다. 둘째, 마법 같은 경청 비결에 감명받았고 저를 그렇게 수다 떨게 만들다니 무척 놀랐습니다. 셋째, 다시 인터뷰했으면 합니다.

다음번 대화는 성공이었다. 난 그녀와 처음 대화를 하고 나서 입 닥치는 연습을 많이 했고 점점 나아지는 것 같아 자부심을 느끼고 있었다. 그런데 뭔가 이상한 점도 찾아냈다. 말을 거의 하지 않았다고 생각한 두 번째 통화에서도 대화록을 보자 말이 많아지는 부분이 여러 군데 보였다. 주로 "네, 저도 그랬습니다……"로 시작하는 부분이었다.

이런 반응은 보딘 러너가 학생들에게 주의하라고 가르치는 큰 방해물 중 하나다. 방금 들은 말에 호응하겠다고 자기 이야기를 꺼내려는 충동이다. 다른 방해물 중에는 조언하려는 충동, 똑똑하다고 증명하고 싶은 충동이 있다. 상대방의 말을 듣지 않고 그다음에 뭐라 말할지 미리 생각해 두려는 충동, 방금 떠오른 이 훌륭한 아이디어를 잊어버리지 않게 당장 말해야 한다는 충동도 있다.

보딘 러너는 주로 대중 연설 코치로 일하지만 지난 20년 동안 대인 관계 소통을 주제로 킨대학교에서 강의를 병행해 왔다. 이 강의는 사업 관계나 사회적 관계, 연인 관계든 기본적으로 여러 인간관계를 더 잘 유지하는 방법을 다룬다. 하지만 그녀는 경청이 그중 상당 부분을 차지하는데도 대부분 그냥 넘어갔다는 사실을 깨달았다. "경청에 관한 교재라 해도 그 내용을 다룬 부분은 늘 한 챕터에 불과했어요."

그녀가 속한 학과는 경청만 가르치는 강의를 개설하는 걸 허락했다. 7년 뒤, 이 강의는 언제나 수강희망자로 넘치고 학생들은 그녀를 무척 좋아한다. 학생들이 강의 평가에 남긴 35개 평가 중 27개는 그녀를 '최고'라고 평했다. 어떤 학생은 이렇게 적었다. "이 강의는 대학에서 들었던 모든 강의 중 가장 유익해요." 보딘 러너의 경청 강의는 미국에서 유일하다.

"저는 학생들을 가르칠 때 어떤 의도를 갖고 상대방의 말을 경청해야 한다고 강조해요. 꼭 그렇게 해야 해요. 나 자신에게 이렇게 말해야 합니다. '말하고 싶어도 참을 거야. 어떤 생각이나 감정이 불쑥 떠올라도 당장 말하지 않을 거야.' 첫 번째 단계는 경청하겠다는 마음을 이해하고 의식하는 거예요. 경청하기는 무척 힘들어요. 정신적으로 굉장히 노력해야 하고요. 아주 피곤해지죠."

보딘 러너는 학생들에게 한 가지 기술을 연습하게 한다. 대화하기 전에 '먼저 듣기로' 마음먹고 상대방이 먼저 말하게 하는 기술이다. 귀를 기울이고 오롯이 집중하면 놀라운 일이 생긴다. 대화 상대가 더 흥미로워진다. 그들이 더 흥미롭게 보인다는 게 아니라 실제로 더 흥미롭다. "이 현상에 관한 연구 결과가 있어요. 사람들은 누군가가 자기 말을 잘 들어주면 마음을 열고 소통을 더 잘합니다. 생각해보면 말이 되는 얘기죠."

보딘 러너가 최근 가르쳤던 학생 중에 수다쟁이가 한 명 있었다. 그녀는 남자친구가 말이 너무 없다고 불평을 늘어놓았다. 보딘 러너는 그 학생에게 이제부턴 남자친구의 말을 듣기만 하면서 함께 시간을 보내라는 과제를 내줬다. "다음 수업 시간에 그 학생은 뜻밖에 알게 된 사실을 알려췄어요. '세상에, 입 닥치고 듣기만 했더니 남자친구가 재미있는 이야기를 엄청나게 많이 해줬어요!'"

보딘 러너는 학생들에게 학기 말 과제로 말을 걸기 불편하거나 의견이 달라도 너무 다른 사람과 끝까지 대화를 나눈 뒤 그 사람에 대해 알게 된 새롭고 흥미로운 사실을 알아 오라고 한다. 그건 무척 괴로운 일이다. "하지만 학생들은 전에는 몰랐던 대단한 정보를 늘 알아 옵니다. 그 사람이 짜증 나고 귀찮다고만 여겼기 때문이죠." 가장 엄청난 사실을 알아 온 학생이 있었다. 그 학생은 아버지가 니카라과 혁명에 참전했다가 붙잡힌 뒤 탈출했다는 사실을 알게되었다. 왜 그랬는지 모르겠지만 학생의 아버지는 이 얘기를 한 번도 꺼낸 적이 없었다. 들어주는 사람이 아무도 없어서였을지도 모른다.

학생들은 친구와 가족을 수업에 데려와도 되는지 항상 묻는다고 한다. 그래서 보딘 러너는 날짜를 따로 지정해 그렇게 하도록 한다. "학생들은 늘 이렇게 말해요. '엄마를 모셔 와도 되나요? 엄마는 아예 귀를 닫고 사세요.' 그 학생들은 경청이 삶에 어떻게 영향을 끼치는지 알고 적극적으로 홍보하고 다녀요. 다들 '와우, 경청 강의를 꼭 들어야 해요!' 이러고 다니죠. 진짜 굉장해요."

어떤 학생은 이혼 절차를 진행 중인 부모님을 모시고 왔다. 함께 강의를 들었지만 어쨌든 결혼 생활은 끝이 나고 말았다. 하지만 그 두 사람이 서로를 좀 더 이해하는 데 도움이 되었을 것이다. 강의 시간에 학생들은 개인적인 이야기를 많이 나눈다. 집단 심리치료까지는 아니어도 거의 그 모양새다. "정말 감동적이에요." 보딘 러너가 말한다. "학기가 끝날 때면 서로 무척 가까워졌다고 느끼죠."

보딘 러너는 미네소타에 있는 국제경청협회 운영 일도 돕는다. 이 협회는 실제 존재하며 전 세계에 수백 명의 회원이 있다. 여기서 제공하는 교육 과정을 마치면 '경청 전문가 인증서'를 수여한다. 〈리스닝 포스트〉라는 뉴스레터를 발행하고, 국제 경청의 날을 후원하며, 경청자를 기념하는 명예의 전당도 있고, 연례 회의도 개최한다. "사람들은 이렇게 농담하죠. '저기요, 그런 회의는 아주 조용하겠어요.' 다들 그렇게 말해요."

국제경청협회 연례 회의가 열리는 모습을 상상했을 때, 터틀넥 차림의 수염 기른 남자들(명예의 전당에 오른 사람들)이 호텔 연회장에서 서성거리며 서로에게 귀를 기울이는 영화 같은 장면이 떠올랐다. 보딘 러너는 나를 국제경청협회 월간 워크숍에 초대했다. 놀랍게도 (사실 조금 실망하긴 했다) 회원들은 괴짜가 아니라 평범한 사람들이었다. 영국에서 온 어떤 의사가 의료 분야의 경청 방법에 대해 발표했다.

경청은 기업 세계에서 유행하게 되었고 회사들은 보딘 러너를 고용해 직원 워크숍을 열었다. 그녀는 골치 아픈 문제들을 해결하는 과정에서 경청이 어떤 역할을 하는지 회사들이 알아야 한다고 주장한다. "우리는 어렵긴 하지만 다양성과 공평성, 포용성에 관해 대화하고 서로에게 귀를 기울여야 한다는 말을 끊임없이 듣고 있어요. 하지만 우리에게 방법을 알려주는 사람은 아무도 없어요."

경청의 사다리 오르기

야심에 찬 리더들은 훌륭한 대중 연설가가 되는 법을 배우고 싶어 데일 카네기Dale Carnegie 강의를 수강하는데, 카네기가 연설 못지않게 경청을 중요하게 여겼다는 사실을 알게 된다. "먼저 잘 듣자. 상대방에게 말할 기회를 주고 말을 끝까지 마치게 하자. 저항하거나 방어하거나 논쟁하지 말자. 그런 것들은 장벽을 더 높이 쌓아 올릴 뿐이다."

《데일 카네기 인간 관계론》에서 카네기는 다섯 단계로 구성된 '경청의 사다리'를 다음과 같이 설명한다.

1. 무시하기: 관심이 아예 없다.

2. **가장하기**: 고개를 끄덕이고 미소를 짓긴 하지만 전혀 집중하지 않는다.

3. **선택하기**: 컴퓨터 용어를 빌어 설명하자면 마이크로프로세싱 기능의 일부만 대화에 쏟는다. 대화 콘텐츠 흐름을 전체적으로 처리하지 않고 키워드만 찾아서 상대방이 무슨 말을 하는지 추론한다.

4. **주의 기울이기**: 적극적 경청을 말한다.

5. **공감하기**: 달인의 경지에 이른다. 너무 열심히 듣고 있어서 상대방의 머릿속에 들어간 듯한 느낌이다.

대화할 때 경청의 사다리 어느 단계에 와 있는지 의식하고 단계를 더 높일 수 있도록 노력하자. 가능한 한 마지막 단계에서 오랫동안 버티자. 대부분의 사람들은 4단계까지 올라가 잠시 머물 수 있다. 5단계로 올라가는 것은? 음, 난 지금 노력하는 중이다.

경청 연습하기

상대방의 말에 귀를 기울이면 선순환이 되풀이된다. 더 많이 들을수록 말이 적어진다. 말이 더 적어질수록 더 오래 경청할 수 있다. 하지만 경청은 결코 완벽하게 터득하지 못할 기술 중 하나다. 시간이 흐를수록 더 자연스러워지지만 늘 노력하고 집중해야 한다.

경청의 기술을 연마하는 방법은 연습이다. 파트너와 함께 앉아 당신에게 어떤 이야기를 하게 하자. 파트너가 말하는 동안 메모하지 않고 그냥 듣기만 한다. 대화를 마치면 당신이 기억하는 내용을 글로 적거나 파트너에게 말로 전달한다. 당신이 기억하는 내용을 파트너가 실제 말한 내용과 비교하자. 이 작업은 쉬워 보이지만 파트너가 한 말을 기대했던 것보다 덜 기억할 것이다. 이 연습을 여러 번 하면 경청 기술을 익힐 수 있다.

리부트의 앤디 크리싱어가 고객들과 하는 세 가지 질문 게임도 해볼 수 있다. 먼저 파트너를 정하고 자유롭게 대답하는 개방형 질문 세 가지를 각자 작성한 뒤 서로에게 질문한다. 3분 동안 한 사람은 질문하고 다른 한 사람은 대답한다. 이제 역할을 바꾼다. 듣는 사람은 3분 내내 침묵을 지켜야 한다. 3분이 지나기 전에 말하는 사람이 말을 마치면 남은 시간 동안 아무 말 없이 앉아 있어야 한다.

두 사람 다 번갈아 가며 질문과 답하기를 마치면 앉아서 듣기만 하는 기분이 어땠는지 4분 동안 이야기를 나눈다. 듣는 사람이 된 기분은 어땠는가? 말하는 사람이 된 기분은 어땠는가? 무엇을 알아냈는가? 어떤 일이 생겼는가?

상대방의 말을 더 잘 들을 수 있는 기술을 몇 가지 더 소개하겠다.

휴대전화를 치우자. 크리스틴 라가르드는 유럽중앙은행 총재가 되자 정책위원회 소속 위원 24명에게 회의 때 휴대전화나 아이패드를 쓰지 말라고 지시했다.[13] 전임자인 마리오 드라기는 다른 사람들이 말하고 있는데 휴대전화와 아이패드에 정신 팔린 때가 많았지만 라가르드는 말을 거의 하지 않고 집중해서 잘 듣는다. 그녀는 다른 사람들도 그렇게 하라고 요구한다.

줌 통화 사이마다 휴식하자. 가능하다면 연달아 회의를 잡지 말자. 그렇게 할 수 없으면 5분이라도 잠시 쉬자. 책상에서 일어나 화면을 보지 않고 걸어 다니자. 이렇게 하면 다음 통화에 집중하는 데 필요한 에너지를 약간 얻을 수 있다.

준비하자. 친구를 만나러 커피숍에 들어가기 전에 잠시 시간을 내서 차분하게 중심을 잡자. 차에 앉은 채 심호흡을 몇 번 한다. 긴장을 풀고 마음을 편히 먹는다. 리부트의 제리 콜로나는 이런 행동을 '자기 진정 self-soothing'이라고 부른다. 다른 사람의 말을 잘 들으려면 올바른 마음 상태를 갖춰야 한다. 개방적이고 수용적이며 어떤 일이 일어나든 준비되어 있어야 한다.

즉흥 연기 배우가 되었다고 상상하자. 즉흥 연기 배우들은 "네, 그리고"라는 기술을 사용하는 것으로 유명하다. 이 말은 누가 무슨 말을 하든 먼저 동의하고 거기서부터 시작한다는 뜻이다('아니오'로 답하면 즉흥극을 끝낸다는 의미다). 즉흥 연기에서는 상대방의 말을 잘 듣고, 거기에서 또 다른 아이디어를 내는 것이 가장 중요하다. 할 말을 미리 준비해 대화하지 말자. 대화 주제를 강요하지 말고 대화가 자연스럽게 흘러가도록 하자.

질문하자. 질문은 누군가가 말하도록 하는 방법이다. 질문하기는 그 자체로 경청의 기술이며 연습이 조금 필요할 수도 있다. 상대방이 자유롭게 답할 수 있는 개방형 질문을 하자. 중간에 말을 끊고 싶은 충동을 참자. 상대방이 말을 마칠 때 당신은 무슨 말을 할지 미리 생각하지 말자.

몸짓을 활용하자. 경청하고 있다고 상대방에게 알려주자. 상대방 쪽으로 몸을 기울이자. 고개를 끄덕이고 미소를 짓자. 얼굴을 찌푸리지 말자. 의견이 다르다거나 못마땅하다는 표정을 짓지 말자. 의사소통의 절반 이상은[14] 몸짓으로 전달된다. 팔짱 끼지 말고 열린 자세를 유지하자. 가만히 앉아 있자. 꼼지락거리면 지금 딴생각을 하고 있다고 상대방에게 전달하는 셈이다. 잘 듣고 있다는 걸 보여주기 위해 노력하면 당신은 경청할 것이다.

생각나게 하자. 나는 화상 회의나 전화 통화를 할 때마다 눈에 잘 들어오도록 컴퓨터 위에 '잘 들어!'라고 쓴 메모를 붙여둔다. 톰 피터스도 손등에 같은 말을 쓰고 다닌다.

당신이 하는 말을 녹음하자. 대화를 녹음해 문서로 옮겨보자(별로 돈 들이지 않고 할 수 있는 온라인 사이트들이 있다). 글로 옮긴 문서를 읽고 어떻게 말했는지 확인하자. 당신이 대화를 얼마나 대충대충 하는지 알게 될 것이다. 그리고 당신이 얼마나 많이 말하는지도 눈으로 확인할 수 있다. 이 방법은 고통스럽지만 놀라운 사실을 깨닫게 해주기도 했다. 마침내 입 닥치고 상대방에게 온전히 귀 기울이는 데 도움이 되었다.

이제 당신은 완벽하다

미국의 위대한 인물로 존경받는 사업가이자 정치가인 벤저민 프랭클린Benjamin Franklin은 13가지 덕목을 만들어 하나씩 실천하며 도덕적으로 완벽한 상태에 이르고자 했다. 그가 만든 목록의 두 번째 덕목은 '침묵'으로 다음과 같은 충고의 말이 따라다녔다.

"다른 사람과 당신을 유익하게 할 말 외에는 하지 마라. 쓸데없는 대화를 피해라."

프랭클린은 13가지 덕목 중 침묵을 중요시했다. 사실 그는 "생각 없이 내뱉고 말장난하며 농담을 밥 먹듯 하는 수다쟁이였기에 주변에는 별로 내세울 게 없는 사람들만 있었다"라고 고백하기도 했다. 그는 입 닥치기 훈련을 계속하면 더 나은 사람이 될 수 있고 '혀보다는 귀를 사용해' 지식을 얻을 수 있다고 믿었다.

프랭클린이 얼마나 성공적으로 침묵을 지켰는지는 알 수 없지만 그는 훌륭한 업적을 이루었다. 또한 그는 수다쟁이들을 싫어하게 된 듯하다. 나 역시 그렇다. 이 책을 준비하는 여정을 시작했을 때만 해도 나 같은 수다쟁이들을 만나길 좋아했다. 같이 있으면 수다 떨고 싶은 욕구를 마음껏 채울 수 있어서였다. 하지만 이젠 그런 사람들을 보면 짜증이 난다. 흡연자가 담배를 끊고 나면 다른 흡연자들 옆에 있기를 꺼리는 것과 같다.

책 집필을 마칠 무렵 그동안 나의 수다 중독이 얼마나 나아졌는지 확인하고 싶어서 수다 중독 진단을 다시 해봤다. 이번에는 최고 점수 50점이 아니라 수다 중독자의 경계선인 40점이 나왔다. 다행스럽게도 아내가 날 평가한 점수는 38점이었다. 확실히 이 진단법은 그리 과학적이지 않으며 선입견과 희망 사항이 반영되어 결과에 영향을 줄 수도 있다. 하지만 나는 내가 발전했다고 믿는다.

그래도 가끔은 생각 없이 수다를 떨기도 하고 아직도 '아빠 혼자 하는 대화'에 빠질 때가 있다. 하지만 이제는 적어도 그런 상황을 스스로 인지한다. 말을 적게 하는 건 내 본성과 전혀 어울리지 않을 수도 있다. 아마 말을 많이 하지 않도록 항상 노력하고 집중해야 할 것이다. 다만 과거와 비교하면 실수가 훨씬 줄어들어 일상이 편해졌다.

전보다 더 자제할 수 있게 되니 불안하고 화를 내며 감정이 폭발하는 정도가 약해졌다. 루스 베이더 긴즈버그 대법관이 말했듯이 '약간 귀머거리처럼' 행동하는 일도 익숙해졌다. 나는 불안의 쳇바퀴를 뒤로 돌렸다. 상대방의 말에 귀를 더 기울이고 아빠 노릇도 제대로 하고 있다. '아빠 혼자 하는 대화'를 늘어놓거나 처음 보는 사람들에게 말을 너무 많이 걸어서 아이들을 짜증 나게 할 가능성도 훨씬 줄었다. 흥미롭게도 아내인 사샤 역시 변했다. 요즘 우리 부부는 사람들을 많이 만나는 모임에 가면 나는 잠자코 있고 아내는 예전과 비교도 안 되게 말이 많아졌다. 입 닥치는 법을 배웠더니 아내가 화려하게 빛날 기회가 생긴 듯하다.

나를 고치고 싶어서 이 여정을 시작했지만 입 닥치기의 진정한 힘을 깨닫자 나의 변화로 주변 사람들을 도울 수 있고, 그들의 삶을 더 좋게 만들어줄 수 있다는 사실도 알게 되었다.

나는 침묵하며 시간을 보내는 기회를 찾았고 누군가와 함께 있을 때 말 한마디 하지 않아도 교감할 수 있도록 단련했다(일본인들은 이걸 '무언의 말'이라고 부른다). 잡담하는 시간이 줄었고 심리학자 마티아스 멜이 '만족스러운 삶의 핵심 요소'라고 부르는 의미 있고 실질적인 대화를 나누려고 의도적으로 더 노력한다.

　내 세상은 시끄러운 소리는 덜 들리고 기뻐할 일이 더 많다. 후회를 덜 하고 평화가 가득하다. 무엇보다 나는 더 행복하다. 이 책을 내려놓을 때 당신도 수다 떨지 않고 행복해지기를 진심으로 바란다.

감사의 글

입 닥치기의 힘을 실천하는 마음으로 이 글을 짧게 쓴다. 이 책을 쓰는 동안 나와 이야기를 나눴던 많은 분들께 영원히 감사드릴 것이다. 그분들이 없었더라면 이 책은 세상에 나오지 못했을 것이다. 그분들 중에는 친구가 된 버지니아 리치먼드, 나처럼 수다 중독자이면서 아는 게 많고 유쾌한 사람인 마이애미대학교의 마이클 비티, 나와 여러 번 '의미 있고 실질적인 대화'를 나누고 그 방법을 가르쳐준 마티아스 멜이 있다. 케이티 도너번, 산드라 보딘 러너, 에이머스 클리퍼드, 제이슨 액섬, 제리 콜로나, 앤디 크리싱어, 킴 말론 스콧, 토드 린치, 그리고 내게 조언하고 정보를 알려주며 길잡이가 되어준 모든 분들에게 감사드린다.

에이전트인 크리스티 플레처Christy Fletcher와 편집자 제임스 멜리아James Melia에게도 감사드린다. 이 책에 어떤 내용을 담아야 할지 몰랐을 때도 제임스는 이미 알고 있었다. 에이미 아인혼Amy Einhorn, 그리고 헨리 홀트 앤드 컴퍼니

Henry Holt and Company 출판사 관계자 케이틀린 오쇼너시Caitlin O'Shaughnessy, 로라 플래빈Laura Flavin, 팻 아이즈먼Pat Eisemann, 오마르 차파Omar Chapa, 크리스토퍼 서지오Christopher Sergio, 모건 미첼Morgan Mitchell, 켄 러셀Kenn Russell, 재닛 브라운Janel Brown, 제이슨 라이걸Jason Reigal에게 진심으로 감사드린다. 제나 돌런Jenna Dolan과 마크 러너Mark Lerner에게도 감사드린다. 또한 참을성 많고 지혜로우며 열심히 수고해준 로리 쿠사츠키Lori Kusatzky에게 특별히 감사드리고 싶다.

무엇보다 가족에게 고맙다. 가족이 있어서 나는 행복하다.

주

들어가며

1 전화 통화를 싫어해서 가능한 한 피했다: Paul Halpern, "Einstein Shunned Phones in Favor of Solitude and Quiet Reflection," Medium, August 29, 2016, https://phalpern.medium.com/einstein-shunned-phones-in-favor-of-solitude-and-quiet-reflection-d708deaa216b.
2 뇌세포가 발달하는 데 도움이 된다는 연구 결과도 있다: Imke Kirste et al., "Is Silence Golden? Effects of Auditory Stimuli and Their Absence on Adult Hippocampal Neurogenesis," *Brain Structure and Function* 220, no. 2 (2013): 1221–28, https://doi.org/10.1007/s00429-013-0679-3.

수다 중독 진단하기

1 다음과 같은 설문지를 만들어: James C. McCroskey and Virginia Richmond, "Identifying Compulsive Communicators: The Talkaholic Scale," *Communication Research Reports* 10, no. 2 (1993): 107–14.

1장 당신이 지나치게 말이 많은 이유

1 지나친 수다에는 여러 가지 유형이 있다: Crystal Raypole, "Has Anyone Ever Said You Talk Too Much? It Might Just Be Your Personality," Healthline,

February 16, 2021, https://www.healthline.com/health/talking-too-much#is-it-really-too-much.

2   더 가벼운 병적 형태인: Diana Wells, "Pressured Speech Related to Bipolar Disorder," Healthline, December 6, 2019, https://www.healthline.com/health/bipolar-disorder/pressured-speech.

3   뇌의 전전두피질 앞부분에 있는: Michael J. Beatty et al., "Communication Apprehension and Resting Alpha Range Asymmetry in the Anterior Cortex," *Communication Education* 60, no. 4 (2011): 441-60, https://doi.org/10.1080/03634523.2011.563389.

4   미국심리학회: "Americans' Overall Level of Anxiety About Health, Safety and Finances Remain High," American Psychiatric Association, May 20, 2019, https://www.psychiatry.org/newsroom/news-releases/americans-overall-level-of-anxiety-about-health-safety-and-finances-remain-high.

5   불안장애를 겪고 있다: Facts & Statistics, Anxiety and Depression Association of America, ADAA, n.d., https://adaa.org/understanding-anxiety/facts-statistic.

2장 이 세상도 입 닥치게 해야 한다

1   섹스를 하면서 휴대전화를 확인한 적이 있다: "The Attachment Problem: Cellphone Use in America," SureCall, n.d., https://www.surecall.com/docs/20180515-SureCall-Attachment-Survey-Results-v2.pdf.

2   2022년 87편의 영화를 공개했으며: Kasey Moore, "Netflix Unveils Slate of 87 New Movies Coming in 2022," What's on Netflix, February 10, 2022, https://www.whats-on-netflix.com/news/netflix-unveils-slate-of-87-new-movies-coming-in-2022/.

3   40편의 드라마와: Reed Gaudens, "Full List of Netflix Shows Con-firmed for Release in 2022," Netflix Life, FanSided, January 27, 2022, https://netflixlife.com/2022/01/27/full-list-netflix-shows-confirmed-release-2022/.

4   제작하는 데 170억 달러를 지출했다: "Top US Media Groups Including Disney, Netflix Look to Spend $115B in 2022: FT," Yahoo!, n.d., https://www.yahoo.com/video/top-us-media-groups-including-105112204.html#:~:text=Netflix%20Inc%20(NASDAQ%3A%20NFLX),cash%20flow%20

positive%20in%202022.

5 닐슨이 실시한 조사에 따르면: G. Winslow, "Streaming Is Up, but Consumers Are Overwhelmed by 817K Available Titles," TVTechnology, April 6, 2022, https://www.tvtechnology.com/news/streaming-up-but-consumers-are-overwhelmed-by-817k-available-titles.

6 437시간이나 되는데: Chris Melore, "Average Consumer Cutting 3 Streaming Services from Their Lineup in 2022," Study Finds, May 6, 2022, https://www.studyfinds.org/cutting-subscriptions-streaming-tv/.

7 스트리밍 서비스 비용은 2015년보다 네 배 더 많았다: Julia Stoll, "U.S. Household Expenditure on Streaming and Downloading Video 2020," Statista, January 17, 2022, https://www.statista.com/statistics/1060036/us-consumer-spending-streaming-downloading-video/.

8 100데시벨 이상으로 측정되었다: Cara Buckley, "Working or Playing Indoors, New Yorkers Face an Unabated Roar," *New York Times*, July 20, 2012, https://www.nytimes.com/2012/07/20/nyregion/in-new-york-city-indoor-noise-goes-unabated.html.

9 착암기 소음만큼 시끄러운 수준이다: "Noise Sources and Their Effects," https://www.chem.purdue.edu/chemsafety/Training/PPETrain/dblevels.htm.

10 〈바니와 친구들〉 주제가도 있었다고 한다: Justin Caba, "Torture Methods with Sound: How Pure Noise Can Be Used to Break You Psychologically," Medical Daily, January 21, 2015, https://www.medicaldaily.com/torture-methods-sound-how-pure-noise-can-be-used-break-you-psychologically-318638#:~:text =Sound%20torture%20is%20a%20type,torture%20under%20the%20right20conditions.

11 고용주들에게 음악을 틀지 말라고 요구하며 파업을 했다: Jamie Doward, "Attack on Festive Hits 'Torture,'" *Guardian*, December 24, 2006, https://www.theguardian.com/uk/2006/dec/24/politics.musicnews.

12 새로운 게시물이 2,900만 건씩 쏟아진다: J. J. Pryor, "How Many Stories Are Published on Medium Each Month?" Medium, February 3, 2021, https://medium.com/feedium/how-many-stories-are-published-on-medium-each-month-fe4abb5c2ac0#:~:text=Well%2C%20for%20the%20quick%20answer,answer%20for%202020%20on%20Mr.

13 이 수치는 2018년의 네 배다: "2021 Podcast Stats & Facts (New Research from

APR 2021)," Podcast Insights, December 28, 2021, https://www.podcastinsights.com/podcast-statistics/#:~:text=Also%2C%20a%20common%20question%20is,episodes%20as%20of%20April%202021.

14 500시간 분량의 동영상 콘텐츠가 유튜브에 새로 올라간다: Lori Lewis, "Infographic: What Happens in an Internet Minute 2021," All Access, https://www.allaccess.com/merge/archive/33341/infographic-what-happens-in-an-internet-minute.

15 70만 개의 스토리가 인스타그램에 게시된다: Werner Geyser, "TikTok Statistics—Revenue, Users & Engagement Stats(2022)," Influencer Marketing Hub, February 15, 2022, https://influencermarketinghub.com/tiktok-stats/.

16 15만 개의 슬랙 메시지가 전송된다: "How Much Data Is Generated Every Minute on the Internet?," Daily Infographic, December 1, 2021, https://dailyinfographic.com/how-much-data-is-generated-every-minute.

17 스포티파이에서 4만 시간에 해당하는 음악을 듣는다: Lewis, "Infographic."

18 "그건 가능할까?": "Bo Burnham Inside: Can Anyone Shut Up Monologue," YouTube, https://www.youtube.com/watch?v=okq0hj1IMlo.

19 10억 분 이상의 사용 시간을 기록한다: Jacquelyn Bulao, "21 Impressive Slack Statistics You Must Know About in 2022," Techjury, May 2, 2022, https://techjury.net/blog/slack-statistics/#gref.

20 4시간 23분으로 늘었다: Scott Galloway, "In 2010, we spent 24 minutes on our phones," Twitter, January 25, 2022, https://twitter.com/profgalloway/status/1485965678683193349.

21 850분씩 사용한다고 한다: Werner Geyser, "TikTok Statistics—Revenue, Users & Engagement Stats (2022)," Influencer Marketing Hub, February 15, 2022, https://influencermarketinghub.com/tiktok-stats/#toc-0.

22 우리 중 약 90퍼센트는: Nate Anderson, "88% of Americans Use a Second Screen While Watching TV. Why?," Ars Technica, December 26, 2019, https://arstechnica.com/gaming/2019/12/88-of-americans-use-a-second-screen-while-watching-tv-why/.

23 어느 편이 나을지 선택하자: Christian P. Janssen et al., "Integrating Knowledge of Multitasking and Interruptions Across Different Perspectives and Research Methods," *International Journal of Human-Computer Studies* 79 (2015): 1–5, https://doi.org/10.1016/j.ijhcs.2015.03.002.

24 응답자의 40퍼센트는: "Forget Your Kid's Phone Number? 'Digital Amnesia' Is Rampant, Poll Finds," CBC News, October 8, 2015, https://www.cbc.ca/news/science/digital-amnesia-kaspersky-1.3262600.

25 12초에서 8초로: Kevin McSpadden, "Science: You Now Have a Shorter Attention Span Than a Goldfish," *Time*, May 14, 2015, https://time.com/3858309/attention-spans-goldfish/.

26 〈와이어드〉 잡지 창간자는 1999년에 이렇게 예상했다: Kevin Kelly, "The Roaring Zeros," *Wired*, September 1, 1999, https://www.wired.com/1999/09/zeros/.

27 "우리 뇌 구조를 송두리째 바꿔놓았다": Aaron Holmes, "Facebook's Former Director of Monetization Says Facebook Intentionally Made Its Product as Addictive as Cigarettes—and Now He Fears It Could Cause 'Civil War,'" *Business Insider*, September 24, 2020, https://www.businessinsider.com/former-facebook-exec-addictive-as-cigarettes-tim-kendall-2020-9.

28 1년에 셀카를 450장 이상 찍는다: Sean Morrison, "Average Person Takes More Than 450 Selfies Every Year, Study Finds," *Evening Standard*, December 19, 2019, https://www.standard.co.uk/news/uk/average-person-takes-more-than-450-selfies-every-year-study-finds-a4317251.html.

29 최고 입찰가는 280달러에 불과했다: Prabhat Verma, "They Spent a Fortune on Pictures of Apes and Cats. Do They Regret It?," *Washington Post*, May 25, 2022, https://www.washingtonpost.com/technology/2022/05/25/nft-value-drop/.

30 분노를 유발하는 게시물을 더 많이 공유한다: "Most Influential Emotions on Social Networks Revealed," *MIT Technology Review*, April 2, 2020, https://www.technologyreview.com/2013/09/16/176450/most-influential-emotions-on-social-networks-revealed/.

31 조회수가 더 많다: "What Works on Tiktok: Our AI Analysis," Butter Works, https://butter.works/clients/tiktok/charts.

32 예전보다 더 분노하고 있다고 응답했다: Matt Labash, "High Steaks," blogpost, *Slack Tide by Matt Labash*, February 3, 2022, https://mattlabash.substack.com/p/high-steaks?s=r.

33 다섯 배 증가했다고 한다: "2021 Unruly Passenger Data," Federal Aviation Administration, March 1, 2022, https://www.faa.gov/data_research/passengers_cargo/unruly_passengers/.

34 살인율이 급증했다: Zusha Elinson, "Murders in U.S. Cities Were Near

Record Highs in 2021," *Wall Street Journal*, January 6, 2022, https://www.wsj.com/articles/murders-in-u-s-cities-were-near-record-highs-in-2021-11641499978.

35 미세 추적 장치를 넣었다고 믿고: Simon Kuper, "The True Toll of the Antivax Movement," *Financial Times*, January 13, 2022, https://www.ft.com/content/a1b5350a-4dba-40f4-833b-1e35199e2e9b.

36 이 장애가 발병했다고 한다: B. T. te Wildt et al., "Identität und Dissoziation im Cyberspace," *Der Nervenarzt* 77, no. 1 (2006): 81–84, https://doi.org/10.1007/s00115-005-1893-x.

37 해리 증상을 보일 때가 많다는 사실을 밝혀냈다: Fatih Canan et al., "The Association Between Internet Addiction and Dissociation Among Turkish College Students," *Comprehensive Psychiatry* 53, no. 5(2012): 422–26, https://doi.org/10.1016/j.comppsych.2011.08.006.

38 비만, 제2형 당뇨병: Sami Ouanes and Julius Popp, "High Cortisol and the Risk of Dementia and Alzheimer's Disease: A Review of the Literature," *Frontiers in Aging Neuroscience* 11(2019), https://doi.org/10.3389/fnagi.2019.00043.

39 "많은 양의 코르티솔에 오랫동안 노출되면 죽게 됩니다": Robert H. Lustig, *The Hacking of the American Mind: The Science Behind the Corporate Takeover of Our Bodies and Brains* (New York: Avery, 2018): 60–62.

40 "인지기능을 저하하며" …… "우리가 바보 같은 짓을 하지 않게 하는": Lustig quoted in Catherine Price, "Putting Down Your Phone May Help You Live Longer," *New York Times*, April 24, 2019, https://www.nytimes.com/2019/04/24/well/mind/putting-down-your-phone-may-help-you-live-longer.html.

41 코르티솔은 뇌 손상도 일으킨다: Terry Small, "Brain Bulletin #5—Stress Makes You Stupid," TerrySmall.com, https://www.terrysmall.com/blog/brain-bulletin-5-stress-makes-you-stupid#:~:text=When%20you%20stress%2C%20you%20release,for%20your%20brain%2C%20say%20researchers.

42 "IQ가 급격히 떨어집니다": Eric Hagerman, "Don't Panic—It Makes You Stupid," *Wired*, April 21 2008, https://www.wired.com/2008/04/gs-08dontpanic/.

43 페이스북은 가입자들을 잃기 시작했으며: Lexi Lonas, "Facebook Reports Losing

Users for the First Time in Its History," *Hill*, February 4, 2022, https://thehill.com/policy/technology/592802-facebook-reports-losing-users-for-the-first-time-in-its-history/#:~:text =Facebook's%20 earnings%20report%20on%20 Wednesday,2021%2C%20the%20 earnings%20report%20showed.

44 넷플릭스는 창사 이래 처음으로 가입자가 줄어들었다: Emma Roth, "Survey Shows Netflix Is Losing More Long-Term Subscribers," Verge, May 18, 2022, https://www.theverge.com/2022/5/18/23125424/netflix-losing-long-term-subscribers-streaming.

45 "대규모로 계속 뿜어져 나오는 쓰레기 같은 정보": Ian Bogost, "People Aren't Meant to Talk This Much," *Atlantic*, February 16, 2022, https://www.theatlantic.com/technology/archive/2021/10/fix-facebook-making-it-more-like-google/620456/.

3장 소셜 미디어를 잠시 멈추자

1 페이스북과 인스타그램: "Facebook: Daily Active Users Worldwide 2022," Statista, https://www.statista.com/statistics/346167/facebook-global-dau/#:~:text =Facebook%20audience%20reach &text=The%20number%20 of%20monthly%20active,from%2067.4%20percent%20in%202020.

2 인스타그램: "Instagram Users Worldwide 2025," Statista, https://www.statista.com/statistics/183585/instagram-number-of-global-users/.

3 스냅챗: "Snap Inc. Announces Fourth Quarter and Full Year 2021 Financial Results," Snap Inc., n.d., https://investor.snap.com/news/news-details/2022/Snap-Inc.-Announces-Fourth-Quarter-and-Full-Year-2021-Financial-Results/default.aspx.

4 100억 시간: "Global Social Media Stats," DataReportal, https://datareportal.com/social-media-users.

5 나머지 60퍼센트 중에서도: "CMU Researcher Seeks to Understand the Regret Behind Social Media," Human-Computer Interaction Institute, n.d., https://www.hcii.cmu.edu/news/2021/cmu-researcher-seeks-understand-regret-behind-social-media#:~:text =At%20the%20end%20of%20the,in%20 nearly%2040%25%20of%20sessions.

6　훨씬 더 중독성이 강하다고 밝혀졌다: Adi Robertson, "Social Media Harder to Resist Than Cigarettes, According to Study," Verge, February 5, 2012, https://www.theverge.com/2012/2/5/2771255/social-media-willpower-failure-chicago-university-study.

7　이 회사는 데이터 센터 18곳을 운영하며: Andrew Griffin, "Meta: Facebook Is Building 'the Most Powerful AI Computer in the World,'" *Independent*, January 24, 2022, https://www.independent.co.uk/tech/meta-facebook-ai-metaverse-rsc-b1999605.html.

8　월마트 200곳의: Rich Miller, "Facebook Has 47 Data Centers Under Construction," Data Center Frontier, November 10, 2021, https://datacenterfrontier.com/facebook-has-47-data-centers-under-construction/.

9　하루에 휴대전화를 344회: Trevor Wheelwright, "2022 Cell Phone Usage Statistics: How Obsessed Are We?," Reviews, January 24, 2022, https://www.reviews.org/mobile/cell-phone-addiction/#:~:text=using%20our%20phones%3F-,On%20average%2C%20Americans%20check20their%20phones%20344%20times%20per%20day,10%20minutes%20of%20waking%20up.

10　특별 선물, 다시 말해 공유 횟수와 댓글 수, '좋아요' 수가 늘어난다는: Bill Ha-thaway, "Likes and Shares Teach People to Express More Outrage Online," YaleNews, August 16, 2021, https://news.yale.edu/2021/08/13/likes-and-shares-teach-people-express-more-outrage-online.

11　120만 개의 트윗을: William J. Brady et al., "How Social Learning Amplifies Moral Outrage Expression in Online Social Networks," *Science Advances* 7, no. 33 (2021): https://doi.org/10.1126/sciadv.abe5641.

12　피드백을 반복해서 전달합니다: "Outrage Amplified," Findings, *Yale Alumni Magazine*, n.d., https://yalealumnimagazine.com/articles/5406-outrage-amplified.

13　사생활에서도 화를 더 내는: Ryan C. Martin et al., "Anger on the Internet: The Perceived Value of Rant-Sites," *Cyberpsychology, Behavior, and Social Networking* 16, no. 2 (2013): https://www.liebertpub.com/doi/10.1089/cyber.2012.0130.

14　온라인에서 분노하면: "Are Online Rants Good for Your Health?" Healthline, November 21, 2017, https://www.healthline.com/health-news/are-online-rants-good-for-your-health#Anger-is-the-real-problem.

15 뇌에서 도파민이 만들어질 때마다: Anna Lembke, "Digital Addictions Are Drowning Us in Dopamine," *Wall Street Journal*, August 13, 2021, https://www.wsj.com/articles/digital-addictions-are-drowning-us-in-dopamine-11628861572.

16 고립되고 외롭다는 느낌이 든다: Katherine Hobson, "Feeling Lonely? Too Much Time on Social Media May Be Why," NPR, March 6, 2017, https://www.npr.org/sections/health-shots/2017/03/06/518362255/feeling-lonely-too-much-time-on-social-media-may-be-why.

17 '신성한 공간'을 만들라고 권한다: Lauren Cassani Davis, "The Flight from Conversation," *Atlantic*, October 7, 2015, https://www.theatlantic.com/technology/archive/2015/10/reclaiming-conversation-sherry-turkle/409273/.

18 서로 이야기를 덜 나눈다고 한다: M. Lawton, "Reclaim Conversation from Technology, Suggests Clinical Psychologist," *Chicago Tribune*, May 23, 2019, https://www.chicagotribune.com/suburbs/lake-forest/ct-lfr-turkle-tl-1015-20151009-story.html.

19 에마 워커는 이렇게 말했다: Bonnie Evie Gifford, "Our Digital Lives Are Overtaking Our Real-Life Interactions," *Happiful*, December 19, 2019, https://happiful.com/digital-conversations-overtake-real-life-interactions/.

20 여성의 70퍼센트는: "Technoference: How Technology Can Hurt Relationships," Institute for Family Studies, n.d., https://ifstudies.org/blog/technoference-how-technology-can-hurt-relationships#:~:text=62%25%20said%20technology%20interferes%20with,the%20middle%20of%20a%20conversation.

21 2021년 또 다른 연구에 따르면: Skye Bouffard, Deanna Giglio, and Zane Zheng, "Social Media and Romantic Relationship: Excessive Social Media Use Leads to Relationship Conflicts, Negative Outcomes, and Addiction via Mediated Pathways," *Social Science Computer Review*, https://doi.org/10.1177/08944393211013566.

22 응답자의 거의 60퍼센트에 이르는 사람들은: MediLexicon International, "How Does Social Media Affect Relationships?" Medical News Today, n.d., https://www.medicalnewstoday.com/articles/social-media-and-relationships#negative-effects.

23 남의 말을 잘 듣기보다는 자기 할 말만 하도록 가르쳤습니다: Kalev H. Leetaru,

"Social Media Has Taught Us to Talk Rather Than Listen," *Forbes*, April 23, 2019, https://www.forbes.com/sites/kalevleetaru/2019/04/23/social-media-has-taught-us-to-talk-rather-than-listen/?sh=5783f5d155c0.

24 80퍼센트나 된다고 한다: Lydia Dishman, "The Science of Why We Talk Too Much (and How to Shut Up)," Fast Company, June 11, 2015, https://www.fastcompany.com/3047285/the-science-of-why-we-talk-too-much-and-how-to-shut-up.

25 70퍼센트는 자신이 힘들거나 어려운 시기를 겪을 때 소셜 미디어로 연결된 사람들이: Amanda Lenhart, "Teens, Technology, and Friendships," Pew Research Center: Internet, Science and Tech, May 30, 2020, https://www.pewresearch.org/internet/2015/08/06/teens-technology-and-friendships/.

26 관계도 개선하며: M. E. Morris, "Enhancing Relationships Through Technology: Directions in Parenting, Caregiving, Romantic Partnerships, and Clinical Practice," *Dialogues in Clinical Neuroscience* 22, no. 2 (2020): 151–60, https://doi.org/10.31887/dcns.2020.22.2/mmorris.

27 "어른이 있긴 한 겁니까?": Josh Barro, "Are There Any Adults at the Washington Post?" June 7, 2022, https://www.joshbarro.com/p/are-there-any-adults-at-the-washington?utm_source=email&s=r.

28 후회한 적이 있으며: Sarah Snow, "Don't Post That! Why Half of Ame-ricans Regret Their Social Media Posts," Social Media Today, July 28, 2015, https://www.socialmediatoday.com/news/dont-post-that-why-half-of-americans-regret-their-social-media-posts/454600/.

29 유고브 아메리카가 진행한 설문 조사에서: Jake Gammon, "Social Media Blunders Cause More Damage to Important Relationships Today Than Two Years Ago," YouGovAmerica, July 22, 2015, https://today.yougov.com/topics/lifestyle/articles-reports/2015/07/22/social-media-blunders-cause-more-damage-important-.

30 그녀는 다음 날 친구들과 가족, 남편 회사 동료들의 댓글을 보고 나서야: Yang Wang et al., "I Regretted the Minute I Pressed Share: A Qualitative Study of Regrets on Facebook," Carnegie Mellon University, n.d., https://cups.cs.cmu.edu/soups/2011/proceedings/a10_Wang.pdf.

31 글을 올렸다가 나중에 후회했다고 답했다: "Many Young Americans Regret Online Posts Made While High," MedicineNet, August 7, 2019, https://www.

medicinenet.com/script/main/art.asp?articlekey=223426.

32 39세 나이에: "Calvin Newport—Georgetown University," n.d., https://people.
cs.georgetown.edu/~cnewport/.

33 사용에 제한을 둔다: "Comedian on Being Kicked Off Stage," YouTube,
December 19, 2019, https://www.youtube.com/watch?v=3n9CsdcLP4g.

34 '의식하며 화면 넘기기': Arthur C. Brooks, "How to Break a Phone Addic-
tion," *Atlantic*, October 7, 2021, https://www.theatlantic.com/family/
archive/2021/10/digital-addiction-smartphone/620318/.

4장 말을 끊는 남자, 자기 말만 하는 남자

1 여자들 다섯 명 중 두 명은: Allison Sadlier, "This Is How Often Women in
the US Experience Mansplaining," *New York Post*, March 16, 2020, https://
nypost.com/2020/03/16/this-is-how-often-women-in-the-us-experience-
mansplaining/.

2 소리 내서 말하며 연습하기를 권한다: Soraya Chemaly, "10 Simple Words Every
Girl Should Learn," Role Reboot, May 6, 2014, http://www.rolereboot.org/
culture-and-politics/details/2014-05-10-simple-words-every-girl-learn/.

3 그 숫자들을 인용한 게 분명하다: Tracy Clark-Flory, "Fact-Checking
'the Female Brain,'" Salon, September 25, 2011, https://www.salon.
com/2006/09/26/gender_difference_2/.

4 "고정관념은 늘 어느 정도는": Deborah Solomon, "He Thought, She Thought:
Questions for Dr. Louann Brizendine," *New York Times*, December 10, 2006,
https://www.nytimes.com/2006/12/10/magazine/10wwln_q4.html.

5 나중에 출간한 책에서는: Stephen Moss, "Do Women Really Talk More?,"
Guardian, November 27, 2006, https://www.theguardian.com/lifeandstyle/
2006/nov/27/familyandrelationships.

6 "기술 업계에서 일하는 여성들은": Kieran Snyder, "How to Get Ahead as a
Woman in Tech: Interrupt Men," *Slate*, July 23, 2014, https://slate.com/human-
interest/2014/07/study-men-interrupt-women-more-in-tech-workplaces-
but-high-ranking-women-learn-to-interrupt.html.

7 남자 대학생들은 손을 들지 않고 말하며: Elizabeth Redden, "Study: Men Speak

1.6 Times More Than Women in College Classrooms," *Inside Higher Ed*, https://www.insidehighered.com/quicktakes/2021/01/19/study-men-speak-16-times-more-women-college-classrooms.

8   2017년 라이스대학교에서 실시한: Colleen Flaherty, "The Missing Women," Inside Higher Ed's News, *Inside Higher Ed*, https://www.insidehighered.com/news/2017/12/19/study-finds-men-speak-twice-often-do-women-colloquiums.

9   교사들은 여자아이들이 말을 더 많이 한다고 생각한다: Marina Bassi et al., "Failing to Notice? Uneven Teachers' Attention to Boys and Girls in the Classroom," *IZA Journal of Labor Economics* 7, no. 9 (2018), https://izajole.springeropen.com/articles/10.1186/s40172-018-0069-4.

10   발언을 독점하고 있다고 여긴다고 답했다: Bernice Ng, "Are Male-Dominated Workspaces Harmful to Women?," *Marie France Asia*, May 20, 2016, https://www.mariefranceasia.com/career-advice/tips-for-success/male-dominated-workspaces-harmful-women-123584.html.

11   스펜더가 한 유명한 말이 있다: "Language Myth # 6," Language as Prejudice, Do You Speak American?, PBS, https://www.pbs.org/speak/speech/prejudice/women/.

12   48번이나 끊겼고: Don Zimmerman and Candace West, "Sex Roles, Interruptions, and Silence in Conversation," Stanford University, https://www.web.stanford.edu/~eckert /PDF/zimmermanwest1975.pdf.

13   조지워싱턴대학교 연구원들은: Adrienne B. Hancock and Benjamin A. Rubin, "Influence of Communication Partner's Gender on Language," *Journal of Language and Social Psychology* 34, no. 1 (2014): 46–64, https://doi.org/10.1177/0261927x14533197.

14   노스웨스턴대학교 프리츠커 로스쿨 교수들이: J. Carlisle Larsen, "Study Shows Female Supreme Court Justices Get Interrupted More Often Than Male Colleagues," Wisconsin Public Radio, April 19, 2019, https://www.wpr.org/study-shows-female-supreme-court-justices-get-interrupted-more-often-male-colleagues.

15   여성 직원들의 말에 더 주의를 기울여 들었다: Juliet Eilperin, "White House Women Want to Be in the Room Where It Happens," *Washington Post*, October 28, 2021, https://www.washingtonpost.com/news/powerpost/wp/2016/09/13/

white-house-women-are-now-in-the-room-where-it-happens/.

16 태넌은 〈하버드 비즈니스 리뷰〉에 썼다: Deborah Tannen, "The Power of Talk: Who Gets Heard and Why," *Harvard Business Review*, October 15, 2019, https://hbr.org/1995/09/the-power-of-talk-who-gets-heard-and-why.

17 예상하는 성적이 같았다: Laurie Heatherington et al., "Two Investigations of Female Modesty in Achievement Situations," *Sex Roles* 29, no. 11-12 (1993): 739-54, https://doi.org/10.1007/bf00289215.

18 《화성에서 온 남자 금성에서 온 여자》의 저자 존 그레이는: Susan Adams, "8 Blind Spots Between the Sexes at Work," *Forbes*, April 26, 2013, https://www.forbes.com/sites/susanadams/2013/04/26/8-blind-spots-between-the-sexes-at-work/?sh=3cfec433314d.

19 나을 때가 많다고 한다: Rob Kendall, "5 Ways Men and Women Talk Differently," *Psychology Today*, December 15, 2016, https://www.psychologytoday.com/us/blog/blamestorming/201612/5-ways-men-and-women-talk-differently.

20 여성에 대한 무의식적인 편견을 보여주는 사례: Charlotte Alter, "Google's Eric Schmidt Called Out for Interrupting the Only Woman on the Panel," *Time*, March 17, 2015, https://time.com/3748208/google-exec-eric-schmidt-called-out-for-interrupting-only-woman-on-panel/.

21 남자로 성전환한 사람들은: Jessica Nordell, "Why Aren't Women Advancing at Work? Ask a Transgender Person," *New Republic*, August 27, 2014, https://newrepublic.com/article/119239/transgender-people-can-explain-why-women-dont-advance-work.

22 "벤은 중심으로 이동했지만": Shankar Vedantam, "How the Sex Bias Prevails," Age, May 14, 2010, https://www.theage.com.au/national/how-the-sex-bias-prevails-20100514-v4mv.html#ixzz3BXBN2SNG.

23 "사회가 받아들였기 때문": Jason Maderer, "Women Interrupted: A New Strategy for Male-Dominated Discussions," News, Carnegie Mellon University, October 20, 2021, https://www.cmu.edu/news/stories/archives/2020/october/women-interrupted-debate.html.

24 페이스북 최고운영책임자였던 셰릴 샌드버그는: Sheryl Sandberg and Adam Grant, "Speaking While Female," *New York Times*, January 12, 2015, https://www.nytimes.com/2015/01/11/opinion/sunday/speaking-while-female.html.

25 시간이 흐르면서 여성 대법관들은: Larsen, "Study Shows Female Supreme Court Justices Get Interrupted More Often Than Male Colleagues."

5장 입 닥치기의 탁월한 효과

1 터무니없다고 여기는 의사들이 많다: Louise Tickle, "Positive Thinking Can Kill Cancer Cells, Say Psychologists," Guardian, April 16, 2000, https://www. theguardian.com/uk/2000/apr/16/theobserver.uknews2.

2 하루에 2,000번까지: Alexis Blue, "Frequent 'I-Talk' May Signal Proneness to Emotional Distress," University of Arizona News, March 7, 2018, https://news. arizona.edu/story/frequent-italk-may-signal-proneness-emotional-distress.

3 하버드대학교 연구에 따르면: Erik C. Nook et al., "Linguistic Measures of Psychological Distance Track Symptom Levels and Treatment Outcomes in a Large Set of Psychotherapy Transcripts," *Proceedings of the National Academy of Sciences* 119, no. 13 (2022), https://doi.org/10.1073/pnas.2114737119.

4 미시건대학교 연구원들은: Ariana Orvell et al., "Does Distanced Self-Talk Facilitate Emotion Regulation Across a Range of Emotionally Intense Experiences?," *Clinical Psychological Science* 9, no. 1 (2020), 68–78, https://doi. org/10.1177/2167702620951539.

5 일본정부관광국 웹사이트에는: Japan National Tourism Organization, "Forest Bathing in Japan (Shinrin-Yoku)," Travel Japan, https://www.japan.travel/en/ guide/forest-bathing/.

6 기이반도 숲속: "Sacred Sites & Pilgrimage Routes in the Kii Mountain Range (UNESCO): World Heritage," Travel Japan, https://www.japan.travel/en/ world-heritage/sacred-sites-and-pilgrimage-routes-in-the-kii-mountain-range/.

7 일본의 한 연구에 따르면: Akemi Furuyashiki et al., "A Comparative Study of the Physiological and Psychological Effects of Forest Bathing (Shinrin-Yoku) on Working Age People with and withoutDepressive Tendencies," *Environmental Health and Preventive Medicine* 24, no. 1 (2019), https://doi.org/10.1186/s12199-019-0800-1.

8 다른 연구 결과와 일치한다: Kirste et al., "Is Silence Golden?," 1221–28.

9 '신경조직형성'은 스트레스가 심한 상황에서 회복 탄력성을 더 튼튼하게 키우 고: Ruth Williams, "Young Brain Cells Silence Old Ones to Quash Anxiety," *Scientist Magazine*, June 27, 2019, https://www.the-scientist.com/news-opinion/young-brain-cells-silence-old-ones-to-quash-anxiety-64385.

10 '웰빙 숲길': Eira-Maija Savonen, "Forest Therapy and the Health Benefits of Forest," February 27, 2019, https://www.vomentaga.ee/sites/default/files/editor/failid/forest_therapy_and_the_health_benefits_of_forest_karvia_27.2.2019_moniste_jaettavaksi.pdf..

11 힘을 불어넣어 준다는 울창한 숲: "Forest Bathing," Alpenwelt Resort, https://www.alpenwelt.net/en/summer-autumn-holiday/forest-bathing/.

12 불교계 승려들은: Gauri Verma and Ricardo Araya, "The Effect of Meditation on Psychological Distress Among Buddhist Monks and Nuns," *International Journal of Psychiatry in Medicine* 40, no. 4 (2010): 461–68, https://doi.org/10.2190/pm.40.4.h.

13 뇌의 구조를 (좋은 쪽으로) 변화하게 할 수 있고: Eileen Luders, Nicolas Cherbuin, and Florian Kurth, "Forever Young(er): Potential Age-Defying Effects of Long-Term Meditation on Gray Matter Atrophy," *Frontiers in Psychology* 5 (2015), https://doi.org/10.3389/fpsyg.2014.01551.

14 존스 홉킨스 병원 의사들은: Madhav Goyal et al., "Meditation Programs for Psychological Stress and Well-Being," *JAMA Internal Medicine* 174, no. 3 (2014): 357, https://doi.org/10.1001/jamainternmed.2013.13018.

15 능력이 개선된다: Randy L. Buckner, "The Brain's Default Network: Ori-gins and Implications for the Study of Psychosis," *Dialogues in Clinical Neuroscience* 15, no. 3 (2013): 351–58, https://doi.org/10.31887/dcns.2013.15.3/rbuckner.

16 열흘도 가지 못하고: Marcus Baram, "Silent Mode: Why the Stars of Silicon Valley Are Turning to Silent Meditation Retreats," Fast Company, April 12, 2019, https://www.fastcom pany.com/90334124/from-hacking-the-mind-to-punishing-ennui-techs-brightest-are-taking-to-silent-retreats.

17 명상 앱이 10억 달러 규모의 사업으로 성장한: "How Meditation Apps Became a Billion-Dollar Industry," Newsy, May 2, 2022, https://www.newsy.com/stories/how-meditation-apps-became-a-billion-dollar-industry/.

18 2,500개 이상 출시되었다: Jazmin Goodwin, "Health and Wellness Apps Offer Free Services to Help Those Coping with Coronavirus," *USA Today*, March 25,

2020, https://www.usatoday.com/story/tech/2020/03/21/health-and-wellness-apps-offer-freebies-coping-coronavirus/2892085001/.

6장 직장에서 입 닥치기

1   자신을 '서비스' 회사라 부른다: Derak du Preez, "GE Staying Current by Becoming an 'As-a-Service' Business," *Diginomica*, April 29, 2019, https://diginomica.com/ge-staying-current-by-becoming-an-as-a-service-business.

2   핼 그레거슨은: Hal Gregersen, "Bursting Out of the CEO Bubble," *Harvard Business Review*, February 21, 2017, https://hbr.org/2017/03/bursting-the-ceo-bubble.

3   24시간마다 4분씩: The 4-24 Project, https://4-24project.org/.

4   그 비용을 연구개발에 투입해: Steven Loveday, "Tesla Spends Least on Ads, Most on R&D: Report," InsideEVs, March 25, 2022, https://insideevs.com/news/575848/tesla-highest-research-development-no-ads/.

5   홍보팀을 없앴다: Fred Lambert, "Tesla Dissolves Its PR Department— A New First in the Industry," Electrek, October 6, 2020, https://electrek.co/2020/10/06/tesla-dissolves-pr-department/.

6   다른 회사 중 하나인 스페이스엑스의 엔지니어: C. W. Headley, "Steve Jobs Once Did This for 20 Seconds and It Became a Legendary Power Move," Ladders, December 14, 2020, https://www.theladders.com/career-advice/steve-jobs-once-did-this-for-20-seconds-and-it-became-a-legendary-power-move.

7   심문당한다고 느낀다: Chris Orlob, "This Is What a 'Deal Closing' Discovery Call Looks Like," Gong, July 5, 2017, https://www.gong.io/blog/deal-closing-discovery-call/.

8   43일 동안: "Hold Up—More than 80 Percent of People Are Put on Hold Every Time They Contact a Business," Talkto, Cision PR Newswire, January 23, 2013, https://www.prnewswire.com/news-releases/hold-up—more-than-80-percent-of-people-are-put-on-hold-every-time-they-contact-a-business-188032061.html.

9   감정을 조절하며: Myra Bryant Golden, "Customer Service: Call Control Strategies," video tutorial, LinkedIn, August 14, 2019, https://www.linkedin.

com/learning/customer-service-call-control-strategies/give-a-limited-respon se?autoplay=true&resume=false.

10 액섬의 논문은: Jason R. Axsom, "Compulsive Talkers: Perceptions of Over Talkers Within the Workplace" master's thesis, University of Nebraska at Omaha, 2006, https://digitalcommons.unomaha.edu/studentwork/205/.

11 참석자들의 39퍼센트는: "You Waste a Lot of Time at Work," Atlassian, n.d., https://www.atlassian.com/time-wasting-at-work-infographic.

12 매년 8~10퍼센트씩: "Minutes (Wasted) of Meeting: 50 Shocking Meeting Statistics," *BOOQED* (blog), n.d., https://www.booqed.com/blog/minutes-wasted-of-meeting-50-shocking-meeting-statistics.

13 일주일에 평균 44.6시간 일한다: "Productivity Trends Report: One-on-One Meeting Statistics: Reclaim," RSS, n.d., https://reclaim.ai/blog/productivity-report-one-on-one-meetings.

14 충동을 참자: Gino Spocchia, " 'Walk Out of a Meeting': Elon Musk's Six Rules for Staff Resurfaces," Yahoo! News, April 28, 2021, https://money.yahoo.com/walk-meeting-elon-musk-six-154936765.html.

15 참석자의 91퍼센트가: Flynn, "27 Incredible Meeting Statistics."

16 가장 많이 제기하는 불만 사항이: Flynn, "27 Incredible Meeting Statistics."

17 대화의 약 3분의 2는: Adam M. Mastroianni et al., "Do Conversations End When People Want Them To?" *Proceedings of the National Academy of Sciences* 118, no. 10 (2021), https://doi.org/10.1073/pnas.2011809118.

18 또 다른 에피소드는 22회였다: "Constellation Research," You-Tube, https://www.youtube.com/c/ConstellationResearch/videos.

19 스트레스가 75퍼센트 더 적고: Brian O'Connell, "Hail to the 'Humble' Manager," SHRM, July 6, 2021, https://www.shrm.org/resourcesandtools/hr-topics/people-managers/pages/managing-with-humility-.aspx.

20 글로벌 럭셔리 숙박 체인: Sue Shellenbarger, "The Best Bosses Are Humble Bosses," *Wall Street Journal*, October 9, 2018, https://www.wsj.com/articles/the-best-bosses-are-humble-bosses-1539092123.

1 1970년대 들어서야 널리 사용되었다: Alison Gopnik, "A Manifesto Against 'Parenting,'" *Wall Street Journal*, July 8, 2016, https://www.wsj.com/articles/a-manifesto-against-parenting-1467991745.

2 어쩌나 하고 두려워한다: Claire Cain Miller, "The Relentlessness of Modern Parenting," *New York Times*, December 25, 2018, https://www.nytimes.com/2018/12/25/upshot/the-relentlessness-of-modern-parenting.html.

3 "아이들의 놀이 시간은 줄어들었고": K. H. Kim, "The Creativity Crisis: It's Getting Worse," Idea to Value, n.d., https://www.ideatovalue.com/crea/khkim/2017/04/creativity-crisis-getting-worse/.

4 끊임없이 칭찬만 늘어놓지도: Michaeleen Doucleff, "How to Be a Calmer Parent and Stop Arguing with Your Kids," *Time*, March 6, 2021, https://time.com/5944210/calm-parenting-technique/.

5 《아, 육아란 원래 이런 거구나!》: Michaeleen Doucleff, *Hunter, Gather, Parent: What Ancient Cultures Can Teach Us About the Lost Art of Raising Happy*, Helpful Little Humans (New York: Avid Reader Press, 2021), 127.

6 《부모의 5가지 덫》: Vicki Hoefle, *Duct Tape Parenting: A Less Is More Approach to Raising Respectful, Responsible, and Resilient Kids* (New York, NY: Bibliomotion, 2012).

7 "이 수업을 통해 학생들을 변화시킬 수 있다": Mary Dickinson Bird, "Talk More, Say Less," *Science and Children* 38, no. 4 (2001): 47–50.

8 어떻게 하면 혁신적이고: Allison Gopnik, The Gardener and the Carpenter: *What the New Science of Child Development Tells Us About the Relationship Between Parents and Children* (New York: St. Martin's Press, 2017).

9 '시끄러운 세상에서 침묵': Maxwell King, *The Good Neighbor: The Life and Work of Fred Rogers* (New York: Abrams Press, 2018).

10 메리 맥나마라 기자는 〈로스앤젤레스 타임스〉에 이렇게 글을: Mary McNamara, "'A Beautiful Day' Is a Great Movie. It Just Misses the Point of Mister Rogers," *Los Angeles Times*, November 30, 2019, https://www.latimes.com/entertainment-arts/story/2019-11-30/beautiful-day-neighborhood-is-a-great-movie-its-just-not-about-mister-rogers.

11 침묵을 잘 지키면: "Fred Rogers Acceptance Speech—1997," YouTube, n.d.,

https://www.youtube.com/watch?v=Upm9LnuCBUM.

12 《놓아주는 엄마 주도하는 아이》: William Stixrud and Ned Johnson, *The Self-Driven Child: The Science and Sense of Giving Your Kids More Control over Their Lives* (New York: Penguin Books, 2019).

13 태브너는 숙제하기 등의: Diane Tavenner, "How I Learned to Let My Kid Fail," *Time*, September 26, 2019, https://time.com/5687129/children-failure/.

14 미셸 오바마는 그것이 바로: Maija Kappler, "9 Parenting Tips from Michelle Obama and Her Mom," *HuffPost*, September 17, 2020, https://www.huffpost.com/archive/ca/entry/michelle-obama-parenting-tips_ca_5f623cc8c5b61845586574e6.

15 "그건 어머니가 제게 주신 선물이었어요": Róisín Ingle, "Michelle Obama: World's Most Powerful People 'Aren't That Smart,'" *Irish Times*, December 4, 2018, https://www.irishtimes.com/culture/books/michelle-obama-world-s-most-powerful-people-aren-t-that-smart-1.3719527.

16 "엄마가 되고 나자": H.R.H. the Duchess of Sussex, "HRH the Duchess of Sussex Interviews Michelle Obama in the September Issue," British *Vogue*, July 29, 2019, https://www.vogue.co.uk/article/michelle-obama-duchess-of-sussex-interview-2019.

17 "가장 효과가 좋습니다": Michael Hainey, "Lin-Manuel Miranda Thinks the Key to Parenting Is a Little Less Parenting," GQ, April 26, 2016, https://www.gq.com/story/unexpected-lin-manuel-miranda.

18 새로운 연구들이 많다: Pamela Paul, "Let Children Get Bored Again," *New York Times*, February 2, 2019, https://www.nytimes.com/2019/02/02/opinion/sunday/children-bored.html.

19 빠져들 시간이 필요하다고 주장한다: Hannah Richardson, "Children Should Be Allowed to Get Bored, Expert Says," BBC News, March 23, 2013, https://www.bbc.com/news/education-21895704.

20 지루한 작업을 한 사람들이: Sandi Mann and Rebekah Cadman, "Does Being Bored Make Us More Creative?" *Creativity Research Journal* 26, no. 2 (2014): 165–73, https://doi.org/10.1080/10400419.2014.901073.

21 아론 소킨은 샤워할 때 기발한 아이디어가 많이 떠올라서: Tat Bellamy-Walker, "A Former Twitter Exec Reveals the Simple Strategy Used by Jack Dorsey and Steve Jobs That Helped His Team Be More Creative at Work," *Business Insider*,

August 14, 2020, https://www.businessinsider.com/how-to-be-creative-twitter-apple-aaron-sorkin-innovative-distraction.

22 여왕이 그리 좋은 어머니가 아니었다고: Becky Pemberton, "Lonely Prince: How Charles Felt the Queen Was a 'Cold and Distant' Mother," *U.S. Sun*, December 17, 2019, https://www.the-sun.com/lifestyle/165255/how-charles-felt-the-queen-was-a-cold-and-distant-mother-but-she-didnt-want-to-burden-him-with-duties-as-a-boy/.

23 《왕실 보고서》: Sam Knight, "The Collateral Damage of Queen Elizabeth's Glorious Reign," *New Yorker*, April 29, 2022, https://www.newyorker.com/news/letter-from-the-uk/the-collateral-damage-of-queen-elizabeths-glorious-reign.

24 영국 언론은 그를: Zoë Heller, "Where Prince Charles Went Wrong," *New Yorker*, April 3, 2017, https://www.newyorker.com/magazine/2017/04/10/where-prince-charles-went-wrong.

25 '멍청이', '얼간이', '바보': Jamie Grierson, "Publication of Prince Charles 'Black Spider' Letters: Live," *Guardian*, May 13, 2015, https://www.theguardian.com/uk-news/live/2015/may/13/publication-of-the-prince-charles-black-spider-letters-live.

26 여왕은 해야 할 일을 했고: Zoe Forsey, "Queen's Furious Letter to Princess Diana That Finally Ended Marriage to Charles," *Daily Mirror*, April 30, 2020, https://www.mirror.co.uk/news/uk-news/queens-furious-letter-princess-diana-21491557.

27 아무런 감정도 담지 않은 목소리로 BBC에서 3분간 생방송으로 연설했다: Forsey, "Queen's Furious Letter to Princess Diana That Finally Ended Marriage to Charles."

28 "아무렴, TV 인터뷰해도 좋다": Kenneth Garger, "What Prince Philip Thought of Harry and Meghan's Oprah Interview," Page Six, April 12, 2020, https://pagesix.com/2021/04/11/prince-philip-thought-harry-and-meghan-markles-interview-was-madness/.

29 "입술을 꽉 물고 참는": François Marmouvet, "In Defence of the British Stiff Upper Lip," Conversation, November 16, 2021, https://theconversation.com/in-defence-of-the-british-stiff-upper-lip-77347.

30 핀란드는 5년 연속 세계에서 가장 행복한 나라로: Vicky McKeever, "This

Country Has Been Named the World's Happiest for the Fifth Year in a Row," CNBC, March 18, 2022, https://www.cnbc.com/2022/03/18/finland-named-the-worlds-happiest-for-the-fifth-year-in-a-row.html.

31 "침묵하면 금이요": Laura Studarus, "How the Finnish Survive Without Small Talk," BBC Travel, October 18, 2018, https://www.bbc.com/travel/article/20181016-how-the-finnish-survive-without-small-talk.

32 "원래대로 그냥 4미터 유지하면 안 되나요?": "What Makes a Happy Country?," *Indian Express*, April 26, 2021, https://indianexpress.com/article/world/what-makes-a-happy-country-7289534/.

33 '침묵 여행': Aleksi Teivainen, "Silence an Opportunity for Finnish Tourism Industry," *Helsinki Times*, September 4, 2014, https://www.helsinkitimes.fi/business/11886-silence-an-opportunity-for-finnish-tourism-industry.html.

34 "너무 조용해서 당신 생각이 들리는 곳으로 떠나고 싶나요?": "8 Ways to Enjoy the Silence: Visit Finnish Lapland," Lapland Above Ordinary, January 12, 2022, https://www.lapland.fi/visit/only-in-lapland/8-ways-enjoy-silence-remote-holiday-destination/.

35 그가 은퇴하자: Subham Jindal, "'I Will Miss the Silence': Sebastian Vettel Pays a Heartfelt Tribute to Former Ferrari Teammate Kimi Raikkonen," SportsRush, December 1, 2021, https://thesportsrush.com/f1-news-i-will-miss-the-silence-sebastian-vettel-pays-a-heartfelt-tribute-to-former-ferrari-teammate-kimi-raikkonen/.

36 라이코넨은 나중에 그에 관한 영화를 제작하는 데 동의할 수는 있지만: Aditya Talpade, "'Only Silent Films': Oscar Winner Travon Free Describes Conversation About Movies with Kimi Räikkönen," Sportskeeda, December 2, 2021, https://www.sportskeeda.com/f1/news-oscar-winner-travon-free-describes-conversation-movies-kimi-raikkonen.

37 표준화된 테스트가 없다: Mike Colagrossi, "10 Reasons Why Finland's Education System Is the Best in the World," World Economic Forum, September 10, 2018, https://www.weforum.org/agenda/2018/09/10-reasons-why-finlands-education-system-is-the-best-in-the-world.

38 아이들은 더 늦은 나이에 학교에 입학하며: LynNell Hancock, "Why Are Finland's Schools Successful?," *Smithsonian Magazine*, https://www.smithsonianmag.com/innovation/why-are-finlands-schools-successful-49859

555/#:~:text =Ninety%2Dthree%20percent%20of%20Fin ns,student%20 than%20the%20United%20States.

39   혼자 숙제한다: "Natural Parenting in Finland: Raising Kids Who Love to Learn," Friso, n.d., https://www.friso.com.sg/guides/natural-parenting-finland-raising-kids-who-love-learn#:~:text =The%20Finnish%20 believe%20that%20play,their%20preferences%20in%20the%20process.

40   핀란드 가족들은 뒷마당에 레이키모키라는 놀이용 작은 오두막집을 지으며: Seiko Mochida, "Home Visit Survey in Finland: Children Playing Cheerfully and Freely—A Work-Life Balance to Support Childrearing by Parents—Current Situation Regarding Children's "Attitudes of Learning to Learn," Child Research Net, September 29, 2017, https://www.childresearch.net/projects/ ecec/2017_14.html.

41   '숨어있는 속뜻을 읽는다': "Chinmoku, Sontaku and the Uses of Silence," Japanology, April 1, 2019, https://japanology.org/2019/03/chinmoku-sontaku-and-the-uses-of-silence/.

42   조용한 육아의 달인: Mrs. H., "Parenting in Public: 10 Hidden Rules Among Japanese Parents to Follow When in Japan," Tsunagu Japan, n.d., https://www. tsunagujapan.com/10-unwritten-social-rules-of-japanese-parenting/.

43   "어딜 가도 그 모습이 눈에 들어왔다": Kate Lewis, "The Japanese Way of Disciplining Children," Savvy Tokyo, February 17, 2021, https://savvytokyo. com/japanese-way-disciplining-children/.

44   〈유엔 세계행복보고서〉: Genkidesu, "The World Happiness Report 2020: How Happy Is Japan?," City-Cost, June 30, 2020, https://www.city-cost.com/blogs/ CityCostInsiders/z42mk-living.

45   일본인들은 더 조용한 것들을 가치 있게 여긴다: Genkidesu, "The World Happiness Report 2020: How Happy Is Japan?"

46   헥토르 가르시아와 프란체스크 미랄레스가 밝혔다: Héctor García and Francesc Miralles, *Ikigai: The Japanese Secret to a Long and Happy Life* (New York: Penguin Books, 2017).

1 존 프랜시스라는 환경 운동가는: "How Do Years of Silence Change Someone?" NPR, November 21, 2014, https://www.npr.org/2014/11/21/364150411/how-do-years-of-silence-change-someone.

2 커플들은 제대로 싸우는 법을 배울 필요가 있다고: Gary W. Lewandowski, "Most Couples Need to Fight More, Not Less—Here's Why and How to Do It," IDEAS .TED.com, April 15, 2021, https://ideas.ted.com/most-couples-need-to-be-fighting-more-not-less-heres-why-and-how-to-do-it/.

3 부부들의 거의 절반이: "Does Marriage Counseling Work? Your Questions Answered," OpenCounseling, May 18, 2022, https://www.opencounseling.com/blog/does-marriage-counseling-work-your-questions-answered.

4 재혼과 삼혼은: "Divorce Statistics and Facts: What Affects Divorce Rates in the U.S.?," Wilkinson and Finkbeiner, March 3, 2022, https://www.wf-lawyers.com/divorce-statistics-and.

5 커플의 25퍼센트는: Susan Gilbert, "Married with Problems? Therapy May Not Help," New York Times, April 19, 2005, https://www.nytimes.com/2005/04/19/health/psychology/married-with-problems-therapy-may-not-help.html.

6 〈상담 치료는 건강한 결혼 생활에 어떻게 위험할 수 있는가〉: William Doherty, "Bad Couples Therapy," Psychotherapy Networker, December 30, 2008, https://www.psychotherapynetworker.org/blog/details/369/bad-couples-therapy.

7 네덜란드 흐로닝언대학교: Namkje Koudenburg, Ernestine H. Gordijn, and Tom Postmes, "'More Than Words': Social Validation in Close Relationships," Personality and Social Psychology Bulletin 40, no. 11 (2014): 1517–28, https://doi.org/10.1177/0146167214549945.

8 필립스는 고객들에게 시간을 내서: Suzanne B. Phillips, "Post: Understanding the Sounds of Silence in Your Relationship," Couples After Trauma, February 5, 2010, https://couplesaftertrauma.com/2010/02/05/understanding-the-sounds-of-silence-in-your-relationship/.

9 뉴욕주립대학교 스토니브룩 캠퍼스 교수인: Arthur Aron et al., "The Experimental Generation of Interpersonal Closeness: A Procedure and Some Preliminary Findings," Personality and Social Psychology Bulletin 23, no. 4 (1997): 363–77, https://doi.org/10.1177/0146167297234003.

10 가장 중요한 것일 수도: UC Berkeley Campus Life, "The Science of Love with Arthur Aron," YouTube, February 12, 2015, https://www.youtube.com/watch?v=gVff7TjzF3A.

11 '친밀한 관계 유도 기법': Constantine Sedikides, "The Relationship Closeness Induction Task," *Representative Research in Social Psychology* 23 (1999): 1–4, https://www.psychology.uga.edu/sites/default/files/RCITarticle1999.pdf.

12 《누구와도 사랑에 빠지는 방법》: Mandy Len Catron, *How to Fall in Love with Anyone: A Memoir in Essays* (New York: Simon and Schuster, 2018).

13 〈뉴욕 타임스〉에 쓴 글에서: Mandy Len Catron, "To Fall in Love with Anyone, Do This," *New York Times*, January 9, 2015, https://www.nytimes.com/2015/01/11/style/modern-love-to-fall-in-love-with-anyone-do-this.html.

14 실험 결과를 5분 동영상으로: Upworthy, "How Would You React After Looking in the Eyes of a War Refugee?," YouTube, https://www.youtube.com/watch?v=By_BHbskg_E&t=237s.

15 "4분간 서로의 눈을 바라보는 것만큼": Parker Molloy, "4 Minutes of Silence Can Boost Your Empathy for Others. Watch as Refugees Try It Out," Upworthy, October 21, 2021, https://www.upworthy.com/4-minutes-of-silence-can-boost-your-empathy-for-others-watch-as-refugees-try-it-out.

16 TALK(주제 선택, 질문하기): Alison Wood Brooks, Faculty and Research, Harvard Business School, https://www.hbs.edu/faculty/Pages/profile.aspx?facId=684820.

17 〈하버드 비즈니스 리뷰〉에 기고했다: Alison Wood Brooks and Leslie K. John, "The Surprising Power of Questions," *Harvard Business Review*, May–June 2018, https://hbr.org/2018/05/the-surprising-power-of-questions.

18 목소리 톤으로 38퍼센트, 몸짓으로 55퍼센트: "How to Use the 7–38–55 Rule to Negotiate Effectively," MasterClass, https://www.masterclass.com/articles/how-to-use-the-7–38–55-rule-to-negotiate-effectively#how-to-use-the-73855-rule-to-negotiate-effectively.

19 1971년 출간한 책《침묵의 메시지》: Albert Mehrabian, *Silent Messages* (Bel-mont, California: Wadsworth Publishing, 1971).

20 메라비언도 자신이 내린: "Albert Mehrabian," British Library, n.d., https://www.bl.uk/people/albert-mehrabian#:~:text=Drawing%20on%20the%20

combined%20findings,liking%20%2B%2055%25%20facial%20liking.

21 서로 말하는 방식에 근거해: "John Gottman," Wikipedia, https://en.wikipedia.
org/wiki/John_Gottman#The_Gottman_Method_of_Relationship_Therapy.

22 어떤 부부가 헤어질지 예측했다: K. T. Buehlman, J. M. Gottman, and L. F.
Katz, "How a Couple Views Their Past and Predicts Their Future: Predicting
Divorce from an Oral History Interview," *Journal of Family Psychology* 5, nos. 3–4
(1992): 295–318, https://doi.org/10.1037/0893–3200.5.3–4.295.

23 가트맨은 40권의 책을 쓰거나 공저자로 이름을 올렸다: "A Research-Based
Approach to Relationships," Gottman Institute, May 19, 2022, https://www.
gottman.com/.

24 마음 상태는 이전보다 나아져: Ellie Lisitsa, "The Four Horsemen: Criticism,
Contempt, Defensiveness, and Stonewalling," Gottman Institute, May 11, 2022,
https://www.gottman.com/blog/the-four-horsemen-recognizing-criticism-
contempt-defensiveness-and-stonewalling/.

25 빈정대거나 부정적으로 대화를: Joseph Klemz, "How Dr. Gottman Can Predict
Divorce with 94% Accuracy," Real Life Counseling, July 31, 2018, https://
reallifecounseling.us/predict-divorce-ottman/#:~:text=One%20of%20the%20
reasons%20Dr,makes%20at%20de%2Descalating%20tension.

26 가트맨의 또 다른 조언이 있다: Kyle Benson, "5 Steps to Fight Better If Your
Relationship Is Worth Fighting For," Gottman Institute, February 3, 2021,
https://www.gottman.com/blog/5-steps-to-fight-better-if-your-relationship-
is-worth-fighting-for/.

27 박사 학위를 받았다: Mindful Staff, "Jon Kabat-Zinn, Advisory Board
Member," Mindful, July 12, 2018, https://www.mindful.org/jon-kabat-zinn-
advisory-board-member/.

28 'STOP' 기법을 개발했다: "Mindfulness STOP Skill," Cognitive Behavioral
Therapy Los Angeles, March 26, 2022, https://cogbtherapy.com/mindfulness-
meditation-blog/mindfulness-stop-skill.

29 "상황은 거의 없습니다": Marty Nemko, MartyNemko.com, n.d., https://
martynemko.com/articles/do-you-talk-too-much_id1371.

30 외부를 잘 의식하지 못하는 상태가 된다고 고울스톤은 설명한다: Mark Goul-
ston, "HBS—Just Listen," Mark Goulston, February 12, 2016, https://
markgoulston.com/how-well-do-you-listen-harvard-business-school-seems-

to-think-not-well-enough/.

31 "짤막하고 달콤하게 쓰세요": "Tinder Founder Sean Rad's Top Tips for the Perfect Profile," *British GQ*, March 15, 2019, https://www.gq-magazine. co.uk/article/tinder-perfect-profile-sean-rad#:~:text=We%20have%20a%20 500%2Dcharacter,not%20give%20too%20much%20away.

9장 침묵은 힘이 세다

1 답장은커녕 그 이메일을: Shana Lebowitz and May Teng, "Anna Wintour's Strategy for Using Email to Get People to Confront Issues Sounds Terrifying—and Effective," *Business Insider*, December 17, 2020, https://www. businessinsider.com/boss-people-management-advice-empower-employees-vogue-anna-wintour.

2 원투어는 이메일에 제목도 쓰지 않는다: Amy Odell, *Anna: The Biography* (New York: Gallery Books/Simon and Schuster, 2022), 3.

3 그 메시지에 '?'만 추가해: Jeffrey Dastin, "With Bezos Out as Amazon CEO, Is This the End of His Ominous Question-Mark Emails?," Reuters, February 3, 2021, https://www.reuters.com/article/us-amazon-com-bezos/with-bezos-out-as-amazon-ceo-is-this-the-end-of-his-ominous-question-mark-emails-idUSKBN2A32Z8.

4 직원들에게 돈을 받아야겠다고 말했다고 한다: Pauli Poisuo, "The Dark Truth About Amazon Founder Jeff Bezos," Grunge, May 18, 2022, https://www. grunge.com/143621/the-dark-truth-about-amazon-founder-jeff-bezos/.

5 당시 패션 보조였던 애나가 가진 힘은: Odell, *Anna*, chap. 4.

6 "힘이 더 많이 생긴다는 사실을 알았습니다": Nora McGreevy, "Hear an A.I.-Generated Andy Warhol 'Read' His Diary to You in New Documentary," *Smithsonian Magazine*, March 10, 2022, https://www.smithsonianmag.com/ smart-news/an-ai-generated-andy-warhol-reads-his-diary-to-you-in-new-documentary-180979658/.

7 뇌는 통제하고 있다는 느낌을 간절히 바라며: David Robson, "How to Restore Your Sense of Control When You Feel Powerless," BBC Worklife, https:// www.bbc.com/worklife/article/20201209-how-to-restore-your-sense-of-

control-when-you-feel-powerless.

8   가이 가와사키는 완벽한 이메일은: Drake Baer, "Why Every Email Should Be 5 Sentences Long," Fast Company, July 26, 2013, https://www.fastcompany.com/3014857/why-every-email-should-be-5-sentences-long.

9   근로자들은 하루 평균 28퍼센트: Matt Plummer, "How to Spend Way Less Time on Email Every Day," *Harvard Business Review*, October 29, 2020, https://hbr.org/2019/01/how-to-spend-way-less-time-on-email-every-day.

10   학자 가운데 한 명이다: Bret Rappaport, "'Talk Less': Eloquent Silence in the Rhetoric of Lawyering," *Journal of Legal Education* 67, no. 1 (2017): 286–314, https://www.jstor.org/stable/26453545.

11   '영화업계의 대부': Jonathan Kandell, "Lew Wasserman, 89, Is Dead; Last of Hollywood's Moguls," *New York Times*, June 4, 2002, https://www.nytimes.com/2002/06/04/business/lew-wasserman-89-is-dead-last-of-hollywood-s-moguls.html.

12   《할리우드에 왕이 있었을 때》: Connie Bruck, *When Hollywood Had a King: The Reign of Lew Wasserman Who Leveraged Talent into Power and Influence* (New York: Random House, 2004).

13   "방정맞게 떠들어대는 철거 업자": John M. Broder, "Biden Living Up to His Gaffe-Prone Reputation," *New York Times*, September 11, 2008, https://www.nytimes.com/2008/09/11/world/americas/11iht-biden.4.16081515.html.

14   정치 활동 내내: George Packer, "The Quiet German: The Astonishing Rise of Angela Merkel, the Most Powerful Woman in the World," New Yorker, November 24, 2014, https://www.newyorker.com/magazine/2014/12/01/quiet-german.

15   메르켈은 소셜 미디어를 절대 하지 않았고: Franz Baumann, "Political Genius Flying at Low Altitude," *Los Angeles Review of Books*, October 30, 2021, https://lareviewofbooks.org/article/political-genius-flying-at-low-altitude/.

16   오바마는 메르켈을 너무 화나게 하는 바람에: Alessandra Scotto di Santolo, "Revealed: Moment Barack Obama Made Angela Merkel Cry in Key Eurozone Crisis Meeting," *Express*, February 8, 2019, https://www.express.co.uk/news/world/1084075/EU-news-Angela-Merkel-Barack-Obama-G20-eurozone-crisis-Greece.

17   긴즈버그는 쓰지 않았다: Samantha Lachman and Ashley Alman, "Ruth

Bader Ginsburg Reflects on a Polarizing Term One Month Out," *HuffPost*, July 29, 2015, https://www.huffpost.com/entry/ruth-bader-ginsburg-tk_n_55b97c68e4b0b8499b18536b.

18 힘 있는 사람들이 좀 더 추상적인 언어를 쓰며: "You Look More Powerful When You Avoid Talking Details, Study Shows," Association for Psychological Science, July 11, 2014, https://www.psychologicalscience.org/news/minds-business/you-look-more-powerful-when-you-avoid-talking-details-study-shows.html.

19 잠시 기다렸다가 말하면: Namkje Koudenburg, Tom Postmes, and Ernestine H. Gordijn, "Conversational Flow and Entitativity: The Role of Status," *British Journal of Social Psychology* 53, no. 2 (2013): 350 – 66, https://doi.org/10.1111/bjso.12027.

20 침묵으로 거부 의사를 나타낼 수도 있다: Heidi Mitchell, "How to Use Silence in Business Meetings," *Wall Street Journal*, May 6, 2022, https://www.wsj.com/articles/use-silence-in-business-meetings-11651252991.

10장 이젠 듣자, 들어야 산다

1 인구의 약 10퍼센트만: Caren Osten, "Are You Really Listening, or Just Waiting to Talk?," *Psychology Today*, October 5, 2016, https://www.psychologytoday.com/us/blog/the-right-balance/201610/are-you-really-listening-or-just-waiting-talk.

2 약 25퍼센트만 기억하며: Stacey Hanke, "Are People Actually Listening to and Understanding What You Say? Here Are 5 Signs to Watch," *Entrepreneur*, October 26, 2017, https://www.entrepreneur.com/article/301188.

3 인간은 1분에 125개의 단어를 말할 수 있지만: "Are You Really Listening: Hearing vs. Listening," Speakeasy, June 4, 2022, https://www.speakeasyinc.com/hearing-vs-listening/.

4 과하게 작동하기 때문일 것이다: Manyu Jiang, "The Reason Zoom Calls Drain Your Energy," BBC Worklife, April 22, 2020, https://www.bbc.com/worklife/article/20200421-why-zoom-video-chats-are-so-exhausting.

5 의사들이 말을 자르지 않아도: Danielle Ofri, "The Day I Zipped My Lips and

Let My Patients Talk," *First pinion*, podcast, STAT, April 24, 2018, https://www.statnews.com/2017/02/07/let-patients-talk/.

6 다른 연구들에 따르면 환자들에게 공감하고 경청하면: Danielle Ofri, "The Conversation Placebo," *New York Times*, January 19, 2017, https://www.nytimes.com/2017/01/19/opinion/sunday/the-conversation-placebo.html?_r=0.

7 졸업하는 의사들이 많다: Helen Meldrum and Rebekah Apple, "Teaching or Not Teaching Empathic Listening to Future Physicians? Historical Roots and Ongoing Challenges," *International Journal of Listening* 35, no. 3 (2021): 209-15, https://doi.org/10.1080/10904018.2019.1684296.

8 원투어의 전기 작가: Odell, *Anna*, 309.

9 "애나 윈투어가 사회 정의 운동에서 살아남을 수 있을까?": Ginia Bellafante, "Can Anna Wintour Survive the Social Justice Movement?," *New York Times*, June 12, 2022, https://www.nytimes.com/2020/06/11/nyregion/anna-wintour-conde-nast-racism.html.

10 세계에서 가장 훌륭한 리더로 손꼽힌다: "Tim Cook," *Fortune*, March 26, 2015, https://fortune.com/worlds-greatest-leaders/2015/tim-cook/.

11 "어떤 동네를 처음 방문하면": "Obama Promotes Listening Skills in First Public Appearance After Leaving Office," YouTube, April 24, 2017, https://www.youtube.com/watch?v=LQM5alO1rWs.

12 크게 성공한 기업가 중에는: Louise Tickel, "Dyslexic Entrepreneurs—Why They Have a Competitive Edge," *Guardian*, January 15, 2015, https://www.theguardian.com/small-business-network/2015/jan/15/dyslexic-entrepreneurs-competitive-edge-business-leaders.

13 휴대전화나 아이패드를 쓰지 말라고 지시했다: Balazs Koranyi, Francesco Canepa, and Frank Siebelt, "No Phones, No Leaks: How Lagarde Is Making Her Mark on ECB," Reuters, February 10, 2020, https://www.reuters.com/article/us-ecb-policy-lagarde-inisght/no-phones-no-leaks-how-lagarde-is-making-her-mark-on-ecb-idUSKBN2040NO.

14 의사소통의 절반 이상은: "How to Use the 7-38-55 Rule to Negotiate Effectively."